U0504558

汉语辞书理论史系列丛书

主编　郑振峰

汉语语文辞书释义对比研究

袁世旭　郭佳兴　荀经纬
岳佳佳　易晓雯◎著

创于1897
商务印书馆
The Commercial Press

本书为国家社科基金重大项目"基于辞书信息数据库的
中国汉语辞书理论史研究"（18ZDA302）成果

总　序

先秦至今，中华民族编纂出近千种优秀辞书，拥有丰富的辞书编纂经验。尤其是 20 世纪至今，我国汉语辞书理论研究迅速发展，辞书文本编纂的数量也快速增加，汉语辞书理论研究和辞书编纂工作取得了较大的成绩。但同时，我们还面临着一些问题。例如，辞书理论和辞书编纂存在着一些脱节；辞书数量虽然快速增加，但在世界辞书之林有较大影响的不多；与其他研究方向相比，从事辞书研究的学者数量不多，年轻的后继力量比较缺乏。从辞书大国到辞书强国，在辞书理论研究、辞书文本编纂、辞书人才培养等方面要做的工作还不少。

有感于辞书研究事业的紧迫性，我们想要为辞书强国梦的实现做一些具体工作。2018 年 10 月，我们获批了国家社科基金重大项目"基于辞书信息数据库的中国汉语辞书理论史研究"。课题以数量浩大、类型丰富的古今辞书文本和辞书理论研究为对象，以辞书学、词汇学、语义学、文字学、训诂学、音韵学、文献学等相关理论为指导，通过对辞书文本和辞书理论的搜集、整理和分类，依托数字化信息技术，建立汉语辞书信息数据库，搭建信息共享平台，探讨影响辞书编纂以及辞书理论发展演变的辞书内、外因素，阐述辞书学家的辞书学贡献和辞书学思想，系统研究汉语辞书理论史。课题在全面整理古人关于辞书的零散观点，梳理辞书编纂经验，尤其是在提炼辞书文本中蕴含的辞书理论的基础上，在数字化信息手段的支持下，开展我国汉语辞书理论通史研究，整合并提升出汉语辞书的独特理念，进而服务于今天的辞书编纂，服务于辞书强国梦的实现，服务于本土汉语辞书理论的对外输出。

　　河北师范大学和鲁东大学是高校中研究辞书学、词汇学的重要阵地。河北师范大学文学院有悠久的辞书学、词汇学研究传统，齐佩瑢、朱星、孙崇义、王学奇、苏宝荣等著名辞书学家、词汇学家为我们奠定了坚实的基础，积淀了深厚的学术底蕴。齐佩瑢先生的《训诂学概论》在学界有较大影响，朱星先生的《汉语词义简析》是词汇学、语义学研究者的重要参考书，孙崇义先生（师从黎锦熙先生）先后参加了《国语辞典》和《现代汉语词典》（试印本）的编纂工作，王学奇先生的《元曲释词》（与顾学颉合著）、《宋金元明清曲辞通释》（与王静竹合著）获得学界好评，其中《宋金元明清曲辞通释》荣获国家辞书奖一等奖（2003 年）。苏宝荣先生曾担任中国辞书学会副会长兼学术委员会主任、中国社会科学院辞书编纂研究中心学术咨询委员会委员、中国训诂学研究会副会长，为《现代汉语词典》（第 6 版、第 7 版）审订委员会委员，专著《古汉语词义简论》（与宋永培先生合著）、《词义研究与辞书释义》《词汇学与辞书学研究》《词的结构、功能与语文辞书释义》等常被辞书学、词汇学学者及硕博士研究生引用。鲁东大学与国家语委共建汉语辞书研究中心，培养了众多的辞书学人才。鲁东大学张志毅先生不仅与张庆云先生合著有《词汇语义学》《词汇语义学与词典编纂》《理论词典学》等理论专著，还编写了《简明同义词典》《反义词词林》《反义词大词典》《新华同义词词典》《新华反义词词典》《当代汉语学习词典》等辞书，参与编写了《汉语大词典》，为《现代汉语词典》（第 6 版、第 7 版）审订委员会委员，商务印书馆辞书研究中心的特约研究员，获得第二届"中国辞书事业终身成就奖"。为把这项工作做好，我们整合了河北师范大学和鲁东大学的学术力量。

感谢北京师范大学资深教授王宁先生，中国社会科学院语言研究所词典编辑室李志江研究员，国务院学位委员会中文学科评议组成员、河北大学杨宝忠教授，教育部长江学者、北京语言大学华学诚教授，教育部长江学者、吉林大学徐正考教授和教育部长江学者、北京师范大学王立军教授在课题开题时为我们提出的宝贵建议。感谢商务印书馆，感谢编辑张鹏女士的辛苦校对、修改。同时，也感谢学界众多师友对我们长期以来的支持和帮助。

郑振峰

2021 年 12 月

目　录

前　言···1

第一章　辞书释义内容的演变··5

　　第一节　释义的精细化··5

　　第二节　释义的科学化··8

　　第三节　释义的系统化··10

　　第四节　释义精细化与简适化的矛盾··························13

第二章　褒贬陪义词释义对比··15

　　第一节　褒贬陪义词的性质与特点······························17

　　第二节　褒贬陪义词释义宏观结构对比·······················32

　　第三节　褒贬陪义词释义微观结构对比·······················42

第三章　释义提示词对比··88

　　第一节　"比喻"类释义提示词····································91

　　第二节　"形容"类释义提示词····································114

　　第三节　"指"类释义提示词······································121

　　第四节　"称"类释义提示词······································141

　　第五节　"表示"类释义提示词····································156

第四章　动物名词释义内容对比⋯⋯⋯⋯⋯⋯⋯⋯⋯⋯⋯⋯⋯ 161

　　第一节　动物名词释义类义征 ⋯⋯⋯⋯⋯⋯⋯⋯⋯⋯⋯⋯⋯ 161

　　第二节　动物名词释义个性义征 ⋯⋯⋯⋯⋯⋯⋯⋯⋯⋯⋯⋯ 187

　　第三节　《现汉》动物名词释义特点 ⋯⋯⋯⋯⋯⋯⋯⋯⋯⋯ 228

第五章　动物语素类比喻词释义对比⋯⋯⋯⋯⋯⋯⋯⋯⋯⋯⋯ 232

　　第一节　动物类比喻词的理据及组合 ⋯⋯⋯⋯⋯⋯⋯⋯⋯⋯ 233

　　第二节　《现汉》和《学习词典》收词的对比 ⋯⋯⋯⋯⋯⋯ 244

　　第三节　《现汉》与《学习词典》释义的对比 ⋯⋯⋯⋯⋯⋯ 250

　　第四节　对外汉语动物类比喻词教学 ⋯⋯⋯⋯⋯⋯⋯⋯⋯⋯ 265

第六章　颜色词释义对比⋯⋯⋯⋯⋯⋯⋯⋯⋯⋯⋯⋯⋯⋯⋯⋯ 271

　　第一节　现代汉语颜色词的界定、类型与文化内涵 ⋯⋯⋯⋯ 272

　　第二节　《现汉》与《学汉语词典》颜色词对比分析 ⋯⋯⋯ 297

　　第三节　《学汉语词典》颜色词处理分析结果 ⋯⋯⋯⋯⋯⋯ 330

图表目录⋯⋯⋯⋯⋯⋯⋯⋯⋯⋯⋯⋯⋯⋯⋯⋯⋯⋯⋯⋯⋯⋯⋯ 341

主要参考文献⋯⋯⋯⋯⋯⋯⋯⋯⋯⋯⋯⋯⋯⋯⋯⋯⋯⋯⋯⋯⋯ 346

附录　《现汉》第 7 版和试用本类义征选取情况对比表⋯⋯⋯⋯ 358

前　言

　　本书为郑振峰教授主持的国家社科基金重大项目"基于辞书信息数据库的中国汉语辞书理论史研究"（18ZDA302）的阶段性成果之一。本书以辞书学相关理论为指导，立足辞书释义方式和释义内容两个层面，基于辞书释义的整体观和词汇语义学的义位结构论、义位组合论，主要从"点"和"线"的角度对汉语语文辞书的释义问题进行共时与历时对比研究。

　　我国汉语辞书编纂已有两千余年的悠久历史，相继走过了辉煌阶段（先秦至清末）、新兴阶段（1911年—1949年）、辞书小国阶段（1950年—1977年）、辞书大国阶段（1978年—2000年），目前我们正逐渐步入辞书强国的行列（张志毅：2012）。

　　目前，我国汉语辞书理论研究和汉语辞书编纂取得了较大的成绩，尤其是20世纪至今，汉语辞书理论研究迅速发展，深度和广度上都向前迈进了一大步，辞书文本编纂的数量也快速增加。但同时也面临着一些问题：辞书强国建设的核心指标在于辞书人才、辞书文本和辞书理论，但目前辞书研究和辞书编纂人才匮乏，辞书文本数量剧增但同类型辞书大量重复，辞书理论创新性成果、切实指导辞书编纂的成果少。辞书人才的培养需要注重辞书阵地的建设，这里主要简单分析一下辞书文本与辞书理论问题。辞书文本方面，辞书编纂与出版不能仅一味盲从于辞书市场，要依据辞书数据库规划科学的辞书出版指标。同类型辞书的关键是提质，空缺辞书类型的首要是补量。我们目前还没有大型的现代汉语词典，缺少符合对外汉语教学需求的外向型学习词典。辞书理论研究方面，创新性汉语辞书理论不多，有重大原创而对外输出的汉语辞书理论目前还没有看到，辞书理论未能很好地指导辞书编纂实践，这需要我们从汉语与汉语辞书角度出发，将注重自身辞书经验及团队辞书经验的实用性汉语辞书理论与从西方引介的前沿性辞书理论相结合，在辞书文本与辞书理论的古今对比、中外对比中将汉语辞书理论逐步向前推进，对比是一种比较有效的研究方法。

对辞书纵向对比研究、历时发展演变研究的工作已经比较急迫。很多学者都已指出，汉语辞书具有不同于西方辞书的特性，在促进西方辞书学理论本土化的同时，更要立足汉语自身特点，提升传统汉语辞书理论的水平。"坚持古今研究沟通、传统与现代融会、理论与应用结合的原则。"（苏宝荣：2008）王宁（2002）从辞书释义角度批评现代辞书中有相当一部分释义，由于没有吸取传统辞书释义的合理经验，而导致释义冗余、不精当。引进西方具有理论上的新颖性，但与汉语辞书编纂实践有一定的脱节，操作性稍弱。因此，汉语辞书编纂需要我们在借鉴国外辞书学理论的同时，立足汉语实际，借鉴前人智慧，向外看的同时向后看。辞书编纂的辉煌阶段，古人关于辞书释义的零散观点需要总结，蕴含在辞书编纂实践中的理论需要梳理。这不仅是解决当今辞书编纂实践问题的需要，也是实现辞书强国的需要。应该在全面梳理古人关于辞书的零散观点，尤其是在提炼辞书文本中蕴含的辞书理论的基础上，整合并提升出汉语辞书的独特理念，服务于中华传统优秀文化的弘扬，服务于辞书强国的实现，服务于本土汉语辞书理论的对外输出。

在传承和借鉴的同时，还要关注到现实需要。辞书编纂和辞书研究以往多就辞书而论辞书，诸多问题发于辞书，止于辞书，关注现实需求不足，学习词典的编纂更为突出一些。尤其是外向型学习词典的编纂与对外汉语教学实践相互脱节，忽略了辞书作为工具书其目标用户的真正需求。我们从对外汉语教学中选择了几个突出的"点"，从内向型辞书和外向型辞书释义对比的角度，探讨了它们在释义方式和释义内容上的异同，将辞书理论研究与辞书编纂、教学实践相结合。本书的主要研究内容与研究框架如下：

第一章主要对辞书释义的内容进行古今对比研究、历时演变研究，为辞书理论史的单条"线"的探索。前人研究辞书释义的历时演变多数从释义方法的角度入手，得出古今释义差别不大的观点。从释义内容的角度可以发现一片新的天地，释义内容差别较大，而且古代语文辞书择取哪些语义特征，用什么方法择取这样的语义特征，对今天的辞书编纂具有很强的指导价值和借鉴意义。主要以《说文解字》《尔雅》《字汇》《国语辞典》《现代汉语词典》等几部语文辞书为研究对象，通过考察不同辞书所收录的动物类词语释义内容的变化，探讨辞书释义内容演变呈现出来的特点，我们指导着多位辞书学、训诂学的硕博士研究生在辞书释义内容历时演变这一领域进行探索研究。汉语辞书理论史有很多问题需要回答。不同时期的辞书，分别以何种释义方式为主？训诂学的义界与现代辞书释义中的下定义有什么区别？不同时期的辞书中表达同一功能的释义提示词分别有哪些？辞书的中观参见系统是现代人的发明吗？释义内容由古至今逐渐趋向精细化、明晰化究竟体现在哪些方面？等等。这些问题需要在整体研究辞书理论史的基础上才能回答。

第二章到第六章主要选择了几类词在不同辞书中或《现代汉语词典》不同版本中的释义进行对比研究，包括褒贬陪义词、动物名词、动物语素类比喻词、颜色词以及辞书的释义提示词进行对比研究，为辞书理论史中的"点"的探索。对于褒贬陪义词、动物名词、动物语素类比喻词和颜色词的研究，我们以《现代汉语词典》《商务馆学汉语词典》《现代汉语学习词典》等几部内向型辞书和外向型辞书为封闭域，在研究本体词义特点的基础上，重点描写并对比分析了它们在释义方式、释义内容上的异同，为不同类型辞书的修订提出建议。释义提示词在辞书中起到提示词义来源、引导深层语义等重要作用，但是辞书对于提示词的使用却存在一些问题，《现代汉语词典》第6版对第5版的提示词进行了系统修订，我们以此为视角，对两版的释义提示词进行全量统计与对比分析，探讨了使用的条件与提示词的功能。

本书的基本内容框架及撰写分工如下：

前　言　袁世旭

第一章　辞书释义内容的演变　袁世旭

第二章　褒贬陪义词释义对比　郭佳兴

第三章　释义提示词对比　袁世旭、许蒙蒙

第四章　动物名词释义内容对比　荀经纬

第五章　动物语素类比喻词释义对比　岳佳佳

第六章　颜色词释义对比　易晓雯

袁世旭、郭佳兴对全书进行统稿，修订了相关内容，统一了全书格式。限于时间和能力，难免存在错讹之处，请学界方家多多指正。

第一章　辞书释义内容的演变

辞书释义包括形式和内容两个层面。从形式层面来看，古今辞书释义方式和释义模式的变化并不大，单训、互训、义界等得到稳定成熟的使用，只不过不同时期、不同语义场的义位青睐的释义方式有所变化。与其他几种相比，义界这种定义式和描述式的释义方式更易科学、准确地揭示词义特点，所占比重在辞书发展史上不断上升。"现代语文词典广泛采用定义释义方式，这是一个进步。"① 但古今辞书释义内容上的差别较大，相关研究不是很多。从内容层面来看，辞书释义"一则由简单趋于繁复，一则由笼统而趋向明晰。这是辞书、字典在释义方面进一步发展的新趋势"②。我们主要通过对比《说文解字》《国语辞典》《现代汉语词典》（以下简称《现汉》，本章依据第 6 版）等几部辞书关于"豺""狼""虎""豹"四个相关的名词的释义，分析了辞书释义内容自古至今呈现出的精细化、科学化、系统化特点。

第一节　释义的精细化

对于词语，古人立足于生产生活经验，"近取诸身，远取诸物"，从众多的区别性特征中提取出感知最鲜明、体验最深的一两个，少数

---

① 胡明扬等：《词典学概论》，北京：中国人民大学出版社，1982 年，第 136 页。
② 周祖谟：《周祖谟语言学论文集》，北京：商务印书馆，2007 年，第 82 页。

是提取多个。现代语文性辞书释义结合科学认知，提取出最有价值的若干个特征，并以最优化的组合将其线性排列。如何提取？提取哪些？提取后如何组合？这是古今辞书释义内容中差别最大的部分，是辞书编纂核心的内容，也是衡量不同辞书编者学识高低、辞书质量优劣、释义是否优化的重要标准。我们先以"豺"为例，分析释义内容上的变化。

a. 豺，狗足。（《尔雅·释兽》）

b. 豺，狼属，狗声。从豸，才声。（《说文·豸部》）

c. 豺，狼属，狗足。长尾，白颊，色黄。仲秋祭兽。陆佃曰："俗云瘦如柴。豺，柴也。豺体细瘦，故谓之豺棘。"又曰："豺从才，狼从良，兽之有才智者也。"（《字汇》）

d. 豺，与狼同类异种，状如犬而身瘦、口大、耳小，性残猛。（《国语辞典》）

e. 豺，动物名。学名 Cuon alpinus。亦称"红狼""豺狗"。哺乳纲，食肉目，犬科。体较狼小，体长近 1 米；体色通常棕色，尾末端黑色；腹部和喉棕白色，有时略杂有红色。性凶猛，喜群居；袭击中小型兽类，有时甚至能伤害水牛。每胎 2—7 仔。分布于中国（台湾、海南及南海诸岛除外）及俄罗斯西伯利亚、中南半岛、印度、印度尼西亚等地。毛皮可充褥垫等用。（《辞海》）

f. 豺，哺乳动物，外形像狼而小，耳朵比狼的短而圆，毛大部棕红色。性凶猛，常成群围攻鹿、牛、羊等猎物。也叫豺狗。（《现汉》）

可以看出，a.《尔雅》仅从微观角度描写了豺的一个特点，豺脚像狗脚；b.《说文》从宏观角度描写了豺在类别和声音上的两个特点，与狼同类，吠声如犬；c. 明代梅膺祚的《字汇》描写了豺的一个类别属性（狼属）、两个形体特征（狗足、长尾）、两个颜色特点（白颊、色黄），之后从文化的角度，谈到和豺有关的田猎制度。再直接引用宋代陆佃《埤雅》的观点，用训诂学声训的方法来解释豺的得名之由，即身体细瘦，与"柴"同音，"豺""柴"同源。陆佃在《埤雅·释兽①》中对豺的描述较为详尽："豺，狗足。豺，似狗而长尾白颊，高前广后，其色黄。季秋取兽，四面陈之，以祀其先，世谓之豺祭兽。故先王候之以田。《礼记》所谓豺祭兽然后田猎是也。《诗》曰：取彼潛人，投畀豺虎，豺虎不食，投畀有北……《汉律》捕虎一，购钱三千；捕豺一，购钱百。豺虎皆害物之尤者，故《诗》并言之。俗云：豺群噬虎，言其健猛且众，可以窘虎也。又曰：瘦如豺。豺，柴也。豺体细瘦，故谓之豺棘。人骨立谓之豺。毁义取诸此……"陆佃详细描写了豺的形体特征、颜色特征，并引用《礼记》《诗》等材料，说明豺的文化特征，与虎一起都是"害物之尤者"，再引俗说参证，豺不仅凶猛而且群体出动时攻击力较强，最后解释豺得名的缘由。此后，明代张自烈的《正字通》与清代张玉书、陈廷敬等的《康熙字典》也都引用陆佃关于豺形体特点的这一说法。d.《国语辞典》已具备了近代语文辞书的理念，从豺的众多特征中择取类别所属、体形特征和性情凶猛三大特点。e.《辞海》具备了现代百科的理念，详尽描写了豺所属大类、学名、别称、具体纲目科、体长、体色、性情、喜好、袭击对象、产仔数量、种群分布、毛皮作用等十二个特点。f.《现汉》具有了现代语文辞书的理念，择取出词语（而非概念）必要的语义特征。纵观辞书释义史可见，包括名词在内的众多词语，在释义上主要呈现出从笼统到细化的特点。

---

① 李学勤：《中华汉语工具书书库》，（第47册）合肥：安徽教育出版社，2002年，第367页。

第二节　释义的科学化

释义的科学化表现为在经验性感知的释义中不断地注入科学因子，释义内容从完全的主观体验发展为经验性感知与科学认知相结合。

这种经验性、主观性的感知是语言共同体的共性体验，传统辞书释义中所择取的区别特征往往是人们感知中最为强烈的、直接的一两个特征（少数是几个）。例如，a.《尔雅》的编纂者从豺的众多特点中选择了一个微观特点——"狗足"，以人们常见的狗的脚来说明豺的脚的形状。虽然择取了这一特点，但对于说明何为豺作用有限；b. 许慎在《说文解字》中从宏观角度描写了豺与狼同类、叫声像狗的两大特点。古人缺乏有关动植物分类的科学研究成果，因此训诂工作和辞书释义找不出它的上位概念或高级类名，只能以常见释罕见，说明与狼属同一类别。另外，还以狗的脚、狗的叫声等特点来说明豺的特点。到 c. 明代梅膺祚的《字汇》中详尽列出了豺的八个特点。

d.《国语辞典》中基于与狼、狗等更常见的动物进行对比后给出了三大特点，与狼同类而异种，体形像狗但更为细瘦、口更大、耳朵小，性情凶残。训诂学中将此类称为比况式义界训释："选择一个形似的比喻物来代替主训词，同时阐述被训词语与比喻词之间的差异来代替一般的义值差。"[①] 例如，"驴，似马长耳""獭，如小狗也，水居食鱼"等，可以看出《国语辞典》中"豺"的释义受传统训释影响较大。但从整体上来看，《国语辞典》受近代自然科学影响较大，很多动植物类词语的释义已给出科学的分类。例如"猪"的释义"属脊椎动物之哺乳类，头大，鼻与口吻皆长，其肉可食"；"犬"的释义"哺

---

① 王宁：《训诂学原理》，北京：中国国际广播出版社，1996 年，第 92 页。

乳类，家畜之一种，视觉、嗅觉、听觉皆敏锐，善守夜，又能助田猎"；"马"的释义"脊椎动物，能载重行远，每蹄仅有一趾"；"柳"，"乔木名，枝细长下垂，可编什器，叶狭长，花穗状，实熟则絮飞散如雪"；"杏"，"蔷薇科落叶树，树皮带赤色，叶卵形，三月开淡红色花，果实肥厚，味稍酸"；"芦"，"禾本科宿根草本，茎高丈余，可制簾及葺屋"等。e.《辞海》立足于现代科学，给出十二个特点，其中学名、别称、所属纲目科及种群分布等是从全球、全人类的共同认识角度给出的。它反映了概念的范畴特征，"表示所指事物的本质属性。"①f.《现汉》给出的多为直观特征，而非本质特征，是在语言共同体经验性感知的基础上结合了科学的认知，反映了义位的表意特征、指物特征和范畴特征，这是语文性辞书的特点。

另外，科学化还包括实事求是、调查研究、审慎观察的严谨的科学精神，以及发现前人错讹及时进行纠正的科学态度。如，陆佃的儿子陆宰提到其父在编写《埤雅》时，不仅博考群书，而且进行实地调查研究，向"严父、牧夫、百工技艺下至舆台皂隶"访问考察，"苟有所闻，必加试验，然后记录"。②因此，对于动植物的形状、特点、功能等方面都有很具体的解释。《字汇》之后，明代张自烈的《正字通》补正了《字汇》的缺漏和讹误。《字汇》对"豺"释义时引用陆佃的后一观点："豺从才，狼从良，兽之有才智者也。"③取自陆佃对"狼"的说解："豺祭狼卜，又善逐兽，皆兽之有才智者，故豺从才狼从良作也。"张自烈明确指出："豺狼二文，谐声与会意别。非以豺为才，以狼为良。"认为陆佃的这一说法是错误的，误把形声字的声旁

---

① 张志毅、张庆云：《词汇语义学》(第三版)，北京：商务印书馆，2012年，第129页。
② 李学勤：《中华汉语工具书书库》，(第47册) 合肥：安徽教育出版社，2002年，第347、343、523页。
③ 梅膺祚：《字汇》，上海：上海辞书出版社，1991年。

当作会意的表意部件解读。这与陆佃受王安石《字说》的学术影响有关，不免存在穿凿附会之处。《康熙字典》中也不再引用"豺从才，狼从良，兽之有才智者也"的观点。另外，《字汇》指出为"仲秋祭兽"。而《正字通》与《康熙字典》都引用《礼·月令》，改为："季秋之月，豺乃祭兽。"

第三节　释义的系统化

辞书编纂是一项复杂的系统工程，涉及辞书宏观结构、中观结构、微观结构的方方面面。辞书的系统化表现为从重视零散性、个体性、一元性到重视系统性、整体性和多元性，表现为包含辞书释义的体例、选词立目的体例等辞书整体体例的严密性逐渐增强。这与辞书编纂的宏观指导思想、具体指导理论、辞书编纂者学术素养的高低、是群体还是个体（编纂者如果是群体，则取决于群体趋同性程度的高低）、编纂技术与手段、编纂的目的等方面密切相关。释义的系统性不仅表现在对同义、反义、类义等词义（义位）关系的关联与揭示上，还表现在对相关条目释义内容描写的统一度上，即采用的释义模式是否一致。该课题包含内容十分丰富，此处，我们以《说文解字》《国语辞典》《现汉》对与"豺"有关的"豺""狼""虎""豹"四个动物名词的释义为例，分析相关词在义位区别特征的择取、组合的先后顺序和释义模式方面是否统一。

先看《说文解字》：

豺，见上。

狼，似犬，锐头，白颊，高前，广后。从犬，良声。（《说文·犬部》）

　　虎，山兽之君。从虎，虎足象人足。象形。凡虎之属皆从虎。（《说文·虎部》）

　　豹，似虎，圆文。从豸，勺声。（《说文·豸部》）

　　在传统辞书编纂阶段，与其他辞书相比，《说文解字》体例的严密程度和编写的自觉意识都已经比较高了。《说文解字》主要基于外形的角度，以最简练的释义用语列出了各义位最主要的区别特征，"豺""狼""豹"分别表述为"狼属""似犬""似虎"，"虎"加入了人类的情感认知与文化体验，即"山兽之君"。但是，从义位区别特征择取的角度来看，《说文解字》给出的特征并不充分和足量，导致区别度不大。个别的训释并不是很合理，如"虎足象人足"，段玉裁对其注释时进行了详细分析，并指出："象人足之云不可通。"相关词目释义模式的一致性也比较弱。

　　再看《国语辞典》：

　　豺，见上。

　　狼，兽名，形类犬，毛色黄灰，头锐喙尖，后足稍短，性凶猛，饥则袭人。

　　虎，猛兽，形似猫，全身黄褐色，具黑色条纹。

　　豹，猛兽名，似虎较小，毛黄褐色，背有黑圆斑。

　　《国语辞典》具有了一定的系统性，同义、近义、类义、反义等关系通过一些固定用语关联起来。从这四个词来看，虽然《国语辞典》成于众人之手且历时较长，但与传统语文辞书相比，同类词的释义具有了大体统一的模式，先列出所属类别，再列出形体、毛色等外在特点，最后给出性情属性或功能特征。具体来看，在所属类别上分别运用了"与狼同类异种""兽名""猛兽""猛兽名"的释义元语言，可以统一；形体上分别表述为"状如犬""形类犬""形似猫""似虎较小"，随手翻阅《国语辞典》有关动物词释义可见，"形""状""体"等表示"形体"意义类与"如""类""似"等表示"好像"意义类组合较为随意、多样，也可统一；颜色上也被分别运用"毛色……""全身……色""毛……色"来表述。可见，《国语辞典》有着非常严格的编纂体例和编写细则，有着大体上比较统一的释义模式，但由于成于众人之手，编纂者的学术素养有别，加上时代背景和指导理论的局限，在释义元语言的选择和释义模式的一致性上仍需加强。

最后来看《现汉》：

狼，见上。

狼，哺乳动物，外形像狗，面部长，耳朵直立，毛黄色或灰褐色，尾巴向下垂。昼伏夜出，冬天常聚集成群，性凶暴，吃野生动物和家畜等，有时也伤害人。

虎，哺乳动物，头大而圆，毛黄色，有黑色横纹。听觉和嗅觉都很敏锐，性凶猛，力气大，善游泳，不善爬树，夜里出来捕食鸟兽。通称老虎。

豹，哺乳动物，像虎而较小，身上有很多斑点或花纹。性凶猛，能上树，捕食其他兽类，伤害人畜。常见的有金钱豹、云豹、雪豹、猎豹等。通称豹子。

《现汉》释义的系统性较强。从整体上来看，已基本符合现代辞书学提出的"同场同模式"的释义理念。

释语中先指出属于"哺乳动物"（而非"纲""目""科"等），再依次给出外形特点、颜色特点、生活习性等，最后列出具体分类、通称或别称等内容。《现汉》对义位区别性特征表述较为充分，组合排列整齐，选用释义元语言得当。比如，在类别属性上，《现汉》统一标为

"哺乳动物"，而《国语辞典》标注各异。它从众多的区别性特征中择取最主要的特征（即外形、毛色、习性等），从主要特征的若干变体中抽象出常体、原型，选取中心属性，省略边缘和次中心属性。例如，"虎"择取了类属、外形、毛色、习性等十个主要特征，其中毛色上常见的主要颜色分别有黄色、淡黄色、棕黄色或褐色等，而《现汉》只给出"毛黄色"这一常体和原型，推动了原型论对辞书的指导。

"从底层义场整体观视角重新审视现代语文性辞书的代表作的释语模式，常有不统一的缺憾。"[①] 例如，性情上，《现汉》大多表述为"性凶猛"，还有的表述为"性凶暴"，建议统一为"性凶猛"，或直接表述为"凶猛"；外形上，《现汉》中有的表述为"外形像狼而小""外形像狗"（模式为"外形像……"），有的为"像虎而较小"（模式为"像……"），有的直接表述为"头大而圆"，建议采用"像……"来统一释语模式，或直接表述即可。释语略带文言色彩。并且，释义的简适性不足，对于非典型性特征可以不给出，例如"狼"的"冬天常聚集成群"，"虎"的"夜里出来捕食鸟兽"等。对于典型性特征可以补充上，例如"豹"的"身材矫健，奔跑迅疾"。

按照现代辞书学提出的"同场同模式"和"同类同模式"的观点编纂辞书，就会减少辞书释义的随意性和主观性，增强客观性和系统性。

第四节　释义精细化与简适化的矛盾

虽然辞书释义从整体上体现出精细化的要求，但并不是越精细越好、区别度越大越好，还要符合简适化的要求。而辞书释义精细化与

---

① 张志毅、张庆云：《词汇语义学》（第三版），北京：商务印书馆，2012年，第283页。

简适化是一对矛盾，精细化要求增强区别度、丰化义值和义域，简适化要求精练释义语言、简化义值和义域。

千余年来，语言共同体赋予客体世界、主体世界和语言世界的"物"以最显著的表意特征和指物特征，是人们根据视觉、听觉、嗅觉、味觉等经验提取出的最具价值的释义因子。虽然依据的是"前科学语感"或"前思维"，但"它对物提取的是原型或中心成员具有的可感的最明显的'族征'或'家族相似性'（family resemblance，维特根斯坦，1933）。它注重的不是本质属性，而是'典型意义'、心理表象（mental representation，泰勒，1989），亦即概括表象（schematic representation）"[①]。古人在辞书释义中所择取的词义特征与今天在认知语义学指导下的原型辞书释义有很多相似之处。

很多学者都已谈到传统辞书对当今辞书编纂的借鉴作用，但大都言之不详。从释义内容角度来看，古人列出的最典型的一两个特征与认知语义学从众多特点中找出原型这两种方法殊途同归，可以借鉴这两种不同的方法来解决辞书释义精细化与简适化的矛盾。中国传统辞书的释义大都简短而准确，训诂学家和传统辞书编纂者"集数千年的训释实践，在描述词义、表述意义内涵方面，已经找到了切合汉语实际、反映语义规律的方法，需要对他们的方法加以总结，以充实和完善现代辞书学的释义理论"[②]。

因此，解决辞书释义精细化与简适化的矛盾，需要立足汉语实际，汲取前人智慧，借鉴国外理论。需要指出的是，汲取和借鉴不等同于照搬，汲取的是从释义内容中反映出的释义理念和方法，即为什么古人从当时的认识程度出发，选取这样几个区别性的语义特征，绝不是照搬释义的内容。在这方面，汉语辞书释义还有很远的路要走。

---

① 张志毅、张庆云：《词汇语义学》（第三版），北京：商务印书馆，2012年，第99页。
② 王宁：《训诂学》（第2版），北京：高等教育出版社，2010年，第198页。

第二章　褒贬陪义词释义对比

词的褒贬陪义是词的诸多陪义类型中的一种，它反映了语言共同体对伴随理性意义的褒贬情感，传统上将这种附属意义带褒贬的词称为褒贬色彩词，将理性意义带褒贬的词称为褒义词和贬义词。词的褒贬陪义对交际能否顺利进行影响很大，尤其对于二语学习者来说，是学习中的盲点和难点。

关于词的陪义的研究，中外都有较长的历史，但陪义这一概念却并非古已有之，传统的语义学中称之为"色彩义"，国内在此领域研究的最为系统和深入的当数张志毅、张庆云，在其合著《词汇语义学》中，全面而深入地论述了国内外对于陪义的研究沿革、类型、存在形态及标记等。从欧洲中世纪"附加意义"的观念到现代语义学中"陪义"的概念经历了很长时期，在欧洲从《波尔·罗雅尔语法》的"伴随意义"到后来洪堡特的"附加意义"，再到后来萨丕尔的"情调"及至布龙菲尔德的"内涵义或隐义"，尽管名称有所差别，但"普遍认为它是义位的次要意义、形象、情感、态度、风格等补充义值的反映"。（张志毅、张庆云，2012：35）国内的研究也基本称之为词的色彩意义或表达色彩，如刘叔新、苏新春、周荐等，对类型的划分也是从一元论到九元论各有不同，及至张志毅、张庆云，对义位的结构有了新的论述，提出微观结构的新公式：义位＝义值＋义域，义值＝基义＋陪义，并对陪义的类型重新做了更为细致的划分，才算是对陪义有了较为系统而全面的研究和论述。综合目前我们所搜集到的资料来看，学界对于词语的陪义的研究不在少数，但对于更为具体的褒贬陪义的研究却并不多见，所涉及的研究角度也多为词典的标注方式或是褒贬义陪义的生成及演变，多是静态的描写，较少深入剖析，缺乏系统而全面的对词汇的褒贬陪义的研究。

词典作为教学和学习中重要的工具书，编纂质量的高低直接影响使用者的选择。目前我国对于辞书的研究无论是在理论层面还是在实践层面都取得了很大的成就。综合来看，目前学界对不同类型词典间对比的研究也不在少数，但对比的角度多集中在释义原则、释义内容、释义方法和手段、释义语言等方面，集中于词典编纂的微观角度，且各方面之间有时交叉，难以作出严格的区分，提出的许多意见也缺乏针对性和可实施性。

结合目前的研究现状，我们以现代汉语中含褒贬陪义的词为研究对象，选取较有代表性的词典——《现汉》（第 6 版）、《商务馆学汉语词典》（鲁健骥、吕文华主编，商务印书馆辞书研究中心编写，以下简称《学汉语词典》）、《现代汉语学习词典》（商务印书馆辞书研究中心编写，以下简称《学习词典》）为封闭域，以分类统计和对比分析为主，定量分析和定性分析相结合，对材料进行静态的描写，并从组合和聚合两个坐标对语言本体进行双向的研究，通过对比不同类型的词典对同一类词语的释义，对三部词典在宏观、微观结构上的差异进行静态的描写，指出现阶段辞书编纂中词典类型趋于融合的趋势，并基于外向型学习词典在对外汉语教学中的重要作用，对外向型学习词典的编纂提出合理化的建议。

第一节　褒贬陪义词的性质与特点

一、褒贬陪义词的界定

词的陪义是与基义相对的概念，是"一个词的基本意义之外的含义"（《朗曼现代英语词典》），是词的附属意义。张志毅（2012：16）从义位的微观结构角度提出基义、陪义与义域结构论，陪义就是附属意义、补充意义。符淮青（2008：45）将词的陪义称为词的色彩意义。尽管学界对于陪义的概念称谓很多，但基本相同的认识是，词的陪义指词的第二性意义，同基义一样蕴含着人们对人或事物、行为的情感或评价。张志毅（2012：54）指出陪义既有语言性也有言语性，这种分类方式更像是从广义和狭义两方面定义陪义，即广义的陪义包括语言性的和言语性的，而狭义的陪义指语言性的。曹炜（2009：56）针对色彩意义也提出了语言的色彩意义和言语的色彩意义之分。这两种观点都是将凝聚在词汇中的情感态度做了语言性的和言语性的区分，但张志毅所指的陪义和曹炜提出的色彩意义内涵并不相同，曹炜的色彩意义既包括基义也包括陪义，但二者对语言和言语现象的区分对本研究范围的确定提供了重要的借鉴意义。本章我们只研究语言性的、语义学或词汇学范畴的。如"也有解散辫子的，盘得平的，除下帽来，油光可鉴，宛如小姑娘的发髻一般，还要将脖子扭几扭，实在标致极了"（鲁迅《藤野先生》）。这里的"标致"一词显然不是《现汉》中注释的"相貌、姿态美丽"的意思，而是以正当反，讽刺那些人的装扮不合体。这种临时语境中的以正当反从而达到讽刺的修辞效果，不能当作"标致"一词本身所附带的贬性陪义。陪义具有社会规约性，不仅是词语在使用过程中具有某种色彩或者评价，作为语言的备用单位静态的存储在词典或是人们的头脑之中时，这种色彩或是评价意义仍然存在，且在一定的时间内具有稳定性，不会因人而异。因此，实际言语交际中的修辞现象使得某些词汇带有了某种色彩或评价也不能当作词的陪义。

学界对于陪义种类的划分有很多，本研究只就其中的一个小类——褒贬陪义进行讨论。褒性的陪义即词所附带的正面性的评价或感情色彩，贬性的陪义即词所附带的负面性的评价或感情色彩。包括词典释义中明确标注出的含褒义、多指好的、含贬义、多含贬义、多指坏的、指消极的等这类词语。在情感陪义大的类别下，张志毅（2012）做了更为细致的划分，将褒贬与态度、评价三种陪义做了区分，但在实际的语言环境中，这三种陪义是难以区分的。因此本研究对词的褒贬陪义的界定更为宽泛，除詈语外，词典（此处指《现汉》第6版）中标注态度、评价、褒贬等带有正面性的或负面性的陪义的词语都是本研究的研究对象。

二、褒贬陪义词的分类

词语的分类方式有很多种，每一种方式都可以反映出词语本身所具有的特点。以词性、语体风格、褒贬倾向等为参数均可对褒贬陪义词进行分类描写，其中以褒贬倾向及褒贬义程度为参数的分类价值较大。

（一）以词性为参数进行分类

根据《现汉》对词类的标注，我们对326个含有褒贬陪义的词语进行了类别的统计。结果如下：

表 2.1　词性统计表

词性	名词	动词	形容词	副词	量词	连词	未标注
数量(个)	102	97	20	3	2	1	104

注：有些词是兼类词，因此表中的统计总量大于326个

从《现汉》标注的词性来看，含有褒贬陪义的词语类型多样，但

多为名词和动词。这与名词和动词本身的特点密切相关，词的命名折射着一个民族看待事物的方式、体验和情感。从认知语言学的角度来讲，词汇中蕴含的隐喻或转喻机制最能体现民族性，这种特性名词和动词体现的尤为明显。在未标注词性的词语中，成语 77 个，惯用语 4 个，俗语 2 个。成语、惯用语和俗语是特殊的词汇形式，尤其是成语，不仅结构特殊，在意义的表达上也十分有表现力。惯用语和俗语大多来源于口语，贴近生活，形象生动，且大多使用引申义，便于情感的顺利表达和传递。在词语的构成中还有少量的形容词、副词、量词和连词，但所占比重非常小。

（二）以语体风格为参数进行分类

根据《现汉》的凡例，标注"〈书〉表示书面上的文言词语"（《现汉》），因此称为"文言词"更为妥当。从下表中的数据可以看出，明确标注了语体风格的词较少，大部分词语未做任何标注，口语和书面书均可用。

表 2.2 语体风格统计表

语体风格	书面语（书面上的文言词）	口语	未标注
数量（个）	6	6	314

（三）以褒贬情感偏向为参数进行分类

在所选的 326 个词语中，含有褒性陪义的词语只有 11 个，而带有贬性陪义的词语有 315 个。褒贬陪义之间的失衡问题也受到了学界的关注，但目前尚无定论。从《现汉》的标注结果来看，张志毅指出这种褒贬陪义比例悬殊的问题，"其中一个是语言事实，一个是编者标注的问题"[①]。从语言的民族性特征来看，这可能与汉民族的民族性格有关系，汉民族的民族性格中，较多沉稳内敛，注重自省，易

---

① 张志毅、张庆云:《词汇语义学》(第三版)，北京：商务印书馆，2012 年，第 41 页。

于接受他人的批评和规劝，而对于褒奖和谢意则多羞于接受，且多以自我否定甚至贬低表自谦。映射在语言中，可能引起带有贬义陪义的词语较为丰富，带有褒义陪义的词语较少的情况，当然，这是有待进一步研究的问题。

表 2.3　褒贬陪义倾向统计表

褒贬倾向	含褒义陪义	含贬义陪义
数量（个）	11	315

（四）以褒贬陪义程度为参数进行分类

《现汉》对褒贬陪义的标注具有层级性，这种层级性在直接标注和间接标注中均有体现（解海江、张志毅：2003），此处不考虑标注形式，我们仅从标注内容上将褒贬陪义按程度分为三级，一级程度最深，包括词典中标注的"含褒义／贬义、多含褒义／贬义、多用于褒义／贬义"的词语；二级词语的褒贬义程度次之，包括词典中标注的"有时含褒义／贬义、含轻蔑／戏谑／讽刺／嘲笑等义"的词语；三级词语的褒贬义程度最低，包括词典中标注的"多指不好的／好的、用于人时含褒义／贬义"等词语。

表 2.4　褒贬义程度层级表

褒贬程度	一级	二级	三级
	含／多含／多用于褒义／贬义	有时含褒义／贬义、含轻蔑／戏谑／讽刺／嘲笑等义	多指不好的／好的、用于人时含褒义／贬义
数量（个）	185	52	88

从统计的结果来看，褒贬义程度最深的词语最多，而在二、三级词语之间，三级词语的数量要稍多于二级词语。词典的收词立目需考虑诸多因素，对于语言中带有褒贬陪义的词语与使用该语言的团体对事物的社会认知有一定的联系，同时词典的收词也与"词典的编纂者

对词典的定位、编纂惯例的影响甚至是语料库的使用程度相关"①。关于《现汉》对褒贬陪义词的收词问题在此不做详细讨论。

三、褒贬陪义词的陪义来源

学界对于词的褒贬陪义的生成有很多种说法，依据前人的研究成果，本部分主要就语义和语用两个角度进行分析。

（一）语义生成

尽管汉语的词义并不等于构词语素义的简单相加，但不可否认的是构词语素义与词义之间存在着一定的联系。曹炜在分析语言的感情色彩义的来源时，将词语褒贬义的生成分为三种情况，即构成成分、词义引申和约定俗成。但曹炜所举的词语中，既包括基义的褒贬也包括陪义的褒贬。我们借鉴曹炜的分析角度，但只分析褒贬陪义的来源。

构词语素的意义带有感情色彩，例如"党徒"一词中"徒"在指某种人或同一派系的人时含有贬性陪义，因此，"党徒"一词也附带上了贬性陪义。"耍笔杆"一词"耍"的施展、表现义含有贬性陪义，因此，"耍笔杆"一词也附带上了贬性的陪义。在带有褒贬陪义的词语中，这类词语所占的比重不多，只有27个，且都是只有其中的一个语素带有褒或贬性的语义而使得整个词语带有褒或贬性的陪义。

一些词的褒贬陪义与本义无关，即"词的本义并不具有感情色彩，由本义派生出来的比喻义却带着强烈的感情色彩"②。这类词语既有一般词汇也包括成语俗语，例如：

【半斤八两】旧制一斤合十六两，半斤等于八两，比喻彼此一样，

---

① 于屏方:《外向型学习词典研究》，北京：商务印书馆，2016年，第109页。
② 曹炜:《现代汉语词义学》，广州：暨南大学出版社，2009年，第48页。

不相上下（多含贬义）。

【插杠子】比喻中途参与谈话或做事（多含贬义）。

【插足】比喻参与某种活动（多含贬义）。

【垂涎欲滴】比喻看到好东西，十分美慕，极想得到（含贬义）。
（《现汉》）

这类由比喻义而使整个词义附带褒性或贬性的词语也为数不多，在 326 个词语中只有 33 个。

（二）义位内部组合

现代汉语中有一类词，构词语素不含褒贬倾向而整个词义具有褒贬倾向，或构词语素的褒贬倾向与整个词义的褒贬倾向完全相反。这种情况多被认为是约定俗成。而郑振峰、袁世旭从义位组合的角度提出了汉语中义位组合的对立逆化现象，概括来讲现代汉语中的义位组合对立逆化现象大致可以分为两种情况，即单义项（组合后）义位组合逆化和多义项（组合后）义位组合逆化。单义项（组合后）义位组合逆化现象有两种，如"尊容"一词，构词语素"尊"和"容"在词典的释义中并未标注有含贬义的情况，相反，语素"尊"还带有褒义，而在相互组合成词后有且只有一个义项，并陪义附带上了贬义色彩，而就语素"尊"而言，除"尊容"一词外，在与其他语素组合时并未出现这种陪义色彩的逆化现象。再如"活宝"一词，构词语素"活"和"宝"都无贬性的陪义，但两语素组合成词后生成了"指可笑的人或滑稽的人"的唯一义项，且附带上了贬性陪义。这是单义项（组合后）义位组合逆化的一种情况。另一种情况较之稍显复杂，不同语素组合成词后仍然有且只有一个义项，但褒贬色彩发生逆化，且同时可以形成相反相对的两个词群，如：

【宠信】动宠爱信任（多含贬义）：～奸佞／深得上司～。

【宠用】 动 宠爱任用（多含贬义）：～奸佞 / 倍受～。

【宠物】 名 指家庭豢养的受人喜爱的小动物，如猫、狗等：～医院。

【宠儿】 名 受宠的孩子，泛指受到宠爱的人或事物：时代的～ / 互联网是 21 世纪的～。（《现汉》）

"宠信""宠用"与"宠物""宠儿"，构词语素"宠"相同，在释义元语言中，除"宠物"一词外，都用到了"宠爱"一词，但就整条义项，尤其是标注的陪义来看，"宠信""宠用"与"宠物""宠儿"两组词的相同构词语素"宠"侧重点有所不同，前一组侧重于"骄纵"，而后一组侧重于"喜爱"，由此形成了两组相互对立的同语素词群。

在 326 个词语中，这种单义项（组合后）义位组合逆化的情况为数不多。多义项（组合后）义位组合逆化是就同一词语不同义位之间而言，构词语素成词后有多个义项，其中既有与原语素义顺接的情况，也有与原语素义逆接的情况，如"大兵"一词：

【大兵】❶ 指士兵（含贬义）。❷ 兵力强大的军队：～压境。（《现汉》）

其中，"实力强大"与"大"的"规模、程度等方面超过一般"义为顺接，"士兵（含贬义）"与"大"的"年辈较长或排行第一、德高望重"义为逆接。义位组合的对立逆化不仅包括语素义两极之间的逆化，如褒逆化为贬，或贬逆化为褒，还应包括由中性变为褒或贬的情况，我们称之为"半逆化"现象。例如：

【白面书生】指年轻的读书人，也指面孔白净的读书人（有时含

贬义或戏谑意)。(《现汉》)

"面孔白净"和"读书人"两个义位都无明显的褒贬感情倾向，原构词语素属于中性，但在组合后，整个词义附带上了贬性陪义，表达对旧时读书人的一种戏谑之情。

无论是义位组合的逆化现象还是义位组合的半逆化现象，在范例中出现的总数都不多，从词汇学的角度来看，这种义位组合的特殊情况值得我们关注，但从褒贬陪义的生成情况来看，这种义位组合的逆化现象并非是褒贬陪义生成的重要原因。

（三）义位外部组合

义位外部组合也可以称为词语之间的组合搭配，词语之间的组合搭配学界讨论得较多。黄红娟（2012：160）指出近距离组合共现和远距离组合共现都能使词语附带负面的语义特征，这与于屏方（2010：271）所说的语义韵律大致相同，都是指词语在使用过程中与其他词语组合的选择性。

有些词语无论是从本义还是引申义中都难以看到明显的感情倾向，但与某类词语搭配时其褒贬倾向便可以显现出来。例如：

【图谋】暗中谋划（多含贬义）。(《现汉》)

"图谋"在古代汉语中指谋划，明代李贽《与周友山书》中有"不能为子子孙孙图谋万年也"，其中"图谋"一词并无贬义色彩。但在现代汉语中，与之搭配的词语常是带有贬性义位的词语，如"不轨、私利"等，如同词义引申的一种途径组合同化一般，词语之间的组合搭配也使共现的语义成分发生了变化，但这种变化不体现在基义上，而是体现在陪义上。也即义项之间的组合搭配使词语的陪义附带上了感情倾向。这种感情倾向既有贬性的，也有褒性的，又如：

【熏陶】长期接触的人或事物对人的生活习惯、思想行为、品行学问等逐渐产生某种影响（多指好的）。(《现汉》)

与"熏陶"搭配的词语常常是"文化、艺术、良好风气"等带有褒性倾向的词语，因此"熏陶"一词的陪义也附带上了褒性的陪义。

（四）语用习惯

语用习惯的限制使词语附带上或褒或贬的陪义与民族文化心理因素有交叉在内，此处一并讨论。

1. 语境制约

有时一些词语附带的感情倾向既难以从构词语素中直接看出来，也难以从直接搭配的组合关系中显现出来，而是要通过上下文、语篇间的转承衔接与补充来实现，即语言语境。本研究所指的语境既包括言语近境，也包括言语远境。但这种通过语境呈现出来的词语附带的感情陪义与词语的语境义不同，词语的语境义是可变的、临时的，而词语的陪义是恒常的，具有普遍适用性。例如：

【半斤八两】旧制一斤合十六两，半斤等于八两，比喻彼此一样，不相上下（多含贬义）。(《现汉》)

从《现汉》注释的基义来看，"半斤八两"似乎与"伯仲之间""不相上下"是同义词，其中的贬义陪义难以直接从词面意思理解，我们分别以"半斤八两""伯仲之间""不相上下"为关键词，利用北京大学 CCL 现代汉语语料库对这些词进行了检索，其中，"半斤八两"有 93 条语料，"伯仲之间"有 73 条语料，"不相上下"有 620 条语料。现从每个词语检索的语料中随机选取两条，内容如下：

半斤八两：①"每个客人写下了自己的歌，每个客人唱自己的

歌，因为各人总是以为自己的歌最好。事实上它们都是半斤八两，同一个调调儿。"(《安徒生童话》)

②"虚竹心想：'倘若是为了救人救世，身历艰险也还值得，可是你和李秋水半斤八两，谁也不见得是什么好人，我又何必为你去甘冒奇险？'"(《天龙八部》)

伯仲之间：①"经过几十年的努力，将深圳建设成与香港在经济水平上旗鼓相当、经济功能上各具特色、经济实力上伯仲之间的国际城市，深圳、香港成为并驾齐驱的姐妹城市。"(1994年报刊精选)

②"中国女单选手张宁、周蜜、龚睿那、谢杏芳实力在伯仲之间，世界排名都在前6名，均有击败马尔廷的实力，但她们中却还没有相对技高一筹的尖子球员，没有一个能像龚智超当年那样上场前就有取胜马尔廷的实力。"(新华社2003年7月份新闻报道)

不相上下：①"北京对我的吸引力，与我对地方戏的热爱不相上下，若不是天生的公鸭嗓子，当年我肯定会选择做一名戏剧演员，而不是以后来的舞美设计师的身份进入剧团了。"(《中国北漂艺人生存实录》)

②"在当代世界上最大富翁中，美国有60多名，而日本就有40多名，日本已成为世界上最大的债权国，在高科技领域，日本的电器制品无论数量和质量上已和美国不相上下，有的方面已大大超越了美国。"(《略论企业文化》)

从基义上看，三个词语的确相差不大，但整个语境所反映出来的情感倾向却不尽相同，"半斤八两"的两个例子中，例句①比较的是客人们的唱功，客人们以为自己唱得很好，通过上下语境我们可以知道实际上唱得并不好。例句②比较的是两人的品行，通过后面句子的提示可以看出，实际上两人的品行都不怎么好。"半斤八两"的两个例句中比较的内容是客观的，但两个句子比较的双方在话语者看来，都是不值得称赞的，从谈话人的主观情感来看，都是带有轻视和贬义的。而"伯仲之间"和"不相上下"的例句，比较的内容也是客观的，但从话语者的主观情感来看，对比较的双方都没有轻视和贬斥的意思。但这种对谈话者主观情感倾向的把握单从词语所在句本身难以看出来，还要根据上下句所提供的更为详细的语境信息才能准确把握谈话者的感情倾向。

2. 社会制约

社会因素的制约也可以被当作语境制约，但与具体的上下文语境不同，社会因素是一种大语境。这种语境的制约不是通过个别词或句子实现的，而是一种社会约定俗成，反映的是一个社会团体的共性，同样，词语中所附带的感情倾向更能体现语言使用者的思维方式和价值观。在现代汉语中，许多词语所附带的褒或贬的陪义也体现着汉民族的思维方式和价值观。

（1）以动物喻人多附带贬义陪义

在汉民族的世界观中，人类是万物灵长，是所有动物中最高贵的群体，理应高出动物一等。因此，在日常的交际中，如果出现用动物来指人，无论是方言还是普通话，常常带有贬性的感情倾向，例如：

【阿猫阿狗】 方 泛指某类人或随便什么人（含轻蔑意）。
【鬼哭狼嚎】形容大声哭叫，声音凄厉（含贬义）。
【换马】比喻撤换担负某项职务的人（多含贬义）。
【鸟兽散】（成群的人）像受惊的鸟兽一样四处逃散（含贬义）。
（《现汉》）

这类词语还有很多，涉及的动物有猫、狗、狼、马、鸟、驴、鸭子、老虎、鹦鹉等等。皆是用动物所具有的某一特性来形容某一类人或人的某些行为，依据黄红娟的观点，以动物喻人时可能"激活了人们的认知心理中的排斥异己机制"①从而确立的贬性的感情倾向。但不能因此而认为所有以动物来比喻人的词语都附带有贬性的陪义。

（2）涉及钱权等事务多附带贬性陪义

中国古代社会重农抑商，社会对从事农业生产劳动以解决温饱积累财富的普通大众多是持赞美的态度，而对从事工商业而积累财富多不以为荣，甚至有时持以否定的态度。且古人多奉行"君子爱财，取之有道"的准则，认为财富的积累是长期辛勤劳作的结果，对短时间内积累起财富的人也多持否定态度。古人对财富的认识也反映到了词汇当中，例如：

【暴发】❶ 突然发财或得势（含贬义）：～户。

【倒爷】从事倒买倒卖活动的人（含贬义）。

【生财有道】很有赚钱发财的办法（多含贬义）。

【市井】街市；市场①：～小人／～之徒（含轻视意）。（《现汉》）

《现汉》中这些词语的释义后都用括注的形式明确标注了贬性的陪义，对于这些词语的注释，我们可以很明显地看出其中透露的古人的财富观。财富的积累应是脚踏实地、缓慢的过程，突然发财或是通过很多途径获取财富是不值得称赞的。旧时做买卖的人或是街道上没有受过教育的人被称为"市井之徒"，也是充满了贬性意味的。同时，对于权力的认识也是如此，例如：

【官场】指官吏阶层级其活动范围（多含贬义）。

【官瘾】当官的欲望、兴趣（含贬义）。

---

① 黄红娟：《汉语词汇负面义研究》，北京：社会科学文献出版社，2014年，第42页。

【袍笏登场】身穿官服，手持笏板，登台演戏，比喻上台做官（含讽刺意）。

【向上爬】比喻谋求职位的升迁（多含贬义）。(《现汉》)

中国古代封建社会的社会形态使得官宦阶级和普通民众成为对立的两个社会群体，官宦阶级处于统治阶层，而普通民众处于被统治和压迫的阶层。这种等级森严的社会层级的划分也萌生了影响中国几千年的"官本位"的思想，"学而优则仕"成为众多古代读书人的出路。但也正是这种对权势的向往使得社会对于统治阶层更为关注，一旦出现政治黑暗、社会动荡的局面，社会对统治阶层的评价就会趋于负面。这一点从一些词语的词义历时变迁中也可以看出，如"衣冠禽兽"一词，本指在官服上绣以飞禽走兽来显示文武官员的等级，本身并无褒贬色彩，但到了明朝中晚期，官场腐败，为官者欺压百姓，无恶不作，"衣冠禽兽"一词就演变成为非作歹、如同畜生的贬义词了。尽管这种词义基义的变化和上文所谈的陪义的褒贬存在着一定的差别，但是两者都是社会对某一阶层的认识反映到词汇层面的结果。社会对于官宦阶层抱有统治阶层的看法，普通民众将其视为和自己对立的阶层，因此词汇系统中一些官场词汇都附带上了贬性的陪义。

（3）指女性的专有名词多带有贬性陪义

在所选的范例词语中，有一些指女性的专有名词附带有贬性的陪义，例如：

【黄毛丫头】年幼的女孩子（含戏谑或轻侮意）。

【交际花】在社交场中活跃而有名的女子（含轻蔑意）。

【老娘们儿】指成年妇女（含贬义）。

【女流】妇女（含轻蔑意）。

【裙带】跟妻女姊妹等有关的（含讽刺意）。(《现汉》)

这些词语指称不同年龄段的女性，但都带有贬性的陪义，这是男尊女卑的社会认知在词语层面的反射。生产力的发展使社会转型得以完成，但这种男尊女卑的社会认知并没有随着封建社会的瓦解而消失，而是以词语的方式留在了语言当中。这一方面显示了语言和社会相互影响的关系，另一方面显示了语言自身发展的滞后性。

现代汉语中这类带有褒贬陪义的词为数不少，褒贬陪义的来源是复杂的，从不同的角度都可以探讨褒贬陪义的来源，在 326 个词中，多数词的褒贬陪义受社会文化的制约，与民族心理有一定的关联，少数词的褒贬陪义来源于语言自身，与语义生成有一定的关联。

四、褒贬陪义词的特点

语言中凝聚着民族的思维方式和认知方式，汉语中并非所有的词都带有附属意义，具体到褒贬陪义的词语占词语总数的比例也很小，但仍然有鲜明的特点。综合所搜集的资料来看，汉语中带有褒贬陪义的词语主要有以下几个特点。

（一）不平衡性

我们对 326 个褒贬陪义词进行了统计，只有 11 个词带有褒性的陪义，而带有贬性陪义的词有 315 个，褒性陪义和贬性陪义之间呈现明显的不平衡性。除此之外，在贬性陪义的词语内部也呈现出不平衡性，这种内部的不平衡性表现在方言词语和普通话之间、成语俗语和一般词语之间等。这种不平衡性与语言事实和词典编写者都有关系，（张志毅：2012）社会与语言相互影响，语言的面貌也反映着使用群体的特征，汉语的这种现象与汉民族的认知有一定的联系。

（二）社会规约性

同褒贬义词一样，褒贬陪义的词语也同样具有社会规约性。某一语言使用者个体根据个人的好恶或是创作表达的需要，在临时语境中将一些语义中没有褒贬成分的词语附带上褒或贬义的色彩不能将其称之为带有褒贬陪义的词，只能看作个体的表达技巧。但如果某些词语，在实际的使用中常常附带有褒或贬的感情倾向或是经常在褒或贬性的特定语境中出现，且对于社会全体成员普遍适用，即使是词典中没有给予明确的标注，那么也可以认为这些词具有社会规约性，可以被称为带有褒贬陪义的词语，词典中没有明确标注反映的是词典编纂相对于语言发展的滞后性。因此，也可以说社会规约性不仅是褒贬陪义词的特点，也是判断词语是否为褒贬陪义词的标准之一。

（三）相对稳定性

词的褒贬陪义具有相对稳定性，这种稳定性既包括历时的也包括共时的。从词的发展演变过程来说，的确有一些词语的陪义发生了变化，有些甚至可以称之为褒贬两极转化，如"大放厥词"，韩愈的《祭柳子厚文》中有"玉佩琼琚，大放厥词，富贵无能，磨灭谁记？"，原指极力铺陈辞藻，施展文才，含褒义，发展到现在，指大发议论，含贬义；"顺民"一词古代指听天由命、安守本分的人，现在指归附外族侵略者或改朝换代后新的统治者，也带上了贬性的陪义色彩。这种褒贬陪义之间的转化并非是一朝一夕完成的，而是随着漫长的社会生活逐步完成的转化，因此褒贬陪义在一定的社会历史时期具有相对稳定性。褒贬陪义的相对稳定性源于词汇系统的相对稳定性，汉语是汉民族的共同语，尽管汉民族人口众多，生活的地理环境幅员辽阔，但是汉语突破了这种时地的限制，尤其是经过规范的现代汉语，作为各地区之间交流和沟通的主要工具，不会瞬息万变、因人而异，这种词义的相对稳定性也包括褒贬陪义的相对稳定性，这种稳定性既源于汉民族对事物褒贬的共同认知，同时也有语言与社会之间的双向制约。

（四）民族性

陪义具有民族性，带有褒贬陪义的词更能体现陪义的民族性。不同民族看待世界的方式不同，即使是对同一事物也有不同的看法，有时甚至会出现褒贬两极化，如汉民族与西方社会对一些动物的看法存在着很大的差异，映射到语言中，呈现出明显不同的感情倾向。汉语中与"狗"有关的词语多是带有负面性情感的，既有基义带有负面性的"狗腿子""狗尾续貂"，也有陪义带有负面性的"阿猫阿狗""狗吃屎"等词，而在英语中，"dog"一词并没有这种用法，在一些固定搭配中反而是带有褒性的，如"love me love my dog"（爱屋及乌）、"lucky dog"（幸运儿）等。典籍文化、宗教文化、传统文化等都是陪义带有民族性的原因，（张志毅：2012）也正是因为这种民族性，才使得不同的语言丰富多彩，富有表现力。

第二节　褒贬陪义词释义宏观结构对比

一、三部词典褒贬陪义词收词情况的对比

我们对《现汉》第 6 版中标注了褒贬陪义的词进行了穷尽式的人工筛选，共选取了带有褒贬陪义的词语 326 个：

奥援|阿猫阿狗|暗箱操作|把子|白面书生|百足之虫，死而不僵|八面光|把持|败露|百出|拜倒|半斤八两|榜样|包打听|保护伞|暴富|暴发|毙命|变卦|变味儿|变相|变质|辩护士|不择手段|表功|濒于|病夫|不齿|不以为然|馋虫|馋猫|插杠子|插足|长此以往|超拔|超标|称号|成见|成性|诚实|逞|宠信|宠用|臭美|臭钱|臭味相投|处心积虑|垂涎欲滴|大兵|大放厥词|大杂烩|大腹便便|胆大包天|当道|党魁|党羽|党徒|刀笔吏|倒爷|倒打一耙|到头来|道貌岸然|得逞|得宠|得计|得势|动不动|顶礼膜拜|斗心眼儿|独到|蹲膘|惰性|阿谀|恩赐|耳报神|二道贩子|发号施令|翻天|贩子|范儿|放空气|粉墨登场|风情|风度|俯首帖

耳 | 富有 | 逢迎 | 奉若神明 | 改头换面 | 赶浪头 | 高谈阔论 | 告密 | 歌功颂德 | 个儿顶个儿 | 各别 | 跟屁虫 | 狗吃屎 | 怪里怪气 | 怪圈 | 官场 | 官瘾 | 棺材瓤子 | 惯技 | 惯家 | 逛荡 | 鬼哭狼嚎 | 裹胁 | 骇人听闻 | 好大喜功 | 横财 | 后果 | 护犊子 | 花花世界 | 话痨 | 换马 | 黄毛丫头 | 混事 | 活宝 | 货色 | 机遇 | 际遇 | 家伙 | 交际花 | 教书匠 | 教唆 | 揭发 | 解决 | 戒除 | 进贡 | 纠合 | 纠集 | 纠正 | 救命稻草 | 居心 | 举发 | 据点 | 见风转舵 | 看风使舵 | 看透 | 瞌睡虫 | 可怜虫 | 克服 | 孔方兄 | 狂热 | 窥伺 | 困兽犹斗 | 捞本 | 拉关系 | 拉交情 | 老娘们儿 | 老于世故 | 老账 | 唎 | 猎奇 | 领受 | 流俗 | 流于 | 路道 | 卵翼 | 论调 | 秘史 | 密谋 | 马拉松 | 毛子 | 媚悦 | 面目全非 | 明来暗往 | 难得 | 脑残 | 内幕 | 鸟兽散 | 女流 | 攀高枝儿 | 胖嘟嘟 | 袍笏登场 | 抛头露面 | 皮囊 | 炮制 | 飘飘然 | 频发 | 频仍 | 巨测 | 破产 | 奇文 | 奇装异服 | 旗号 | 企图 | 气焰 | 潜规则 | 潜踪 | 黔驴技穷 | 黔驴之技 | 翘辫子 | 钦差大臣 | 亲信 | 倾巢 | 罄竹难书 | 趋之若鹜 | 穷措大 | 穷光蛋 | 穷酸 | 取巧 | 权术 | 裙带 | 人模狗样 | 肉欲 | 如鸟兽散 | 如丧考妣 | 乳臭未干 | 软硬兼施 | 散布 | 煽惑 | 上床 | 上蹿下跳 | 哨 | 伸手 | 伸腿 | 渗入 | 生财有道 | 省得 | 市井 | 势利 | 势焰 | 事态 | 嗜好 | 手脚 | 树碑立传 | 树倒猢狲散 | 耍笔杆儿 | 耍嘴皮子 | 顺风转舵 | 顺民 | 说客 | 私情 | 厮混 | 死党 | 死灰复燃 | 死老虎 | 死心塌地 | 嗾使 | 贪婪 | 贪生 | 弹冠相庆 | 堂而皇之 | 套近乎 | 挑肥拣瘦 | 听信 | 听之任之 | 同党 | 同伙 | 同谋 | 头目 | 头子 | 投其所好 | 透顶 | 图谋 | 土老帽儿 | 土人 | 推波助澜 | 吞云吐雾 | 挖空心思 | 玩火 | 枉费心机 | 为所欲为 | 窝囊废 | 无比 | 无独有偶 | 无尽无休 | 无孔不入 | 无名小卒 | 无与伦比 | 物伤其类 | 希图 | 习染 | 戏子 | 下场 | 显形 | 乡巴佬儿 | 享乐 | 向上爬 | 小报告 | 小聪明 | 小白脸儿 | 心术 | 新欢 | 行径 | 幸臣 | 汹汹 | 蓄谋 | 蓄意 | 熏染 | 熏陶 | 严重 | 养尊处优 | 摇唇鼓舌 | 冶 | 一鼻孔出气 | 一唱一和 | 一气 | 依然故我 | 移情别恋 | 阴谋 | 阴私 | 鹦鹉学舌 | 应声虫 | 硬拼 | 有染 | 与虎谋皮 | 羽翼 | 冤大头 | 原形 | 原形毕露 | 遭遇 | 造

成|政声|芝麻官|指挥棒|忠顺|终于|自恋|自鸣得意|宗派|嘴脸|嘴皮子|坐大|尊容

　　以《现汉》的词为蓝本，分别对《学习词典》和《学汉语词典》也进行了穷尽式的人共筛选，其中《学习词典》共筛选词语 269 个，从收词数量上来看与《现汉》有差距。收词立目是词典宏观结构中十分重要的问题，且在收词时也需遵循一定的原则，关于词典的收词原则，学术界时有讨论，于屏方曾在专著中总结章宜华和雍和明的收词九大原则，分别为"现实性、普遍性、针对性、规范性、理据性、高频性、稳定性、能产性和经济性"[①]。这是对词典的收词原则十分全面的概括。尽管不同类型的词典在收词上也往往表现出很大的差异，但社会通用性仍然是最为客观的收词原则，在此原则之下，不同类型的词典收词各异。《学习词典》是内向型学习词典，目标用户是母语为汉语的学习者，与《现汉》相比，绝大多数词也收录了，未收录的词语有 57 个，包括：

　　秘史|百出|宠用|惯家|流于|内幕|伸腿|政声|臭钱|横财|路道|皮囊|市井|有染|表功|范儿|话痨|密谋|媚悦|换马|忠顺|馋猫|馋虫|显形|自恋|煽惑|频仍|超拔|脑残|上床|幸臣|坐大|变味儿|跟屁虫|护犊子|八面光|向上爬|放空气|穷光蛋|插杠子|狗吃屎|瞌睡虫|嘴皮子|穷措大|面目全非|投其所好|吞云吐雾|黔驴之技|移情别恋|无名小卒|摇唇鼓舌|臭味相投|救命稻草|明来暗往|个儿顶个儿

---

① 于屏方、杜家利:《汉英学习词典对比研究》，北京：中国社会科学出版社，2010 年，第 50 页。

《学习词典》中未收录的词兼具各个词类，尽管词典收词需考虑诸多因素，但词的社会通用性即使用频率却始终是重要的参考标准之一。我们以上述各词为关键词，对北京大学 CCL 语料库进行了检索，除个别词语检索的结果低于 10 外，如"宠用""幸臣"，说明这些词语在实际的语言交际当中使用的频率并不高，其他词语的检索结果均较高，尤其是"内幕""百出""面目全非"等词，说明这些词在实际的语言交际当中，是经常会用到的，对于这些词语，《学习词典》应考虑酌情收录。

与《现汉》相比，《学汉语词典》对褒贬陪义词的收录更少，仅收录了 27 个词：

榜样 | 称号 | 诚实 | 逞 | 风度 | 富有 | 后果 | 机遇 | 解决 | 纠正 | 看透 | 克服 | 论调 | 难得 | 炮制 | 企图 | 散布 | 省得 | 事态 | 嗜好 | 无比 | 熏陶 | 严重 | 阴谋 | 遭遇 | 造成 | 终于

《学汉语词典》的目标用户定位与《学习词典》不同，《学汉语词典》的目标用户定位为中级汉语水平的二语学习者。因此在收词中，"语言符号的通用性、规范性和针对性应该是收词过程中的主导性原则"①，在总的原则指导下，《学汉语词典》的收词还参考了一些资料，根据《学汉语词典》在"关于这本词典"中的自述，该词典的收词主要参考的是《汉语水平词汇与汉字等级大纲》（以下简称《大纲》）中的甲、乙级词汇以及国内外初、中级口语、听力、报刊等几十种教材。在外向型学习词典的编纂中，《大纲》显然是起标杆性的参考作用，但另一个不得不面对的事实是，《大纲》在出台后一直鲜有修订，

---

① 于屏方、杜家利：《汉、英学习词典对比研究》，北京：社会科学出版社，2010年，第50页。

近年来随着社会生活的变化，语言也相应地出现了一些变化，尤其是词汇，不断地有新词或新义的产生，学界也出现了要求大纲修订的声音，因此在词典编纂过程中过多依赖《大纲》也可能会造成收词的失当。且具有中级水平的二语学习者，基本在 HSK 五级，词汇量 2500 左右，虽具有一定的听说读写能力，但一部兼具编码与解码功能的词典，收词立目应高于使用者现有的水平，在实际的教学中，汉语中级班的阅读课本中，已出现"投其所好""臭味相投""救命稻草"等词，学生不解其意，《学汉语词典》中也未收录，学生不得不借助其他工具书，这无疑是加大了学习难度的，尽管该词典在前沿中明确指出，对于词典中没有收录的词，"具有中级汉语水平的外国读者完全还可以到其他中型语文词典如《现汉》等中去查找"[1]。但对于同类词语，与《现汉》相比，收词比例相差过多，也是不适宜的。《现汉》中含有褒贬陪义的词语也是在实际的语言交际中十分活跃的词汇，且陪义是具有民族性的，某种程度上来说，褒贬陪义词也可以称之为文化词，《学汉语词典》对这类词收词数量过少，对于一些在交际中常用的词语和成语应考虑予以收录。

对于褒贬陪义词，《学习词典》和《学汉语词典》的收词量显然都不如《现汉》，尤其是《学汉语词典》，收词过少。《现汉》作为语文性辞书，在收词上是其他学习型词典不能比及的，但也并不能说《现汉》在收词上是完美的，词汇是语言中最为活跃的要素，《现汉》也并不能完全反应在共时平面上语言的全貌。横向比较三部词典，同时收录的词语只有 27 个。在收词上，《学习词典》和《学汉语词典》还有待斟酌。

---

[1] 鲁健骥、吕文华:《商务馆学汉语词典》，北京：商务印书馆，2007 年，第 2 页。

二、各词典褒贬陪义词义项切分粒度对比

多义词的义项分合反应词典编纂者对词义的认识，词的义位是客观的，而词典中标注的义项多少则是有主观性的，无严格意义上统一的标准，据此，田兵将"粒度"的概念引入多义词义项的分合之中，即词典在处理义项时"有时被'叠合'得更粗大、有时被'拆分'得更细小的现象"[①]。

在语文辞书的编纂中，"义项的设立有相当大的灵活性"[②]，在实践中，词典的规模、功用和性质都制约着词典义项的分合，大型语文词典与中小型语文词典由于规模和功用的差异，在义项分合上也各有特点。据苏宝荣的观点，中型语文词典中义项的分合更为灵活，有时大于义位，有时小于义位。《现汉》作为中型语文词典，在处理义项时也秉持着这一特色，在对褒贬陪义词的义项处理时也十分灵活。总体来讲，各词典对义项分合的处理都是较为灵活的，但具体到相同的词，不同功用和性质的词典对义项的切分存在着差异，如：

【逞】❶ 动 显示（自己的才能、威风等）；夸耀。❷ 实现意愿；达到目的（多指坏事）。❸ 动 纵容；放任。(《现汉》)

【逞】❶〔动〕显示；炫耀；卖弄。❷ 实现；达到（做坏事的）目的。❸ 放纵；放任。(《学习词典》)

【逞】（动）故意做些事情让别人看出自己的能力、力量等。(《学汉语词典》)

三部词典在对"逞"的释义中，《现汉》和《学习词典》都分立

---

① 于屏方、杜家利:《汉、英学习词典对比研究》，北京：社会科学出版社，2010年，第115页。

② 苏宝荣:《词汇学与辞书学研究》，北京：商务印书馆，2008年，第255页。

了三个义项，义项小于义位，而《学汉语词典》则合为一个义项，义项大于义位。再如三部词典对"严重"一词的释义：

【严重】形❶程度深；影响大（多指消极的）：问题～／～的后果。❷（情势）危急：病情～。(《现汉》)

【严重】〔形〕❶程度深；影响大：错误～／～的后果。❷情势急：敌情很～。(《学习词典》)

【严重】（形）程度深；情况危急：问题很严重／严重错误／严重警告／你的失误给我们的工作带来了严重的后果／他的病很严重，需要住院。(《学汉语词典》)

同样，《现汉》和《学习词典》都分立了两个义项，义项小于义位，而《学汉语词典》则合立义项，义项大于义位。三部词典对同一词语不同的义项处理策略正是词典功用和性质的反映，《现汉》是语文型词典，目标用户是中等以上文化程度的读者，且绝大多数是汉语为母语者，在查询词典时对词典中词义展现的深度和广度都有一定的要求，因此《现汉》中义项的切分尽可能对义位做客观的呈现，将多义词的多个义项予以分立，义项的切分粒度更为细致；同为学习型词典，《学习词典》与《学汉语词典》在义项的切分粒度上也有所不同，由于词典目标用户的差异，《学习词典》在处理义项切分时与《现汉》趋同，而《学汉语词典》囿于目标用户汉语水平及语感的限制，难以区分义项之间的细微差别，对于义项过于细致深入的划分有时反而会造成学习者的困惑，因此在义项的切分上趋向于合立，义项的切分粒度更为粗大，在对褒贬陪义词的义项切分上，多数情况采用合立的方式。再如三部词典中对"克服"一词的释义：

【克服】动❶战胜或消除（缺点、错误、坏现象、不利条件等）。

❷〈口〉克制；忍受（困难）。（《现汉》）

【克服】〔动〕❶ 战胜；制伏。❷〈口〉尽力承受；忍受。（《学习词典》）

【克服】（动）战胜（缺点、错误、坏习惯、不好的现象或不利的条件等）。（《学汉语词典》）

《现汉》和《学习词典》中将"克服"一词分立为两个义项，切分的粒度十分细致，基本是将义点列为义项，义项 ❶ 侧重于义点"服"，义项 ❷ 侧重于义点"克"，尽管两个义项的义点稍有差异，但在句法结构中两个义项的差别并不大。《学汉语词典》中将"克服"一词的两个义项合并为一个义项，作为同时承担编码功能和解码功能的工具书，《学汉语词典》的合并义项是可行的，"克服"的两个义项并无语法上的差别，二语学习者是可以通过释义推演出"克服"一词的正确句法结构的，且将两个义项合并为一个义项，义项数量上的减少也可以在一定程度上减轻二语学习者心理上的负担，便于使用者习得词义。

相比较而言，在对义项的切分粒度策略上，《现汉》和《学习词典》偏重于义项的分立，而《学汉语词典》偏重于义项的合并，这与词典的定位有着一定的关系。本族语使用者查阅词典时，词典的解码功能往往要大于编码功能，而二语使用者查阅词典时，解码功能和编码功能并举，甚至有时编码功能要大于解码功能，基于此，三部词典在对义项切分粒度的处理策略上是合理的。

三、各词典褒贬陪义词义项排列顺序对比

词典中对多义词义项的排列顺序有时会影响到词典用户的意义检索过程和结果，根据于屏方和杜家利的研究，词典中对多义词义项的排列顺序主要有三种，即时间顺序、逻辑顺序和频率顺序，在词典编

纂中，"任何一部词典都无法只用一种排序方法来为所有的多义词条排序"①，往往是三种排序兼有。且根据于屏方等的调查研究显示，由于语料库的限制，汉语词典偏向于使用逻辑顺序排列多义词的义项，"具体意义先于抽象意义，本义先于派生义，字面意义先于比喻意义"②，对于褒贬陪义词，在这一点上，《学习词典》有时比《现汉》贯彻得更为彻底，如：

【插足】动❶ 比喻参与某种活动（多含贬义）。❷ 特指第三者与已婚男女中的一方有暧昧关系。(《现汉》)
【插足】〔动〕❶ 挤进去，把脚站稳。❷ 参与某种活动或加进别人中间；插入。(《学习词典》)

"插足"一词，《现汉》和《学习词典》均给出了两个义项，但具体内容却有差别，《现汉》的两个义项都是"插足"一词的比喻义，即抽象意义，没有给出"插足"一词的本义，而《学习词典》则是先给出了本义，又列出了比喻义，显然《现汉》对于"插足"一词的义项排列并非是按照逻辑顺序的。再如：

【宗派】名❶ 政治、学术、宗教方面的自成一派而和别派对立的集团（今多用于贬义）。❷〈书〉宗族的分支。(《现汉》)
【宗派】〔名〕❶ 宗族的分支。❷ 政治、学术、文艺、宗教等方面因各有所宗而形成的派别（今多用于贬义）。(《学习词典》)

---

① 于屏方、杜家利：《汉、英学习词典对比研究》，北京：社会科学出版社，2010 年，第 122 页。
② 同上注，第 125 页。

　　"宗派"一词两部词典也给出了两个义项，义项内容相同但排列顺序刚好相反，《学习词典》先给出了本义，后列出了引申义，符合逻辑顺序，而《现汉》则是先列出了引申义，后给出了本义，并非是按照逻辑顺序排列的。还有一些词语《现汉》只保留了比喻义或引申义，没有给出本义，如"应声虫""插足"等词，在此不一一列举。两部汉语词典对褒贬陪义词义项排列的差异是诸多因素造成的，首先，《现汉》的目标用户是中等以上文化程度的使用者，服务于推广汉语和教学，使用目的多为研究或解码，对于词典所反映的词汇信息量更追求深度而非广度。而《学习词典》的目标用户是本族语的学习者，力求提高汉语的语言能力，更为注重词典的解码功能，对于词汇量的信息力求全面而非深度。因此《学习词典》在排列多义词义项时偏向于逻辑顺序，而《现汉》逻辑顺序、频率顺序兼顾更为灵活是合理的。不同的目标用户、不同的使用目的对于词典的义项顺序排列有一定的影响，但不是唯一因素。其次，近年来动态平衡语料库在词典编纂中的作用越来越大，义项排列的频率顺序往往需要语料库的支持，同时义项的使用频率也不是静态的，一成不变的，《现汉》第6版的修订出版要晚于《学习词典》，语言自身的发展，语料库的改善也可能在词典编纂中对多义词义项的排列顺序产生了一定的影响。

　　相比较而言，《学汉语词典》对褒贬陪义词义项的排列更倾向于频率顺序，这与词典的定位是相符合的，同时也与二语的习得顺序相一致。《学汉语词典》的目标用户是二语学习者，在学习过程中往往是先习得词语中最常用的义项，词典对多义词的排列采用频率顺序既符合语言的习得规律，也符合认知心理。如《学汉语词典》中对"富有"一词的义项排列：

　　【富有】❶（形）财富很多。❷（动）大量具有。(《学汉语词典》)

根据语料库的检索,"富有"一词做形容词的使用频率要高于做动词的使用频率,与《学汉语词典》的排列顺序是相吻合的。还有一些词语,《学汉语词典》在对义项处理时或合并或删减,只保留了常用的义项,这种义项处理策略对于二语学习者而言,无论是编码还是解码,都是一种减负,作为外向型学习词典,这种义项的排列顺序是合理的。

尽管三部词典都没有明确义项的排列顺序遵循何种原则,但在实际的编纂过程中,在综合运用三种排列顺序的同时又各有侧重,突出词典的特征。对于褒贬陪义词,在三部词典的宏观结构对比中,差异最大的是收词量,《学汉语词典》明显收词过少,义项的切分粒度和排列顺序三部词典各有特色,除此之外,三部词典的宏观结构中还有其他一些差异我们未做专门讨论,如词典立目、立目单位的分级标识等,的确有个别褒贬陪义词语三部词典在立目上有差异,但就褒贬陪义词总体而言,这些在宏观结构中同中有异,差异并不大。

第三节　褒贬陪义词释义微观结构对比

一、各词典褒贬陪义词陪义标注方式对比

(一)各词典中褒贬陪义词的陪义标注方式

1.《现汉》中褒贬陪义词的陪义标注情况

张志毅和解海江(2003)曾专门就《现汉》对义位褒贬陪义的标注进行过研究,主要参考《现汉》第5版,借鉴相同的方法,我们对《现汉》第6版中对褒贬陪义的标注方式进行了整理:

a.在基义前后或中间进行补充说明。如"榜样、败露、变味儿、变相"等词。

b. 标注出"含讥讽、讽刺、轻蔑、轻视、厌恶义"。如"病夫、不齿、不以为然、馋虫"等。

c. 标注出"多含贬义"。如"百出、拜倒、包打听、暴富"等。

d. 标注出"多用于贬义"。如"胆大包天、得势、顶礼膜拜"等。

e. 标注出"有时含贬义"。如"白面书生、奇文"等。

f. 标注出"用于人时含贬义"。如"蹲膘、显形"等。

g. 标注出"含贬义"。如"不择手段、大放厥词、党羽、刀笔吏"等。

h. 标注出"多含褒义"。如"无与伦比"等。

与《现汉》第5版相比,第6版在标注方式上并没有创新,但对于个别词语的标注有调整,如:

【幕后】舞台帐幕的后面,多用于比喻(贬义):～策动。(《现汉》第5版)

【幕后】舞台帐幕的后面,多用于比喻:～策划/～交易/～英雄/～花絮。(《现汉》第6版)

在第6版中"幕后"一词不再标注贬义的陪义,类似的词语还有"各色、吹鼓手、扯后腿"等。第6版中褒贬陪义的词语标注情况统计如下:

表 2.5 《现汉》褒贬陪义标注情况统计表

标注方式	含褒义/贬义	多含褒义/贬义	多用于褒义/贬义	在基义前后或中间补充说明	有时含褒义/贬义	用于人事含褒义/贬义	含讥讽/轻蔑/嘲笑等义
数量(个)	74	108	9	84	2	2	57

注:部分词标注了两种陪义,分别统计

2.《学习词典》中褒贬陪义词的陪义标注方式

我们的研究材料立足于《现汉》，词语的选择均以《现汉》为蓝本。《学习词典》中对褒贬陪义的标注方式如下：

a. 在基义前后或中间进行补充说明。如"榜样、变相、变质"等。

b. 标注出"含讥讽、讽刺、轻蔑、轻视、厌恶义"的。如"病夫、黄毛丫头"等。

c. 标注出"多用于贬义"的。如"胆大包天、得势、歌功颂德"等。

d. 标注出"多含贬义"的。如"处心积虑、大放厥词、崇信"等。

e. 标注出"指人时含贬义"的。如"蹲膘"等。

f. 标注出"含贬义"的。如"党羽、党徒、大腹便便"等。

g. 标注出"多含褒义"的。如"无与伦比"等。

h. 释义中没有标注，但在词的末尾有"注意"标签。如"告密"等。

《学习词典》中褒贬陪义的词语标注情况统计如下：

表 2.6 《学习词典》褒贬陪义标注情况统计表

标注方式	含褒义/贬义	多含褒义/贬义	多用于褒义/贬义	在基义前后或中间补充说明	指人时含褒义/贬义	含讥讽/轻蔑/嘲笑等义	设有标签	未标注
数量(个)	47	50	6	28	1	23	2	115

3.《学汉语词典》中对褒贬陪义词的陪义标注情况

《学汉语词典》是外向型学习词典，从收字收词、释义举例及词语辨析等力求体现外向型的特点，对褒贬陪义词的标注方式如下：

a. 在基义前后或中间进行补充说明。如"克服、事态"等。

b. 标注出"含有贬义"的。如"炮制"。

c. 标注出"常有贬义"的。如"企图"。

《学汉语词典》中褒贬陪义的词语标注情况统计如下：

表 2.7 《学汉语词典》褒贬陪义标注情况统计表

标注方式	在基义前后或中间补充说明	含有贬义	常有贬义	未标注
数量（个）	8	1	1	17

（二）各词典褒贬陪义的陪义标注方式对比

通过对比可以发现，相同的词语在不同性质的词典中标注方式上存在着差异。《学习词典》与《现汉》对褒贬陪义的标注差异如下：

表 2.8 《学习词典》与《现汉》标注差异表

标注方式相同（个）	标注方式不同（个）			
	《学习词典》未标注	《学习词典》标注程度较深	《学习词典》标注程度较浅	程度相同，两本词典标注词不同
105	116	12	8	27

从表格的数据来看，《学习词典》和《现汉》的标注方式存在着很大的差异。两本词典中标注方式相同的只有105个词，占总数的39.2%，而标注方式不同的共有163个词，占总数的60.8%。词典的标注方式需要考虑诸多因素，既包括词汇本身的特点也包括词典的性质、定位等，《现汉》是综合型词典，使用群体宽泛，普及性和研究性兼具;《学习词典》是学习型词典，主要面向母语为汉语的学习者使用。因此，与《现汉》相比，标注方式存在差异是合理的，对相同词语的不同处理更能体现其个体特征。

对于相同的词语，标注方式的不同主要体现在四个方面，其中最大的差异是一些词语《学习词典》没有陪义的标注，而是直接将陪义附带的褒贬色彩融入基义当中，使整个词的释义呈现较为明显的褒或贬的感情倾向，如：

【包打听】❷指好打听消息、探询别人隐私的人。(《学习词典》)

【包打听】〈方〉名❷ 指好打听消息或知道消息的人（多含贬义）。(《现汉》)

【暴发】用不正当手段突然得势或发财。(《学习词典》)

【暴发】动❶ 突然发财或得势（含贬义）：～户。(《现汉》)

【阿猫阿狗】指说话人认为能力平庸的一般人：这件事不是～都能做的。(《学习词典》)

【阿猫阿狗】〈方〉泛指某类人或随便什么人（含轻蔑意）。(《现汉》)

"包打听"一词的第二项释义，《现汉》用括注的形式明确标注出了多含贬义，而在《学习词典》中，并没有陪义的标注，而是将陪义的感情色彩融入了基义之中。尽管释义中并没有出现褒贬词语，但是有"隐私"一词，根据《现汉》的释义，隐私指"不愿告诉别人的或不愿公开的个人的事"，在大众的社会认知中，隐私应是受到尊重和保护的，是否公开个人隐私应根据个人的意愿，不顾他人的意愿而探询他人的隐私是令人生厌的行为。《学习词典》的释义中虽然没有用显性括注来提示词语的负面性陪义，但是基义中的"隐私"一词所隐含的社会认知也使词语附带了负面性的感情色彩。"暴发"也如此，并无显性陪义标注，但是基义中使用了"不正当"一词，带有明显的负面性色彩，整个词语的语义偏向负面性的感情色彩。"阿猫阿狗"的基义中使用了"平庸"一词，其轻蔑意也由此得以显现。

对于同类词语，整体上看《学习词典》与《现汉》的标注方式趋同，差别甚微。在共有的 268 个词当中，《学习词典》没有采用"有时含褒义/贬义"这种标注方式，此外《学习词典》对褒贬陪义的标注方式最具创新之处为"注意"标签的设置。268 个词当中设有"注意"标签的词共 9 个，但标签的功能并不一致，大致可分为四类：

提示字音：垂涎 | 养尊处优 | 一唱一和

提示字形：罄竹难书 | 趋之若鹜
提示词语用法：活宝 | 戒除
提示陪义：告密 | 终于

"告密"和"终于"具体释义如下：

【告密】〔动〕向有关方面告发旁人的秘密活动：由于叛徒～，这个区的地下党组织全部被破坏了 / 不料他竟向敌人告了密。注意"告密"一般是指坏人告发从事正义事业的好人。

【终于】〔副〕到底；表示所预料或所期望的某种情况经过等待或变化而最终出现：经过周密调查，我们～把问题弄清楚了 / 身体～康复了。注意："终于"多用于希望达到的结果，如可以说"经多方抢救，他终于脱离危险了"，因为这是希望达到的目的。但也有例外，如"虽经多方抢救，终于还是把腿给锯了"，显然这是不希望出现的情况。（《学习词典》）

"告密"一词在《现汉》中是用括注的形式标注"含贬义"，而在《学习词典》中则是用"注意"的标签予以补充说明其负面性的感情倾向，并且通过"坏人"这一行为主体明确了负面性情感的语义指向，即"告密"一词的贬义指向是说话人对施事，并非是事件本身，"注意"标签的设置有助于使用者区分与之意义相近的词语，如"告发"等。"终于"在《现汉》中也用括注的形式标注出了"多用于希望达到的结果"，即情感上希望发生的事情，与"造成"一词的陪义相对，带有轻微的褒义，属三级褒义陪义词，《学习词典》并没有陪义的标注，但在"注意"标签中指出了"多用于希望达到的结果"，不仅说明了感情倾向，还给出了例句和例外的情况，利于使用者从整体上掌握词义和用法。在《学习词典》的凡例中，对于词典中的各类标注形式和栏目设置有详细的说明和介绍，明确指出"注意栏目对一些有特殊用法或容易用错、读错、写错的字词加以提示"。尽管《学习词典》中对"告密"和"终于"两个词标签的设置有利于使用者的学习和掌握，但是词的陪义不属于词的特殊用法，褒贬陪义也是凝结在词语中的稳定的语义特征，根据《学习词典》中凡例的提示，9个词中其余 7 个词的"注意"标签设置是合理的，但是"告密"和"终于"两个词的陪义也使用了"注意"的标签进行说明是有待商榷的。

在对褒贬陪义的标注中，《学习词典》中没有"有时含褒 / 贬义"的标注，《现汉》中也只有"白面书生"和"奇文"两个词标注出了"有时含贬义"，标注情况如下：

【白面书生】指年轻的读书人。也泛指读书人。(《学习词典》)

【白面书生】指年轻的读书人，也指面孔白净的读书人（有时含贬义或戏谑意）。(《现汉》)

【奇文】〔名〕（篇）奇异的文章：～共欣赏 / 这是一篇使人感兴趣的～。(《学习词典》)

【奇文】名 新奇的文章；奇特的文字（有时含贬义）：～共欣赏 / 晦涩难解的～。(《现汉》)

与上文中提到的同一词语两本词典不同标注方式不同的是，上文中所举的词语虽没有陪义的感情倾向标注，但是将其融入了基义之中，而"白面书生"和"奇文"两个词在《学习词典》中既没有陪义的标注，基义中也并无任何带有感情倾向的词语，配例中也没有带有感情倾向的语境，完全消解了两个词语的陪义。我们分别以"白面书生"和"奇文"为关键词，在北京大学 CCL 语料库中进行了检索，其中"白面书生"检索出语料 76 条，"奇文"检索出语料 165 条，在检索结果中，两个词均有用于贬义的情况，但多见于文学作品和报刊，即书面语系统，在口语系统中运用得较少，但在词典的编纂过程中，不宜因书面语系统与口语系统的运用失衡而消解词语本身所带有的陪义，因此《学习词典》中对"白面书生"和"奇文"两个词未做贬性陪义的标注也是不合理的。

《学汉语词典》作为外向型学习词典，在编纂的各个方面都颇具匠心，在对褒贬陪义词的标注上，与《现汉》既有相同之处，也存在着差异，我们对两部词典的标注差异进行了统计：

表 2.9　《学汉语词典》与《现汉》褒贬陪义标注差异表

标注相同（个）	标注不同（个）			
完全相同	标注词不同	标注程度不同	标注内容不同	未标注
5	4	1		17

如表所示，《学汉语词典》对褒贬陪义的标注与《现汉》相比差异多于相似。标注方式完全相同的只有 5 个词，分别为"炮制|造成|阴谋|克服|纠正"，且标注词也完全相同。标注方式相同但词不同的词有 4 个，分别为"企图|事态|嗜好|无比"，具体情况如下：

表 2.10　《现汉》与《学汉语词典》释义对比表

词典／词语	《现汉》	《学汉语词典》
企图	❶动 图谋；打算（多含贬义）	❶（动）打算（常有贬义）
事态	名 局势；情况（多指坏的）	（名）具体的事情（多指不好的）
嗜好	名 特殊的爱好（多指不良的）	（名）特别爱好的事（多指不好的事）
无比	动 没有别的能够相比（多用于好的方面）	（形）没有谁（或什么）能相比；超过（常指好的方面）

以上词语《学汉语词典》与《现汉》的标注基本相同,只个别标注词稍有差别,如"常有"和"多含","不好"和"不良"等,属于近义词,因此两本词典标注的程度基本相同。《学汉语词典》为外向型学习词典,使用群体定位为具有中级汉语水平的外国人,词典中的一些标注信息也反映了词典的定位,如将《现汉》中的"坏的""不良"替换为"不好",最大限度地降低释义元语言的难度,更易于学习者掌握词义。

《学汉语词典》中有 17 个词没有标注陪义,而《现汉》中与之对应的词均标注出了陪义:

榜样|风度|解决|省得|遭遇|散布|称号|富有|论调|熏陶|终于|机遇|诚实|后果|难得|严重|逞

除"解决"一词《学汉语词典》中未收录相关义项外,上述词语又可以分为两类,即基义中有无正面性或负面性提示语,分类结果如下:

基义中有情感倾向类提示词:

榜样|风度|称号|机遇|论调|省得|熏陶|后果|遭遇|终于|逞|严重|解决

基义中无情感倾向类提示词:

诚实|富有|难得|散布

不采用括注的形式,而在基义中用带有情感倾向的词语凸显词语的感情倾向,如"后果"一词基义中使用了负面性评价词语"不好"

而使整个词语附带上了贬性的感情倾向，"遭遇"一词基义中使用了负面性评价词语"不幸"而使整个词语附带上了贬性的感情倾向。这类词语虽然没有显性的陪义标注，但词语所附带的感情色彩仍然可以通过基义中的某个词得以体现，而其他 4 个词语则不同，基义中无任何词语可以提示词语的感情倾向，如"富有"在《学汉语词典》中只有基义"大量具有"，既没有直接的陪义标注，也没有对基义有任何说明性的补充，对于只具有中级汉语水平的外国人来说，这种解释是不全面的，使用者无法从词条中习得该词所具有的褒性的感情陪义，很可能会造成随意搭配的情况，如出现"* 富有缺点""* 富有问题"等不适当的搭配。因此，《学汉语词典》当中对"富有""诚实""难得""散布"的释义是不准确的，在注释时应加上词语本身所具有的陪义。

《学汉语词典》中只有一个词陪义的标注内容与《现汉》不同，即"看透"，具体内容如下：

【看透】（短语词：动—结）完全认识或了解（对方的本质、意图等）。（《学汉语词典》）

【看透】动❷ 透彻地认识（人或事物的负面特性）。（《现汉》）

"看透"一词在《现汉》中采用的是在基义后用括注的形式标明陪义，补充说明的是动作行为对象的性质，"负面"一词准确地提示了该词所具有的贬性陪义。《学汉语词典》中也采用了在基义后进行补充说明的方式进行标注动作行为的对象，与《现汉》不同的是，《学汉语词典》中并没有说明动作行为对象的性质，只指出了看透的对象是"对方的本质、意图等"，而根据《现汉》的释义，"本质"和"意图"既可以用来指好的积极的，也可以用来指坏的消极的，此处应专指负面性的本质和意图。作为外向型学习词典，对陪义中的关键性词语不加以限定，很容易造成使用者的困惑，因此《学汉语词典》中对"看透"一词的陪义注释是有欠缺的。

《学汉语词典》中只有一个义项的陪义标注与《现汉》的标注程度不同，即"企图"一词的第二个义项，具体内容如下：

【企图】❷（名）（不好的）打算。（《学汉语词典》）

【企图】❷ 名 意图（多含贬义）。（《现汉》）

《现汉》中将"企图"一词直接标注了程度最深的"多含贬义"的贬性陪义，而《学汉语词典》却标注了"不好的"带有贬性的陪义，陪义的贬性程度大大降低了。

比较《现汉》和《学汉语词典》褒贬陪义标注方式，差异多于共性，不同性质的词典释义方式越趋同，其个体特征越不容易显现。《学汉语词典》作为外向型学习词典与《现汉》在释义标注上有一定差异是合理的，但综合看词典中对褒贬陪义的标注，《现汉》的标注方式更为丰富，标注的内容更为细致，除"含有贬义""常有贬义"及补充说明外，《学汉语词典》没有其他的标注方式，在对褒贬陪义的程度划分上不及《现汉》清楚。

横向对比三部词典，共同收录的 27 个词中，《学汉语词典》只有 10 个词标注了陪义，与《现汉》相同或接近的有 8 个；《学习词典》中有 11 个词标注了陪义，与《现汉》相同或接近的有 7 个。在褒贬陪义词的陪义标注方式上，《学习词典》和《学汉语词典》趋向于将陪义融入基义之中，标注的陪义与《现汉》趋同。

二、各词典褒贬陪义词释义方式对比

（一）各词典对褒贬陪义词的释义方式

1.《现汉》对褒贬陪义词的释义方式

（1）词语释义 + 直接标注陪义 / 补充说明陪义

词语释义是词典释义的常用方法，多为同义词对释，《现汉》在对含有褒贬陪义的词语释义时也采用了此种释义方式。如：

【毙命】动丧命（含贬义）。

【逛荡】动闲逛；游荡（多含贬义）。

【举发】动检举；揭发（坏人、坏事）。（《现汉》）

（2）词语释义 + 直接标注陪义 / 补充说明陪义 + 配例

在词语释义的同时，有时还配以例句或短语进行补充说明，进一步完善释义内容，如：

【各别】形特别（含贬义）：这个人真～，为这点儿小事生那么大的气。

【濒于】动临近；接近（用于坏的遭遇）：～危境 /～绝望 /～破产。

【超拔】动脱离（不良环境）；摆脱（坏习惯）：恶习一旦养成，则不易～。（《现汉》）

（3）直接释义 + 直接标注陪义 / 补充说明陪义

直接释义指用简单的句子对词的语义进行解释说明，描写和下定义是常用的手段。如：

【软硬兼施】软的手段和硬的手段一齐使用（含贬义）。

【拜倒】动跪下行礼，表示崇拜或屈服（多含贬义）。

【阴私】名不可告人的事（多指不好的）。

【熏染】动长期接触的人或事物对人的生活习惯逐渐产生某种影

响（多指坏的）。(《现汉》)

（4）直接释义＋直接标注陪义／补充说明陪义＋配例

在直接释义的基础上，再简单举例说明，可以使释义更加清晰，便于读者理解。如：

【把持】动❶独占位置、权力等，不让别人参与（含贬义）：～财权／～朝政。

【百出】动 出现的次数或种类非常多（多含贬义）：错误～／矛盾～／丑态～。

【政声】名官员的政治声誉（多指好的）：有～／～不佳／～远播。

【造成】动引起；形成（多指不好的结果）：地震～严重损失／乱收费～的影响很坏。(《现汉》)

（5）叠加语素义＋直接标注陪义／补充说明陪义

将构词语素的意义直接叠加或用连词连接两个语素义构成整个词的语义。如：

【歌功颂德】歌颂功绩和恩德（多用于贬义）。
【潜踪】动隐藏踪迹（多含贬义）。
【煽惑】动鼓动诱惑（别人去做坏事）。(《现汉》)

（6）叠加语素义＋直接标注陪义／补充说明陪义＋配例

在叠加语素义释义的基础上，再配以例句或短语予以说明，可以更加清晰地呈现词语语义的全貌。如：

【宠信】动宠爱信任（多含贬义）：～奸佞／深得上司～。

【宠用】动宠爱任用（多含贬义）：～奸佞 / 倍受～。

【密谋】动秘密地计划（多指坏的）；～叛变。(《现汉》)

2.《学习词典》对褒贬陪义词义项释义方式

（1）词语释义 + 直接标注陪义

【毙命】〔动〕丧命（含贬义）。

【肉欲】〔名〕性欲（含贬义）。(《学习词典》)

（2）直接释义 + 直接标注陪义 / 补充说明陪义

【花花世界】〔成〕❶繁华热闹的地区，也指花天酒地、寻欢作乐的场所（含贬义）；❷泛指人世间（含贬义）。

【大杂烩】〔成〕❷比喻胡乱拼在一起的事物（含贬义）。

【棺材瓤子】蔑称老人或多病的人（诅咒的话）。(《学习词典》)

（3）直接释义 + 直接标注陪义 / 补充说明陪义 + 配例

【政声】名官员的政治声誉（多指好的）：有～ / ～不佳 / ～远播。

【成性】〔动〕成为癖好、习性（多指不好的）：盗窃～ / 贪婪～。

【处心积虑】〔成〕蓄谋很久，费劲心机（多含贬义）：～想扩充自己的势力。(《学习词典》)

（4）叠加语素义 + 直接标注陪义

【歌功颂德】〔成〕歌颂功绩和德行（多用于贬义）。

（5）叠加语素义＋直接标注陪义＋配例

【宠信】〔动〕宠爱信任（多含贬义）：～小人／深受领导～。（《学习词典》）

（6）直接释义，融合基义与陪义

【暗箱操作】比喻在行政事务中，不按规定公开处理，而在暗中活动决定：有人在职称评定中～，必须坚决制止。也说黑箱操作。

【败露】〔动〕坏事或阴谋被人发觉：敌人的阴谋～了／这个诈骗集团行骗的事终于～。（《学习词典》）

3.《学汉语词典》对褒贬陪义词义项释义方式
（1）直接释义，融合基义与陪义

【榜样】（名）值得学习的人：好榜样／榜样的力量／她工作非常出色，是大家学习的榜样／我们都没做过，你先做一下，给我们做个榜样／要注意发挥榜样的作用。

【逞】（动）故意做些事情让别人看出自己的能力、力量等：逞英雄／到这里来逞什么威风。（《学汉语词典》）

（2）词语释义＋直接标注陪义／补充说明陪义＋配例

【纠正】（动）改正（错误、缺点等）：纠正错误／纠正发音／我们应该纠正自己不好的习惯／因为错误纠正得很及时，才避免了更大的经济损失。

【克服】（动）战胜（缺点、错误、坏习惯、不好的现象或不利的条件等）：缺点都克服了 / 克服困难 / 坚决克服一切阻力 / 我们要不断克服自己的缺点 / 教育孩子克服不良习惯 / 他连这点儿困难都克服不了，怎么能完成任务。

【企图】❶（动）打算（常有贬义）：他企图逃走，但最后还是被警察抓住了 / 不要企图用非法的手段达到自己的目的 / 在这部小说里，作者企图表现什么呢？（《学汉语词典》）

（3）直接释义 + 直接标注陪义 / 补充说明陪义 + 配例

【看透】（短语词：动—结）完全认识或了解（对方的本质、意图等）：看不透 / 没看透 / 看透了对方的目的 / 最后，大家终于看透了这个人，原来他并没有什么才能 / 老人很有经验，一下子就看透了那个人的目的。

【炮制】（动）❷比喻编造假的东西（含有贬义）：炮制新闻 / 炮制了一份文件 / 这份报告是秘密炮制的。（《学汉语词典》）

（二）各词典释义方式差异

表 2.11 《学习词典》与《现汉》褒贬陪义词释义方式差异表

释义方式 词典	词+ 陪义	词+陪义+ 配例	直接释义+ 陪义	直接释义 +陪义+ 配例	叠加 语素+ 陪义	叠加语素 +陪义+ 配例	基义与陪 义融合
《现汉》	+	+	+	+	+	+	—
《学习词典》	+	—	+	+	+	+	+

如表所示，《学习词典》与《现汉》相比，没有"词语释义 + 陪义 + 配例"的释义方式，但增加了"在基义中使用带有感情倾向词语"的释义方式，这是《现汉》所没有的。通过表格的对比可以更加清晰地呈现各词典的释义方式差异，而对于同一词语，《学习词典》与

《现汉》在释义方式上差异也较大，我们统计了同一词语两本词典释义方式的差异，释义方式相同的词有99个，占总数的37%，释义方式不同的词有169个，接近63%的词与《现汉》的标注方式不同。其中，由配例的有无造成的差异占20%，主要表现为部分词语《现汉》并未给出配例辅助释义，而《学习词典》中均给出配例辅助释义，这与《学习词典》的定位——学习型词典息息相关，关于配例问题将在后续部分进行详细讨论，在此不做过多论述。在不同的释义方式中，最大的差异是一些词语在《学习词典》中基义与陪义融合在一起。

《学汉语词典》与《现汉》的释义方式差异较大，具体如下：

表 2.12 《学汉语词典》与《现汉》褒贬陪义词释义方式差异表

释义方式 / 词典	词 + 陪义	词 + 陪义 + 配例	直接释义 + 陪义	直接释义 + 陪义 + 配例	叠加语素 + 陪义	叠加语素 + 陪义 + 配例	基义与陪义融合
《现汉》	+	+	+	+	+	+	−
《学汉语词典》	−	+	−	+	−	−	+

如表所示，《学汉语词典》中对褒贬陪义词语的释义方式主要有三种，远不如《现汉》的释义方式丰富，除词典收词立目的原因外，也与词典的定位有很大关系。作为外向型学习词典，词典释义中对词义的展示越全面越有利于使用者习得该词语，《学汉语词典》的释义中均有配例以进一步补充完善释义，这有助于使用者全面掌握词义，符合外向型词典的特征。

由于收词立目，《学汉语词典》的词类也不如《现汉》丰富，尽管《现汉》对褒贬陪义词的收录各类词性兼具，但在释义中基本能够遵从同场（此处指广义的同语义场）同模式、同类同模式的原则。根据前文的统计《学汉语词典》中对褒贬陪义词的收录主要是名词、动词、形容词三类，《现汉》在对褒贬陪义词不同词类释义时基本能够遵从同类同模式的原则，有时稍有变式。《学汉语词典》在对同一词类褒贬陪义词释义时却不尽然，如其中对名词的释义基本采用"个性义素（内含褒贬）+ 共性义素"的模式，如《学汉语词典》对"榜样"一词的释义：

【榜样】（名）值得学习的人。（《学汉语词典》）

释义中"人"是共性义素，而"值得学习的"是词义中的个性义素，且"值得"一词使整个语义附带上了褒性的感情倾向。在《学汉语词典》收录的 10 个名词性褒贬陪义词中，有 7 个词遵从这一释义方式，只有 3 个词的释义方式与之稍有差别，分别为：

【企图】❷（名）（不好的）打算。
【事态】（名）具体的事情（多指不好的）。
【嗜好】（名）特别爱好的事（多指不好的事）。（《学汉语词典》）

在以上 3 个词语的释义中，释义模式不再遵从"个性义素（内含褒贬）+ 共性义素"，"企图"一词变为"（评价性个性义素）+ 共性义素"，"事态"和"嗜好"变为"共性义素 +（评价性个性义素）"，根据词典编纂的同类同模式原则，同一词类的释义模式应基本相同，"企图"一词的释义方式还可以称为名词释义模式的变式，而"事态"和"嗜好"两个词的释义方式则与其他名词的释义方式相差较大，根据同类同模式的原则，同是名词类褒贬陪义词，释义方式最好一致。

与《现汉》的释义方式不同的是，《学汉语词典》对褒贬陪义词没有用叠加语素义释义的方式，这与词典的定位是分不开的，作为外向型学习词典，使用群体是编纂过程中始终要考虑的重要因素，《学汉语词典》的定位是具有中级汉语水平的外国人，对汉语缺乏系统而全面的认识，词典释义中过多使用叠加语素义的方式可能会引起二语学习者对汉语构词的误解，因此在释义方式上《学汉语词典》中多采用直接释义加配例的方式是合理的。

两部学习词典在对褒贬陪义词的释义方式上共性多于差异，两部词典的差异在于，《学习词典》中没有"词＋陪义＋配例"的释义方式，而《学汉语词典》中没有用叠加语素义释义的方式。对于相同的词语不同释义策略更能体现词典的定位与性质的差异，内向型学习词典面向母语使用者，汉语的语感和语言基础基本不会导致学习者因释义方式的不同而对汉语构词进行错误的推演，而外向型学习词典面向二语学习者，在词典编纂的各个方面都充分考虑二语学习者的诉求，最大限度地体现外向型的特征。

三、各词典褒贬陪义词的释义内容对比

（一）各词典对褒贬陪义词的释义内容

1.《现汉》对褒贬陪义词的释义内容

《现汉》对褒贬陪义词的释义主要包括三部分，即基义、陪义和配例，有些词语在《现汉》中没有给出配例，但基义和陪义是义项中必不可少的内容，《现汉》在对褒贬陪义词的义项释义中，除解释语义外，还做了以下标注：

（1）标注词性

对词语进行释义是每本词典的主要任务，《现汉》不仅对词语进行了释义，还标注出了词性。如：

【独到】形 与众不同（多指好的）：～之处／～的见解。
【企图】❶动 图谋；打算（多含贬义）：敌军～逃跑，没能得逞。❷名 意图（多含贬义）：政治～／识破了奸商以次充好的～。（《现汉》）

在326个褒贬陪义词中，《现汉》共标注了6种词性，但对于成

语、俗语等没有标注。

（2）标注出方言词

《现汉》中对属于方言系统的褒贬陪义词均做了标注，如：

【包打听】〈方〉名❷ 指好打听消息或知道消息的人（多含贬义）。

【耳报神】〈方〉名 比喻暗中通风报信的人（多含贬义）。（《现汉》）

（3）标注语体风格

《现汉》对褒贬陪义词标注了语体风格，用"口"表示口语词，"书"表示书面上的文言词，如：

【奥援】〈书〉名 官场中暗中撑腰的力量；有力的靠山（多含贬义）。

【范儿】〈口〉名 风格；做派（多指好的）：～正／有～。（《现汉》）

2.《学习词典》对褒贬陪义词的释义内容

（1）标注词性

同《现汉》一样，《学习词典》褒贬陪义词语除解释语义外，也标注出了词性。

【独到】〔形〕：技艺、学识、见解等方面与众不同，超出常人（多指好的）：文笔流畅正是他写作的～之处／见解～，论证严密。

【企图】〔动〕图谋；打算（多含贬义）：敌军～突围，但未得逞。❷〔名〕意图；计谋（多含贬义）：那个商贩以次充好的～被顾客识破了。（《学习词典》）

（2）方言词标注出地域

《学习词典》对于一些方言词没有像《现汉》一样直接标注出"方"，而是标注出了该方言的所属地域。如：

【蹾膘】（～儿）〔动〕（北京话）多吃好的食物而待着使肥胖（多指牲畜，指人时含贬义）：催肥～儿／再蹾几天膘儿，我就胖得一步也走不动了！

【耳报神】〔名〕（北方官话）指暗中通风报信的人（多含贬义）：他在外的一举一动，早就有～给他的夫人通了消息。(《学习词典》)

（3）标注出俗语、惯用语及成语

【树倒猢狲散】〔俗〕树倒了，树上的猴子就散去了。比喻因利益结合的一伙人，一旦为首者垮台，投靠的人因无所依附而散去（含贬义）：为首的逃亡了，～，手下人也各奔东西了。

【斗心眼儿】〔惯〕用心计相互作对、竞争（含贬义）：这个人爱～。

【道貌岸然】〔成〕形容神态庄重，一本正经的样子（常含讥讽意）：别看他～，其实是个伪君子。(《学习词典》)

（4）标注语体风格

《学习词典》对词的语体色彩也做出了明确的标注。如：

【阿谀】〔动〕〈书〉迎合别人，专说好听的话（含贬义）：～逢迎／～奉承。

【混事】（～儿）〔动〕〈口〉戏称从事某种工作或在某单位任职（含诙谐意）；谋生：他在一家大公司里～。(《学习词典》)

（5）设置同义词辨析

《学习词典》中对于一些与褒贬陪义词易混淆的同义词，在释义后设置了"辨析"栏目进行同义词辨析，如：

【败露】〔动〕坏事或阴谋被人发觉：敌人的阴谋～了 / 这个诈骗集团行骗的事终于～。辨析：败露、暴露，a."败露"只用于反面事物，如"诡计""阴谋"等；"暴露"除了用于反面事物外，还可以用于正面事物，如"由于叛徒告密，他的身份暴露了"；b."败露"后面不能带宾语；"暴露"后面可以带宾语，含有"使……暴露"的意思，如"暴露目标""暴露真相""暴露敌人"等。（《学习词典》）

尽管词典中同时收录了"败露"和"暴露"这两个词，但如果不放在一起加以比较分析，仅通过释义难以在句法结构和语用层面掌握其中的差异，而"辨析"栏目的设置恰好可以解决这一问题。在所选的 269 个褒贬陪义词中，《学习词典》共设置了 7 个"辨析"栏目。

（6）设置"知识窗"，补充相关文化知识

《学习词典》中对于一些有文化来源的褒贬陪义词多在基义中予以解释，在基义中没有进行说明的，在词尾还设置了"知识窗"栏目补充相关的文化知识，解释词语的由来，如：

【刀笔吏】〔名〕❶ 旧时指掌管公文案卷的官吏。❷ 指讼师。

刀笔吏的由来：中国最早的书是用毛笔蘸墨或漆写在竹木简上，如有错讹，就用一种叫作"削"的青铜利器削去重写。这种青铜削又称刀，长二十厘米左右，便于携带。古代读书人原是随身带着刀和笔，刀笔并用，因此官府衙门的文职官员遂被称作"刀笔吏"。《史记·李将军列传》中李广自刭前说："广年六十余矣，终不能复对刀笔之吏。"后来，"刀笔吏"又特指深文周纳、用笔如刀的讼师、幕僚。（《学习词典》）

"刀笔吏"一词在《现汉》只解释了词义，《学习词典》共收录了两个义项，不仅解释了词义，还用多于释义的篇幅解释了词语的由来，不仅增添了词典的趣味性，还补充了词语的相关文化知识，最大限度地呈现了词语的信息量，遗憾的是，该词《学习词典》并未直接标出贬性陪义。在269个褒贬陪义词中，《学习词典》共有2处设置了"知识窗"栏目，另一个词为"孔方兄"：

【孔方兄】〔名〕钱的代称。因旧时铜钱圆而中间有方孔，故称（含谐谑意义）。～难得来我家中为伴。省称孔方、孔兄或方兄。

"孔方兄"的出典：《晋书·鲁褒传》载，鲁褒好学多闻，以贫素自立，因对统治者的贪婪、奢侈深恶痛绝，潜心创作了《钱神论》，对货币拜物教现象做了充分的揭露。文中有"钱之为体，有乾坤之象，内则其方，外则其圆……亲之如兄，字曰孔方"的说法，故后世以"孔方兄"为钱的别称。(《学习词典》)

3.《学汉语词典》中褒贬陪义词的释义内容
（1）标注词性

由于《学汉语词典》对褒贬陪义词的收词数量较少，在释义内容上难以反映词典释义内容的丰富性与多样性，对褒贬陪义词的释义内容主要是基义和陪义以及配例，除解释语义外，《学汉语词典》还标注出了词性，如：

【榜样】（名）值得学习的人：好榜样/榜样的力量/她工作非常出色，是大家学习的榜样/我们都没做过，你先做一下，给我们做个榜样/要注意发挥榜样的作用。(《学汉语词典》)

（2）标注短语词

《学汉语词典》对一些短语词进行了标注，如：

【看透】（短语词：动—结）完全认识或了解（对方的本质、意图等）：看不透 / 没看透 / 看透了对方的目的 / 最后，大家终于看透了这个人，原来他并没有什么才能 / 老人很有经验，一下子就看透了那个人的目的。（《学汉语词典》）

根据《学汉语词典》中的说明，词典中共对四类短语进行了标注，分别为动宾式、动结式、动趋式、动介式，涉及褒贬陪义词的只有动结式。

4. 各词典对褒贬陪义词释义内容差异

与《现汉》相比，两部学习词典在释义内容上均有差异。《学习词典》与《现汉》相比差异多于共性，具体如下：

表 2.13 《学习词典》与《现汉》释义内容差异表

词典＼释义内容	词性	方言词 / 地域	语体风格	成语、俗语、惯用语	同义词辨析	文化知识
《现汉》	＋	＋	＋	－	－	－
《学习词典》	＋	＋	＋	＋	＋	＋

除必要的基义、陪义、配例外，两部词典相同的释义内容只有词性的标注和语体风格的标注完全相同，两部词典对属于方言系统的褒贬陪义词均有提示，但标注的方法不同，《现汉》对方言词标注了"方"，而《学习词典》则标出了该方言的所属地域，如：

【阿猫阿狗】〈方〉泛指某类人或随便什么人（含轻蔑意）。（《现汉》）

【阿猫阿狗】〔俗〕（吴语）指说话人认为能力平庸的一般人：这件事不是～都能做的。(《学习词典》)

对"阿猫阿狗"一词，《现汉》只标注了"方"来指代方言词，而《学习词典》标注了"吴语"，提示出该词是来源于吴语的方言，标注的内容更为详细，显示的词汇信息量更大。《学习词典》对于语类的标注更为清晰，成语、俗语、惯用语都予以标注，与《现汉》相比，最大的差异就是对于同义词辨析和文化知识的补充，两部词典释义内容的差异和词典的定位及使用对象有很大的关系。《现汉》作为中型语文词典，承担的主要功能是解码，使用者更为关注词典所能展现的词汇的广度，而《学习词典》兼具解码和编码功能，使用者力求最大限度地展现词汇信息量，以便于推演出正确的句法结构，提高语言能力。

由于收词的限制，与《现汉》及《学习词典》相比，《学汉语词典》中对褒贬陪义词的释义内容略显单薄，其中最大的特色是标注了短语词，这是《现汉》和《学习词典》在释义内容上都没有的，短语词的标注也与词典的定位和使用者有很大的关系。在《学汉语词典》的说明中指出，基于对外汉语教学的实际考虑，标注短语词以便于学生识别。对于中级水平的二语学习者来说，补语系统确实是教学中的重难点，对于短语词的标注有利于二语使用者的学习和查阅。

四、各词典褒贬陪义词释义提示词对比

"释义提示词是指语文辞书释义时用来提示词义的由来、引申途径，或与字面义不同的实际语义、深层含义以及表达功能等的前导词语，一般用在释文的开头或中间。"[1] 常见的提示词有"指""称""比

---

[1]　江蓝生：《〈现代汉语词典〉第 6 版概述》，《辞书研究》，2013 年第 2 期。

喻""形容"等,合理地使用释义提示词可以使词典的释义更具科学性和系统性,而提示词的混用或误用不仅影响释义的系统性,有时甚至会误导使用者,我们统计了三部词典在释褒贬陪义词时提示词的使用情况,并对三部词典使用释义提示词的差异进行分析。

(一)各词典在褒贬陪义词释义中释义提示词的使用情况

1.《现汉》在褒贬陪义词释义中释义提示词使用情况

《现汉》第 6 版对释义提示词多处进行了修订,尤其是对"比喻、形容、借指"进行了规范,我们统计了《现汉》中对 326 个褒贬陪义词在释义时提示词的使用情况,共使用了 5 种释义提示词,其中使用最多的是"指"类释义提示词,共 63 个(包括"泛指" 6 个、"借指" 4 个、"特指" 1 个)。

"指"类:保护伞|包打听|白面书生|暗箱操作|老娘们儿|孔方兄|教书匠|家伙|货色|活宝|话痨|花花世界|好大喜功|惯家|官场|怪圈|跟屁虫|放空气|二道贩子|倒爷|刀笔吏|党羽|大放厥词|大兵|馋猫|馋虫|尊容|嘴皮子|芝麻官|依然故我|摇唇鼓舌|小白脸|小报告|乡巴佬儿|窝囊废|吞云吐雾|土老帽儿|挑肥拣瘦|弹冠相庆|喉使|私情|耍嘴皮子|伸腿|伸手|上床|钦差大臣|翘辫子|抛头露面|攀高枝儿|脑残|秘史|老于世故

"借指":指挥棒|黔驴之技|黔驴技穷|粉墨登场

"泛指":顺民|炮制|捞本|据点|恩赐|阿猫阿狗

"特指":插足

使用"比喻"释义提示词 40 个:

羽翼|与虎谋皮|鹦鹉学舌|一唱一和|一鼻孔出气|向上爬|物伤其类|无名小卒|无孔不入|玩火|推波助澜|死老虎|死灰复燃|顺

风转舵 | 树倒猢狲散 | 渗入 | 上蹿下跳 | 气焰 | 旗号 | 破产 | 皮囊 | 袍笏
登场 | 卵翼 | 老账 | 困兽犹斗 | 看风使舵 | 救命稻草 | 换马 | 护犊子 | 赶
浪头 | 改头换面 | 翻天 | 耳报神 | 倒打一耙 | 大杂烩 | 垂涎欲滴 | 插足
❶ | 插杠子 | 半斤八两 | 百足之虫，死而不僵

使用"形容"释义提示词 23 个：

冶 | 汹汹 | 挖空心思 | 吞云吐雾 | 堂而皇之 | 死心塌地 | 势利 | 乳
臭未干 | 如丧考妣 | 人模狗样 | 趋之若鹜 | 罄竹难书 | 飘飘然 ❷ | 胖
嘟嘟 | 明来暗往 | 鬼哭狼嚎 | 奉若神明 | 俯首帖耳 | 顶礼膜拜 | 道貌岸
然 | 胆大包天 | 垂涎欲滴 ❶ | 八面光

使用"称"释义提示词 8 个：

应声虫 | 戏子 | 穷光蛋 | 穷措大 | 毛子 | 可怜虫 | 瞌睡虫 ❷ | 棺材
瓤子

使用"像"释义提示词 2 个：

如鸟兽散 | 鸟兽散

2.《学习词典》在褒贬陪义词释义中释义提示词使用情况

同《现汉》一样，《学习词典》在释义时也使用了"指""比
喻""形容""称""像"五种释义提示词。与《现汉》不同的是，《学
习词典》中使用最多的是"比喻"类而非"指"类，具体使用情况
如下。

"比喻"类 45 个：

指挥棒❷|暗箱操作|百足之虫，死而不僵|拜倒|半斤八两|保护伞|垂涎|大杂烩|倒打一耙|惰性|翻天|粉墨登场|改头换面|赶浪头|怪圈|货色|进贡❷|见风使舵|可怜虫|困兽犹斗|卵翼|马拉松❷|袍笏登场|破产❸|黔驴技穷|倾巢|罄竹难书|趋之若鹜|裙带|渗入❷|树碑立传|树倒猢狲散|耍笔杆|顺风转舵|死灰复燃|死老虎|推波助澜|玩火❷|无孔不入|一鼻孔出气|一唱一和|鹦鹉学舌|与虎谋皮|羽翼|芝麻官

"指"类共 36 个，包括"泛指"3 个、"喻指"1 个：

"指"类：阿猫阿狗|白面书生|包打听|大放厥词|刀笔吏|倒爷|顶礼膜拜|恩赐❶|耳报神|二道贩子|高谈阔论|各别❸|好大喜功|原形毕露|硬拼|依然故我|小白脸|乡巴佬|下场|无尽无休|同党❸|弹冠相庆|死党❷|顺民|生财有道|钦差大臣|翘辫子|旗号|老账❷|老娘们儿❷|家伙❷|活宝
"泛指"：抛头露面|捞本儿|花花世界❷
"喻指"：应声虫❷

"形容"类 19 个：

冶❷|汹汹❷|挑肥拣瘦|堂而皇之❷|贪生怕死|死心塌地|势利|上窜下跳|乳臭未干|人模狗样|飘飘然❷|胖嘟嘟|鸟兽散|鬼哭狼嚎|奉若神明|俯首帖耳|道貌岸然|胆大包天|大腹便便

"称"类 9 个：

尊容|戏子|土人|土老帽儿|毛子|交际花|混事|棺材瓤

子 | 党徒

"像"类 3 个：

如丧考妣 | 如鸟兽散 | 趋之若鹜

3.《学汉语词典》中褒贬陪义词释义提示词的使用情况

与《现汉》和《学习词典》不同的是，在褒贬陪义词的释义中，《学汉语词典》只有"炮制"一词使用了释义提示词"比喻"：

【炮制】（动）❷ 比喻编造假的东西（含有贬义）：炮制新闻 / 炮制了一份文件 / 这份报告是秘密炮制的。(《学汉语词典》)

4.各词典在褒贬陪义词释义中释义提示词的使用差异

《学习词典》与《现汉》对褒贬陪义词释义时使用的释义提示词种类相同，但每种提示词使用的频次是不同的，同一词语两部词典使用的提示词也不尽相同，我们对同一词语两部词典的释义提示词使用情况进行了横向对比，62 个词使用了相同的释义提示词，60 个词使用了不同的释义提示词。释义提示词的使用不仅应考虑词典释义的系统性，更应考虑其使用的规范性和客观性。两部词典对同一词语的释义提示词不同之处甚多，以下进行举例说明。

（1）同词同指示词范围大小不同

"指"类指示词用来指明词义范围，包括"泛指""多指""旧指""今指"等，使用这类指示词通常被释词的词义有范围的限制，《学习词典》和《现汉》中均使用了这类释义提示词，大部分是相同的，但有些词语，两部词典存在着差异，如：

【阿猫阿狗】〔俗〕（吴语）指说话人认为能力平庸的一般人：这件事不是～都能做的。（《学习词典》）

【阿猫阿狗】〈方〉泛指某类人或随便什么人（含轻蔑意）。（《现汉》）

《现汉》对"阿猫阿狗"使用的提示词是"泛指"，而《学习词典》对"阿猫阿狗"使用的提示词是"指"，显然"指"的包容度要比"泛指"的包容度小，《学习词典》的指示词缩小了词义的范围。而在实际的语言使用中，"阿猫阿狗"一词的使用度确实很广，不仅指说话人认为的能力平庸的人，还可以指随便什么人，从语言交际实际来讲，《学习词典》的指示词缩小了词义的范围，是不恰当的。再如：

【白面书生】指年轻的读书人，也泛指读书人。（《学习词典》）

【白面书生】指年轻的读书人，也指面孔白净的读书人（有时含贬义或戏谑意）。（《现汉》）

"白面书生"一词在《学习词典》中提示词"指"后又用了"泛指"，进一步扩大了词义范围，而《现汉》在用"指"提示范围的同时，还用"面孔白净"做了进一步的限制，词义的范围比《学习词典》小了很多。而在使用中，"白面书生"不仅受"年轻"和"面孔白净"两个义点限制词义范围，"书生"这一构词语素还限定了词语的指称对象为男性，尽管两部词典中都没有明确对指称对象的限制，但"白面书生"也不能用来泛指读书人，因此《学习词典》中的指示词"泛指"的使用也是不合理的。

（2）同词不同指示词

一些褒贬陪义词，《现汉》与《学习词典》使用了不同的指示词，如"指"和"比喻"的混用,"指"和"比喻"两个提示词有不同的提示作用,"比喻的功能是形容(使被比喻的事物更加形象、具体,以便于理解)"①,与"指"的作用不同,但两部对同一词语有时却用了不同的提示词,如:

【保护伞】〔名〕比喻能起保护作用的有威慑性的力量或有权势的人(多含贬义)。(《学习词典》)

【保护伞】名 指可以起保护作用的有威慑性的力量或有权势的人(多含贬义)。(《现汉》)

在《现汉》第 6 版的修订中,不具有相似性只有相关性的事物不再用"比喻"提示,而《学习词典》中"比喻"提示,混淆了"相似性"和"相关性"。再如:

【耳报神】〔名〕(北方官话)指暗中通风报信的人(多含贬义)。(《学习词典》)

【耳报神】〈方〉名 比喻暗中通风报信的人(多含贬义)。(《现汉》)

"暗中通风报信的人"是"耳报神"的比喻义,并非是词义的范围,《学习词典》用提示词"指"也是不恰当的。还有一些词语,《现汉》中没有使用提示词,而《学习词典》中却使用了提示词,如:

【无尽无休】〔成〕没有尽头和休止。指没完没了(含厌恶意)。(《学习词典》)

【无尽无休】没完没了(含厌恶意)。(《现汉》)

---

① 江蓝生:《〈现代汉语词典〉第 6 版概述》,《辞书研究》,2013 年第 2 期。

事实上"没完没了"也不存在范围的问题，因此《学习词典》在此处的提示词"指"也是多余的。

在褒贬陪义词的释义中，《学习词典》的提示词有很多地方与《现汉》都不相同，在此不一一列举。《学汉语词典》中只有一个词语在释义时使用了提示词，但和其他两部词典相比，却并不相同。

【炮制】动❶用中草药原料制成药物的过程，方法有烘、炮、炒、洗、泡、漂、蒸、煮等。❷泛指编造；制订（含贬义）。(《现汉》)

【炮制】〔动〕❶用烘、炒、煅、炙等方法加工制作中药。❷编制、制造（含贬义）。(《学习词典》)

【炮制】（动）❶制造中药的一种方法，把草药放在锅里炒，使变黄、裂开。❷比喻编造假的东西（含有贬义）。(《学汉语词典》)

"炮制"一词在三部词典中都收录了两个义项，其中只有义项❷带有贬性的陪义，义项的排列方式是逻辑顺序，即义项❶与义项❷是本义和引申义的关系，《现汉》使用了提示词"泛指"，使被释词和释词直接对应，同时将词义的使用范围扩大;《学习词典》中没有使用提示词，直接以词语释被释词;《学汉语词典》中使用了提示词"比喻"，但义项❷并非是词的比喻义，因此《学汉语词典》的释义提示词是不恰当的。

释义提示词在词典的释义中起着十分重要的作用，提示词的正确使用可以使词典的释义更具系统性和规范性，三部词典在褒贬陪义词的释义方式、释义内容等方面的差异与词典的定位、目标用户有很大关系，但释义提示词的使用差异反映词典编纂者对词义的认识深度和词典编纂理论的扎实与否，混用或误用释义提示词很可能会误导使用者。《学习词典》与《现汉》相比，对褒贬陪义词释义中提示词的使用差别很大，存在误用或混用的情况，对一些词的释义提示词还需要

斟酌和调整。由于收词量的限制,《学汉语词典》的褒贬陪义词未能
呈现释义提示词的全貌,只有"炮制"一词使用了释义提示词,却不
恰当,误用或混用释义提示词对于二语学习者来说更易造成困惑。

五、各词典褒贬陪义词配例对比

（一）各词典褒贬陪义词释义配例情况

1.《现汉》对褒贬陪义词的配例情况

（1）配例数量分析

经统计,《现汉》中 326 个含有褒贬陪义的词语,配例的情况不
尽相同,有的词语没有配例,有的词语只有一个配例,有的词语有多
个配例,其中最多的带有三个配例。例如:

【八面光】形容非常世故,各方面都应付得很周到（含贬义）。（无配例）

【暴富】动突然发财致富（多含贬义）:一夜～。（一个配例）

【榜样】名作为效仿的人或事例（多指好的）:好～/你先带个
头,做个～让大家看看。（两个配例）

【保护伞】名指可以起保护作用的有威慑性的力量或有权势的人
（多含贬义）:核～/拉关系,找～/官僚主义往往是贪污分子的～。
（三个配例）（《现汉》）

（2）配例类型分析

《现汉》中对含有褒贬陪义的词的配例既有词,也有短语和句子,
其中以短语和句子为主。例如:

【咧】动❷〈方〉说（含贬义）:胡～/胡诌八～。（配例为词）

【独到】形与众不同,（多指好的）:～之处/～的见解。（配例为
短语）

【放空气】指故意制造某种气氛或散步某种消息（多含贬义）：他早就放出空气，说先进工作者非他莫属。（配例为句子）(《现汉》)

（3）配例特点

a. 给出常用的组合搭配。如：

【小报告】名 指私下向领导反映的有关别人的情况（含贬义）：打～。

【小聪明】名 在小事情上显示露出来的聪明（多含贬义）：耍～。(《现汉》)

《现汉》对这些词的配例给出了最常见的组合搭配，使读者更易于了解动态的词义。

b. 配例生活化。如：

【插杠子】比喻中途参与谈话或做事（多含贬义）：这事与你无关，你不要再插一杠子了。

【各别】形 ❸ 特别（含贬义）这个人真～，为这点儿小事生那么大的气。(《现汉》)

《现汉》对这些词语的配例十分贴近生活，接近真实的交际语境，易于读者理解。

c. 以释义为中心，配例为辅助

在对褒贬陪义词的释义中，释义始终是《现汉》的中心，配例只是补充和延伸，主要表现为释义与配例在整个词条中的比例，始终是释义占据较大篇幅，忠实于对词义进行静态的描写，而配例占据相对较小的篇幅，只作为验证词目的一个手段，较少对词义信息的补充或是深化。

d. 离合词的配例既有离也有合

有些褒贬陪义词是离合词，《现汉》在设置配例时既有词语合的
形态，也有词语离的形态，如：

【变味儿】动❶（事物等）味道发生变化（多指变坏）：昨天做的
菜，今天～了／变了味儿的食品不能吃。❷事物原有的意义发生变化
（多指变坏）：游戏一沾上赌博，就～了。

【变质】动人的思想或事物的本质变得与原来不同（多指向坏的
方面转变）：蜕化～／不吃变了质的食物。（《现汉》）

2.《学习词典》中对褒贬陪义词的配例情况

（1）配例数量分析

同《现汉》一样，《学习词典》对同类词的配例也各有不同，但
大多数词语有配例，只有少数词语没有配例，配例数量一到三个不
等。如：

【毙命】〔动〕丧命（含贬义）。（没有配例）

【暴富】〔动〕突然富裕起来（多含贬义）：这帮人～后连旧日的
朋友也不认得了！（一个配例）

【宠信】〔动〕宠爱信任（多含贬义）：～小人／深受领导～。（两
个配例）

【当道】❸〔动〕执掌政权（含贬义）：坏人～，好人遭殃／奸
臣～／豺狼～。（三个配例）（《学习词典》）

（2）配例类型分析

《学习词典》中的配例既有词，也有短语和句子，但以短语和句

子为主。如：

【叵测】〔动〕不可推测（含贬义）：心怀～/居心～。（配例为词）

【小报告】〔名〕抱着个人目的、背着当事人向上反映的某些情况（含贬义）：打～。（配例为短语）

【变卦】〔动〕中途改变已经确定了的事情（多含贬义）：这是你亲口答应的，怎么又～了？（配例为句子）

【蹲膘】（～儿）〔动〕（北京话）多吃好的食物而待着使肥胖（多指牲畜，指人时含贬义）：催肥～儿/再蹲几天膘儿，我就胖得一步也走不动了！（配例既有短语也有句子)(《学习词典》)

（3）配例特点

a. 配例与释义平分秋色

《学习词典》褒贬陪义词的词条中，配例与释义呈现平分秋色的局面，主要表现为释义与配例所占篇幅大致相当，释义与配例不再有明显的主次之分，而是呈现出一种相互依存的补充式关系，释义对词义进行静态的阐释，配例则对词义的动态组合特征进行补充。如：

【把持】〔动〕独断专行，不容别人参与（含贬义）：这个人大权独揽，～一切/他～的部门成了独立王国。(《学习词典》)

b. 配例突出文化色彩

词的褒贬陪义具有民族性，《学习词典》对褒贬陪义词的一些配例也十分富有文化色彩。如：

【告密】〔动〕向有关方面告发旁人的秘密活动：由于叛徒～，这个区的地下党组织全部被破坏了/不料他竟向敌人告了密。

【纠集】（鸠集）〔动〕收集；集合（含贬义）：敌人～残部，妄图东山再起 / 他～一些社会渣滓，干尽了坏事。(《学习词典》)

在"告密"一词的第二个配例中，出现了"地下党"一词，"地下党"是我国在特殊时期存在的从事秘密侦探工作的组织，且无论是《现汉》还是《学习词典》都没有收录该词。"纠集"一词的第一个配例中出现了"东山再起"一词，"东山再起"是汉语中的文化词，源于东晋谢安退职后隐退又出仕任职的典故，对于这类配例，要求使用者具备一定的中国历史知识背景和相关的文化常识，否则在查阅词典时对该例句理解起来有一定的难度。

c.离合词分别给出离和合的配例

对于褒贬陪义词中的一些离合词，《学习词典》分别给出了离和合两种不同形态的配例。如：

【得势】〔动〕❶（-//-）得到权柄，有了势力（多用于贬义）：坏人～，好人遭殃 / 要是他一旦得了势，我们都要倒霉。(《学习词典》)

"得势"作为离合词，《学习词典》中的两个配例分别给出了常态"得势"的例句和离的状态"得了势"的例句，更利于使用者推演句法结构。

3.《学汉语词典》中对褒贬陪义词的配例情况

（1）配例数量分析

在《学汉语词典》的序中指明，词典中的配例"一般在四个左右，多的达七八个"①，在褒贬陪义词的配例中，一般也在五个左右，配例十分充足，如：

---

① 鲁健骥、吕文华：《商务馆学汉语词典》，北京：商务印书馆，2007 年，第 7 页。

【诚实】（形）说的、想的和做的一致；不说谎：诚实可靠／对人十分诚实／他是个诚实的人，从不撒谎／大家都喜欢诚实的孩子／你怎么做的就怎么说，才是诚实的态度。(《学汉语词典》)

（2）配例类型分析

《学汉语词典》的配例有短语也有句子，但主要以句子为主，短语配例较少，如：

【克服】（动）战胜（缺点、错误、坏习惯、不好的现象或不利的条件等）：缺点都克服了／克服困难／坚决克服一切阻力／我们要不断克服自己的缺点／教育孩子克服不良习惯／他连这点儿困难都克服不了，怎么能完成任务。(《学汉语词典》)

在"克服"一词的配例中，除"克服困难"一个短语外，其他五个配例都为句子，像这样的配例在《学汉语词典》中占大多数。

（3）配例特点

在《学汉语词典》褒贬陪义词的词条中，传统的"释义中心论"受到了挑战，就所收录的褒贬陪义词的词条来看，配例明显高于释义，配例所用的篇幅远多于释义所用的篇幅，配例不再处于从属地位，透过丰富而充足的配例，使用者同样可以理解或归纳词义和用法，有学者认为这是外向型学习词典成熟的一个标志。

在《学汉语词典》褒贬陪义词的配例中，最为显著的特点是重现被释词。所有收录的褒贬陪义词词条的配例中，没有使用省略符号代替被释词，而是直接重现原词。作为外向型学习词典，面对的使用群体是二语学习者，被释词反复的重现有助于学习者识记词形，尽管从经济性的角度考虑难免有些多占篇幅，但对于学习者来说利大于弊。

4. 各词典中褒贬陪义词配例情况对比

配例是词典释义中十分重要的一部分，恰当而规范的配例可以为词典用户提供更多词义和用法信息，无论是对解码还是编码都能起到促进作用。三部词典中对褒贬陪义词的配例各有特色，主要差异如下：

（1）配例数量差异

我们分别统计了三部词典对褒贬陪词的配例数量，结果如下：

表 2.14　各词典褒贬陪义词配例数量统计表

配例数量（个）词典	无配例	一个	两个	三个	四个	五个	六个	七个
《现汉》	156	80	75	16	0	0	0	0
《学习词典》	25	133	80	30	6	0	0	1
《学汉语词典》	0	0	1	4	15	5	2	0

从表中数据来看，《现汉》中几乎一半的褒贬陪义词都没有配例，有配例的多集中在 1 到 2 个，配例最多的有 3 个；《学习词典》中无配例的词数量较少，配例也多集中在 1 到 2 个，而配例最多的达 7 个；《学汉语词典》中没有无配例的词语，配例在 2 到 6 之间，带有 4 个配例的占大多数。综合三部词典的配例数量来看，《现汉》的褒贬陪义词平均配例数不足 1，《学习词典》的平均配例数是 1.5，而《学汉语词典》的平均配例数是 4，三部词典的差异十分明显。词典的配例平均数值可以显现，《现汉》中释义仍然是词典的重心，释义与配例存在着主从关系，配例是释义的补充和延伸，秉承传统词典编纂的"释义中心论"；《学习词典》中释义和配例则开始出现平分秋色的局面，释义与配例不再有明显的主次之分，而是呈现出一种相互依存的补充式关系，释义对词义进行静态的阐释，配例则对词义的动态组

合特征进行补充；很显然《学汉语词典》中"释义中心论"受到了挑战，配例多于释义，配例所用的篇幅远多于释义所用的篇幅，配例不再处于从属地位。三部词典的配例总体数量的差异不仅与词典编纂理论的不断创新相关，词典的定位也有一定的影响，语文型词典多倾向于"释义中心论"，释义是词典编纂的重心，而学习型词典则倾向于释义与配例相互渗透，尤其是外向型学习词典，更强调配例的作用，使用者可以通过丰富而规范的配例归纳释义中难以直接呈现的句法结构或其他语用信息。有学者认为，将配例进行深度处理是外向型学习词典成熟的标志之一。

除三部词典的配例总数存在差异外，每部词典内部配例的数量也呈现不平衡的状态，三部词典中配例数量 0 到 7 个不等，但分布并不均匀，如《学习词典》中有些词语没有配例，而"透顶"一词却有 7 个配例。于屏方、杜家利曾对学习词典中配例的数量与词频之间的关系进行过研究，数据结果显示，词频与配例数量之间并不呈现正相关关系，词典中词语配例的多少遵循何种规律目前尚待研究。但对于同一词语，三本词典的配例也存在着差异，如：

【榜样】名 作为效仿的人或事例（多指好的）：好～/你先带个头，做个～让大家看看。(《现汉》)

【榜样】〔名〕值得学习的人、单位或事例（多指好的）：先进人物是我们学习的～/这个厂一年翻身，扭亏为盈，成了全县的～。(《学习词典》)

【榜样】（名）值得学习的人：好榜样/榜样的力量/她工作非常出色，是大家学习的榜样/我们都没做过，你先做一下，给我们做个榜样/要注意发挥榜样的作用。(《学汉语词典》)

"榜样"一词在《现汉》中给出了 2 个配例，《学习词典》也给出

了 2 个配例，而《学汉语词典》则给出了 5 个配例，其余 26 个三部
词典共同收录的褒贬陪义词配例的差异与之相同，《学汉语词典》的
配例始终高于《现汉》和《学习词典》，这与词典的定位有很大的关
系，学习词典同时承担解码和编码功能，丰富的配例能为使用者提供
更多词义和用法信息，这一点对于外向型学习词典来说尤为重要，充
足的配例刚好可以弥补精简释义造成的句法信息的缺失。

（2）配例的有效性

词典的配例并非越多越好，"理想的例证，应该能够产生句法启
动效应"[1]，在有限的配例中，对词义信息、句法结构涵盖得越充分，
典型性和常规性越突出，配例与释义之间的对应性越高，配例越有
效。我们以"克服"一词为例：

【克服】动❶战胜或消除（缺点、错误、坏现象、不利条件
等）：～急躁情绪/～不良习气/～困难。❷〈口〉克制；忍受（困
难）：这儿的生活条件不太好，请诸位～一下。（《现汉》）

【克服】〔动〕战胜；制伏：～缺点和错误/～官僚主义和主观片
面性/没有～不了的困难。（《学习词典》）

【克服】（动）战胜（缺点、错误、坏习惯、不好的现象或不利的
条件等）：缺点都克服了/克服困难/坚决克服一切阻力/我们要不断
克服自己的缺点/教育孩子克服不良习惯/他连这点儿困难都克服不
了，怎么能完成任务。（《学汉语词典》）

横向对比来看，在数量上，《学汉语词典》显然要高于《现汉》
和《学习词典》，但从配例的生成性来看却不尽然。《现汉》的 3 个

---

[1]　于屏方、杜家利：《汉、英学习词典对比研究》，北京：中国社会科学出版社，2010
年，第 255 页。

（义项 ❶ 的 3 个配例）配例中，无重复词汇，《学习词典》的 3 个配例中，也无重复词汇，而在《学汉语词典》的 6 个配例中，出现了 2 次"缺点"，2 次"困难"，在有限的配例中，词汇的重复率越高，能够提供的语境信息越少，《学汉语词典》虽然给出了 6 个配例，但实质上只给出了 4 个不同的组合搭配。除词汇重复外，三部词典中还存在着句法结构的重复。《现汉》中的 3 个配例均是"克服 + 名词"的句式结构，《学习词典》中 2 个是"克服 + 名词"的句式框架，1 个是"克服"的否定形式，《学汉语词典》中 4 个"克服 + 名词"的句式框架，一个"克服"的否定形式，一个被动句式，从配例展现的句法结构的多样性来看，《学汉语词典》给出的句式框架更为丰富，能够为使用者提供更多的编码信息。

　　从配例的层次性来看，词典的配例编排顺序应是典型组合、常规组合、非常规组合，同时句法结构也应从易到难，循序渐进。三部词典中对"克服"一词都给出了"克服困难"这一组合搭配，可见这一组合搭配的使用率是较高的，我们以"克服"为关键词对国家语委现代汉语语料库进行了检索，共检索结果 777 条，其中"克服"与"困难"的组合（包括直接组合和间接组合）就有 229 条，据此基本可以判定"克服 + 困难"是典型的组合，在配例时应放在第一条，但《现汉》和《学习词典》都放在了最后一条，《学汉语词典》放在了第二条，都没有将典型的配例优先给出。在句法结构上，《现汉》和《学习词典》优先给出的是"克服 + 名词"的短语，而《学汉语词典》优先给出的是"克服"的被动句式，在难度系数上，被动句式无疑是较难的，是二语学习中的重难点，优先给出复杂的句法结构的配例对二语使用者来说也是不适宜的，三部词典在配例的层次性上都有需要改进的地方。

　　从配例与释义的关系来看，理想的配例应与释义相互对应，形成语境增强而非语境抵触。《现汉》对"克服"的释义分列为两个义项，每个义项后各有配例，释义与配例的关系如下：

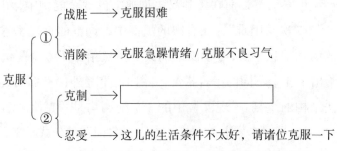

图 2.1 《现汉》中词目"克服"释义与配例之间的关系

如图所示，《现汉》中"克服"的配例与释义之间并非是完全对应的关系，义项 ❶ 中配例与释义是相对应的，但在义项 ❷ 中，配例出现了空缺。义项 ❷ 在《现汉》中给出的释义是"克制；忍受"，但给出的配例是"忍受"义，"克制"义多涉及的是某种情感，《现汉》没有给出配例。且义项 ❶ 与义项 ❷ 的释义和配例中也存在着交叉，义项 ❶ 陪义的标注"不利条件"和义项 ❷ 的配例"生活条件不好"相同，义项 ❶ 的配例"克服困难"和义项 ❷ 的标注"忍受（困难）"相同，"克服"的两个义项"战胜、消除"和"克制、忍受"是存在着语义差异的，对不同的义项用同样的例句或使用域标注显然是不合适的。如"战胜、消除"义强调行为主体的主观能动性，"克制"多涉及某种情感，"忍受"多是被动接受、勉强接受，在语义组合上显然"克服＋困难"侧重的是克服的"战胜、消除"义，在"克服"的释义中，两个义项的使用域显然是不合理的，义项 ❶ 无须标注使用域"不利条件"，义项 ❷ 无须标注使用域"困难"。而在《学习词典》和《学汉语词典》中，义项的切分粒度与《现汉》不同，配例与释义的对应情况也与《现汉》不同，《学习词典》中"克服"的释义与配例的对应关系如下：

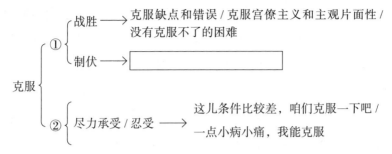

图 2.2 《学习词典》中词目"克服"释义与配例之间的关系

《学汉语词典》中"克服"释义与配例的对应情况如下：

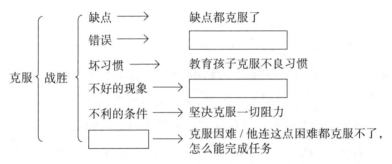

图 2.3 《学汉语词典》中词目"克服"释义与配例之间的关系

如图 2.2、图 2.3 所示，《学习词典》与《学汉语词典》的释义与配例的对应情况也并非是一一对应的关系，但与《现汉》相比，两部词典的配例与释义的对应关系更为宽泛，释义与配例之间形成了一种宽口径的对应关系。《学习词典》中只有"制伏"这个义点没有对应的配例，"制伏"针对某种具体的事物，而"克服"的宾语常常是抽象的事物，因此与其说是配例与释义对应的空缺，不如说是《学习词典》中释义元语言的失当。《学汉语词典》中的配例十分丰富，但也没有一一对应，"不好的现象"和"错误"没有给出配例，"克服困难"的搭配出现了两次，但遗憾的是在释义中没有给出明确的标注。于屏方的研究指出，"立目单位所辖义项的切分粒度与配例设置的精细度之间呈正相关"①，释义越概括，配例与释义之间的对应性越低，配例与释义之间越难以形成语境增强，换而言之，配例的有效性越低。虽然仅通过"克服"一词难以完全概括三部词典的配例有效性，但也不得不承认，三部词典在配例的有效性上有待于进一步加强。

随着语言本体和词典编纂理论研究的不断深入，配例在词典释义中的作用越来越得到认可，规范、有效的配例可以与释义之间形成语境增强，提供更多词义信息和句法信息，更有利于词典用户使用。

六、《学汉语词典》的主要特点及不足

（1）词汇信息量的展现程度有待提高

词汇信息量的展现程度主要体现在两个方面，一是收词量，二是词典释义时展现的信息量。三部词典中，《现汉》对褒贬陪义词的收词量最为丰富，《学习词典》次之，《学汉语词典》的收词量最少，收词量的多少与词典的定位和用途有一定的关系，同时词典收词的参考资料也有一定的影响。《学汉语词典》在收词时主要参考《大纲》及一些对外汉语教材，尽管《大纲》是目前展开对外汉语教学的重要依据，但出台后鲜有修订，而语言却是不断在变化发展的，《大纲》的相对滞后性难免会造成负面性的影响，且具有中级水平的二语学习者对听、说、读、写都有一定的要求，保守的收词已经不能满足二语学习者的需求。因此我们建议《学汉语词典》对褒贬陪义词酌情考虑增收。

在对褒贬陪义词的词典释义时，三部词典也各有不同，《现汉》以释义为中心，《学习词典》释义和配例平分秋色，《学汉语词典》配例高于释义。但综合对比，《学习词典》展现的词汇信息量最大。在《学习词典》中，除对褒贬陪义词常规的释义和配例外，还有对词语

---

① 于屏方：《外向型学习词典研究》，北京：商务印书馆，2016年，第188页。

相关文化信息的补充或对易混淆的近义词的辨析，而《现汉》和《学汉语词典》中都没有该项目的设置。且在释义的内容上，三部词典展现的信息量也不尽相同，《现汉》和《学习词典》力求客观地呈现语义的全部信息，而《学汉语辞典》有时并未展现全部的语义信息，如对"榜样"一词的释义，《学汉语词典》只给出了"人"这一适用对象，释义中没有给出"事"或"单位"等释义对象，这是充分考虑词典使用者的结果，中级水平的汉语学习者对于"榜样"一词常见的适用对象即是人，因此在词典编纂中并非最大限度地展现语义信息即是科学合理的，还要考虑词典的使用群体。对于一些带有文化内涵的词语相关文化信息的缺失会给使用者造成困惑，《学汉语词典》在文化信息的设置上还可以考虑适当增加。且在配例的设置上也只有数量占据优势，一些褒贬陪义词的配例只在数量上比其余两部词典多，但在词汇信息量上并无明显优势。词典释义和配例能够展现的词汇信息量越大，越利于解码和编码功能的实现。

（二）词典类型间趋于融合

严格来讲，《现汉》《学习词典》《学汉语词典》属于三种不同的类型，但就褒贬陪义词的释义而言，三部词典在各方面的共性多于差异，简而言之，不同类型的词典间趋于融合，这种融合性尤其体现在微观结构上。就微观结构的对比来说，《学汉语词典》作为外向型学习词典，理应在各个方面都与《现汉》和《学习词典》存在一定的差异，但就词典的主题部分——释义而言，三部词典整体趋同，在对褒贬陪义词的基义释义中，《学汉语词典》始终以语文型词典为参考，未能完全摆脱《现汉》的释义框架和模式，只在释义元语言上个别词语和《现汉》与《学习词典》有所不同。在对褒贬陪义词的释义上，《学汉语词典》的外向型特征未能完全展现。

第三章　释义提示词对比

　　"所谓提示词是指：释义时用来提示词义的由来、引申途径，或与字面义不同的实际语义、深层含义以及表达功能等的前导词语，多用于释文的开头或中间。"[①] 释义提示词一直都是辞书编纂者和研究者关注的对象，但目前对释义提示词的系统研究还有待进一步深化。本章拟从《现汉》第5版和第6版释义提示词使用和修订的角度对这一问题展开较为细致的分析，希望对汉语语文辞书释义提示词的研究有所助益。

　　纵观《现汉》的修订工作，在释义提示词方面，第6版的修订是比较集中的一次。2012年6月，《现汉》第6版出版发行，第6版说明中指出，本次对释义提示词（如"比喻、形容、借指"等）也做了统一的修订。《现汉》第6版修订主持人江蓝生在第6版出版后，指出"过去辞书界对于如何准确使用释义提示词的问题重视不够，缺乏专门的探讨研究，因而误用、混用的现象非常普遍，《现汉》也不同程度地存在这一问题。本次修订在专题研究的基础上，着重对提示词'比喻、形容、借指'的使用进行了检查，修改了其中使用不当的地方；对其他使用不尽妥当的提示词也相应做了一些调整"[②]。因此，我们以第5版和第6版为封闭域，对《现汉》释义提示词的修订情况

---

① 江蓝生：《语文辞书释义提示词的使用》，《中国语文》，2021年第4期。

② 江蓝生：《〈现代汉语词典〉第6版概述》，《辞书研究》，2013年第2期。

进行逐条对比分析，探索释义提示词的使用规则和规律，斟酌修订的得失。

《现汉》第 6 版对第 5 版中的释义提示词进行了较为全面系统的修订，我们全量统计并对比分析了两版中"比喻""形容""指""称""表示"五大类释义提示词使用情况。这五类的修订共涉及 1582 个词目，其中"比喻"类 832 个，"指"类 494 个，"形容"类 120 个，"称"类 114 个，"表示"类 22 个。在"增加""删去""改换"这三种修订类型中，"改换"类所占比重最大，涉及 1014 个，"删去"类涉及 315 个，"增加"类涉及 253 个。通过分析发现，《现汉》第 6 版释义提示词的修订多数是合理的，但也还有一些需要进一步斟酌。

《现汉》提示词种类繁多，已形成完整的系统。提示词具有提示语音（如"读作""旧读""又音"）、提示词形（如"也作""原作""今作"）、提示用法（如"用在""用来""含……意"）和提示词义等功能，其中释义提示词包括"比喻""形容""指""称""表示"五大类，构成了《现汉》释义提示词体系。

表 3.1 《现汉》第 6 版释义提示词体系总表

类型	变体形式
比喻	（多、原来、现、也）比喻、（多、也）用于比喻、（常、多、后）用来比喻
形容	（多）形容、形容……的样子、（多、常、后、也）用来形容、……的样子
指	指、多指、有时指、通常指、一般指；本指、原指、旧时指、封建时代指、古代（时）指、现指、现在指、今指、后（来）指；泛指、借指、专指、特指；……（学科、领域、来源、地点）指；（多、常、现、后）用来指；单指、（多）偏指、兼指、婉指、俗指、转指

类型	变体形式
称	称、称作、称为；用于称、用来称；通称、统称、合称、总称、简称、俗称、尊称、旧称、旧时称、敬称、谦称、自称；别称、代称、互称、戏称、贬称、讥称、蔑称、爱称、昵称、憎称、美称、……（学科、领域）上称、专称、特称、泛称、全称、改称、沿称、并称、古称、故称、后因称、称呼、用来称呼
表示	表示、（常、多）用来表示、表示……的意思

《现汉》第 6 版对第 5 版中的释义提示词进行了较为全面系统的修订，我们采用人工统计方法对"比喻""形容""指""称""表示"五大类释义提示词进行了全量统计分析，详见下表。

表 3.2 《现汉》第 6 版释义提示词整体修订情况统计表

修改类型	比喻类（个）	形容类（个）	指类（个）	称类（个）	表示类（个）	总计（个）	比例（%）
增加	33	34	150	33	3	253	16
删去	56	54	171	26	8	315	19.9
改换	743	32	173	55	11	1014	64.1
总计	832	120	494	114	22	1582	100
比例（%）	52.6	7.6	31.2	7.2	1.4	100	

注：由于采用人工方法进行全量统计，个别数据与实际修订情况可能存在一些误差，遗漏个别词目，但对于主要结论的得出影响不大

需要指出的是，大多数词条只涉及一种变化，极个别词条涉及两种变化，例如：

【拆台】动 用破坏手段使人或集体倒台或使事情不能顺利进行。（第 5 版）

【拆台】动 比喻用破坏手段使人或集体垮台或使事情不能顺利进行。（第6版）

【宝贝疙瘩】〈方〉比喻极受宠爱的孩子，有时也指极受宠爱的人。（第5版）

【宝贝疙瘩】〈方〉称极受宠爱的孩子，有时也称极受宠爱的人。（第6版）

"拆台"从第5版到第6版增加了释义提示词"比喻"，计为1个。"宝贝疙瘩"从第5版到第6版，分别将释义提示词"比喻"和"指"改为了"称"，计为2个。

第一节 "比喻"类释义提示词

江蓝生凭借其高深的语言学理论素养以及主持修订《现汉》《新华字典》、主持编纂《现代汉语大词典》的丰富经验，总结了正确使用释义提示词"比喻"及与其他释义提示词相区分的30字口诀："凡'喻'必相似，凡'喻'必非类，凡'喻'可还原，词喻用'形容'，喻、本相对应，形词不用'喻'"[1]，对辞书编纂和修订极具指导价值，操作性很强，深化了辞书学理论。

《现汉》第6版"比喻"类释义提示词修订共涉及832个词目，具体修订情况见下表。

---

① 江蓝生：《语文辞书释义提示词的使用》，《中国语文》，2021年第4期。

表 3.3 《现汉》第 6 版"比喻"类释义提示词修订情况统计表

修订类型	修订情况		修订数量（个）	合计（个）	修订比例（%）	
增加	增加"比喻"		15	33	1.8	
	增加"用于比喻"		18		2.2	
删去	删去"比喻"		56	56	6.7	
改换	"比喻"改为"形容"		208	208	25	89.3
	"比喻"改为"指"类	改为"指"	255	509	61.2	
		改为"借指"	161			
		改为"泛指"	93			
	"比喻"改为"称""憎称"		13	13	1.6	
	"比喻"改为"表示"		1	1	0.1	
	"比喻"类内部修改	"比喻"改为"用于比喻"	4	10	1.2	
		"用于比喻"改为"比喻"	6			
	"用于比喻"改为"借指"		1	1	0.1	
	"转喻"改为"借指"		1	1	0.1	

　　最主要的修改类型是改换，共 743 个，在比喻类修订中占 89.3%，在全部修订中占 47%，"比喻"类的改换是整个释义提示词修订的重点。正如江蓝生所指出的那样，"在考察和实践过程中，我们发现'比喻、形容、指、借指、泛指'这几个概念的使用多有交叉误用之处，其中又以与'比喻'的纠葛最多，即当用'形容'而误用'比喻'、当用'指'而误用'比喻'、当用'借指'而误用'比喻'、当用'泛指'而误用'比喻'"[①]。因此，改换"比喻"类释义提示词修订

---

① 江蓝生：《语文辞书释义提示词的使用》，《中国语文》，2021 年第 4 期。

的数量最多。

一、增加"比喻"类释义提示词

（一）增加"比喻"

对于有些已经在语言中固定下来的比喻义，《现汉》第5版有的没有使用"比喻"进行提示，第6版在相关词目中统一增加了释义提示词"比喻"。例如：

【远视】形❷眼光远大：她在生活中保持了平和～的乐观态度。（第5版）①

【远视】形❷比喻眼光远大：她在生活中保持了平和～的乐观态度。（第6版）

"远视"从第5版到第6版，增加了释义提示词"比喻"，从表示具体义视力缺陷的一种到表示抽象义眼光远大是通过打比方的方式产生的，两者具有相似性，而且眼光远大义已经固定地成为"远视"的词义。与"远视"相关的"近视"一词，第二个义项在第5版中已经释义为"比喻眼光短浅"。"远视"增加释义提示词"比喻"，不仅是辞书释义系统修订的需要，同时也符合现代辞书学"同场同模式"的释义理念。

此类修改共有15个词目，包括：

按捺｜拆台｜镀金❷｜翻腾❶｜疙瘩❸｜拐弯❷｜轨道❹｜窠臼｜空架子｜框框❷｜漏网｜青丝[1]｜挑大梁｜远视❷｜正路

---

① 为节约篇幅，每种情况一般只举1到2个例子，与分析释义提示词无关的信息均省略。

（二）增加"用于比喻"

第 6 版增加"用于比喻"的主要有两种情况，一种是在第 5 版的基础上，直接在释义后面增加"用于比喻"或"多用于比喻"；一种是将第 5 版的"比喻"改为"形容"后，在前面增加"用于比喻"。分别举例如下：

【死灰】名 熄灭的火灰：心如～（形容心灰意懒）。（第 5 版）

【死灰】名 熄灭的火灰，多用于比喻：心如～（形容心灰意懒）｜面如～（形容脸色灰白）。（第 6 版）

【斗筲】〈书〉名 斗和筲都是容量不大的容器，比喻气量狭小或才识短浅：～之器｜～之辈。（第 5 版）

【斗筲】〈书〉名 斗和筲都是容量不大的容器，用于比喻，形容气量狭小或才识短浅：～之器｜～之辈。（第 6 版）

"死灰"义为"熄灭的火灰"，多用在"心如死灰、面如死灰、死灰复燃、槁木死灰"等组合中，形容人像熄灭的火灰一样心灰意懒、意志消沉、毫无生气，在第 5 版释义的基础上增加"多用于比喻"是比较合适的。"死灰"的比喻用法独立性较弱，在字面义的基础上提示"多用于比喻"，在具体用例中给出所形容的意义。"斗"和"筲"是两种容器，比喻用法"像斗和筲一样小"使用较为受限，只使用在"斗筲之器、斗筲之辈"等有限的组合中，还不独立，这种用法的功能在于形容人的气量或才识像斗和筲一样小。因此，第 6 版的修订非常科学。"蜂❸、虎¹❷、金¹❺、兽❷、玉❷"的修改，与"斗筲"一样。

此类修改共有 18 个词目，包括：

斗筲｜蜂❸｜虎¹❷｜活力｜金¹❺｜精雕细刻｜涓埃｜流水❶｜灭顶｜泥潭｜牛毛｜兽❷｜死灰｜天壤｜天渊｜霄壤｜蝇头｜玉❷

同时，第 5 版中有些词目的"多用于比喻"使用了括注，第 6 版统一去掉，改为释义正文的一部分。"多用于比喻"已经说明比喻用法受限，不必再使用括注，去掉比较合理。包括"根植、光耀❹、光照❷、坦途、途程、途径、稳步、孝子贤孙、一锤子买卖、铸就"。例如：

【根植】动 扎根（多用于比喻）：只有～于生活，艺术才会有生命力。（第 5 版）

【根植】动 扎根，多用于比喻：只有～于生活，艺术才会有生命力。（第 6 版）

其中，"孝子贤孙"的修改，我们认为不是很彻底。

【孝子贤孙】指孝顺的有德行的子孙后辈（多用于比喻）。（第 5 版）

【孝子贤孙】指孝顺的有德行的子孙后辈，多用于比喻。（第 6 版）

当词语的意义和在比喻用法中的意义比较一致时，可以直接去掉括注，例如"根植"的"扎根"意义，直接在释义正文中指出"多用于比喻"。当两者在理性意义或色彩意义方面差异较大时，建议取消括注的同时，给出比喻用法的意义。从"孝子贤孙"目前的使用来看，一般不用于比喻。用于比喻时带有一定的时代性，用在"资产阶级的孝子贤孙""地主恶霸的孝子贤孙""剥削阶级的孝子贤孙""美帝国主义的孝子贤孙"等组合中，指继承、维护反动势力、落后传统的人。似可修改为：

【孝子贤孙】指孝顺的有德行的子孙后辈，用于比喻时多指继承、维护反动势力、落后传统的人。

二、删去"比喻"类释义提示词

"比喻"主要用于名词和动词,"当词目或义项为形容词(包括状态词、属性词)时,一般不加提示词,如需用,则用'形容'而不能用'比喻'"①。对于这一类误标为"比喻"但不需要使用提示词的,第6版在修订时将"比喻"删去。有的意义仅为一般引申义,不是比喻义,也将"比喻"删去。还有整个词语中仅含有某个比喻成分,"凡词目或义项中含比喻成分的词语,释文中一般不用'比喻'"②,例如"龟缩、鼠窜、鸟兽散"等,也删去。例如:

【肮脏】形❶脏,不干净:～的衣服|屋里又凌乱又～。❷比喻卑鄙、丑恶:～交易|灵魂～。(第5版)

【肮脏】形❶脏,不干净:～的衣服|屋里又凌乱又～。❷(思想、行为等)卑鄙、丑恶:～交易|灵魂～。(第6版)

"由通感产生的形容词的引申义(由身体的感觉到心理感觉,即'以身喻心')是通过隐喻实现义域的转移和词义的扩展,其功能未变,仍为形容词,一般可不用提示词,如需用,则用'形容'而不用比喻。"③《现汉》第6版在修订"肮脏❷"时删掉了"比喻",同时增加了释义括注"思想、行为等",增强了释义的准确性。

此类修改共有56个词目,包括:

肮脏❷|彪❶|并肩❷|并茂|草鸡❸|沉淀❸|沉积❹|出路❸|处女❷|雌伏❷|粗线条❷|粗线条❸|打造❷|地毯式|动荡

---

① 江蓝生:《语文辞书释义提示词的使用》,《中国语文》,2021年第4期。
② 江蓝生:《〈现代汉语词典〉第6版概述》,《辞书研究》,2013年第2期。
③ 江蓝生:《语文辞书释义提示词的使用》,《中国语文》,2021年第4期。

❷|短平快❷|风烛残年|钢铁❷|孤芳自赏|龟缩|过热|黄金❷|灰色❷|灰色❸|活路❷|活路❸|捷足先登|金玉良言|锦绣❷|靠边❷|刻板❷|苦尽甘来|老牌❷|领先❷|马拉松❷|瞒天过海|内耗❷|鸟兽散|凝固❷|牛¹❷|扭曲❷|偏枯❷|裙带|燃眉之急|人老珠黄|鼠窜|刷¹❸|兔脱|瓦解❶|网海|芜❸|夕阳❷|陷入❷|心潮|朝阳❷|子¹❾

　　但是，仍然存在修改不彻底的情况。江蓝生指出，对于 N+V 状中式，如"鼎沸、蜂拥、肤浅"等词，释义时通常要用提示词"形容"而不是"比喻"，有时可不加提示词而加以串释，如"棋布"释为"像棋子似的分布着，形容多而密集"，"冰释"释为"像冰一样融化，比喻嫌隙、怀疑、误会等完全消除"，江先生指出"比喻"应该改为"形容"。"龟缩"释为"像乌龟的头缩在甲壳里那样躲藏在里面不出来"，江先生指出第 6 版删去"比喻"是对的，还应该进一步释出它的深层语义"形容畏惧，不敢出头"。据此，有些词语的释义还可斟酌。如：

　　【蚕食】动像蚕吃桑叶那样一点儿一点儿地吃掉，比喻逐步侵占：～政策。

　　应将"比喻"改为"形容"，即"像蚕吃桑叶那样一点儿一点儿地吃掉，形容逐步侵占"。另如：

　　【云集】动像天空的云一样从各处聚集在一起：各地代表～首都。
　　【云散】动像天空的云那样四处散开：旧友～|烟消～。

　　这些词语应当释出它的深层语义，只是当喻底和词语的深层语义比较一致时，可以不单独释出深层语义，即不在"像……"后再给出"形容……"，可以直接在串释字面义的同时，使用"形容"将深层语义的使用对象释出，字面义与深层义合二为一。可修改为：

【云集】动 形容人或事物像天空的云一样从各处聚集在一起：各地代表～首都。

【云散】动 形容人或事物像天空的云那样四处散开：旧友～｜烟消～。

即使有些词语深层语义的使用对象无需给出时，也应将字面义串释出来，不仅揭示了词语结构、理据，还区别了释词与被释词，指出了词语程度上的差异。例如：

【尾随】动 跟随在后面：孩子们～着军乐队走了好远。
【冰凉】形 状态词。（物体）很凉：浑身～｜～的酸梅汤。

似可修改为：

【尾随】动 像尾巴一样紧紧地跟随在后面：孩子们～着军乐队走了好远。

【冰凉】形 状态词。像冰一样凉：浑身～｜～的酸梅汤。

这样可以将"尾随"和"跟随"区别开，将"冰凉"的程度表达出来。另外，同类型词语"鸟瞰"的释义为"从高处往下看"，并没有将它和"俯视"的区别体现出来（"俯视"的释义也是"从高处往下看"），"鸟瞰"的释义似可改为"像飞鸟一样从高处往下看"。与"跟随""俯视"相比，"尾随""鸟瞰"具有形象色彩，"尾随"比

"跟随"跟得更紧,"鸟瞰"比"俯视"的视野更为开阔。

三、改换"比喻"类释义提示词

具体包括将释义提示词"比喻"改换为"形容""指""称""表示"等。

（一）"比喻"改为"形容"

【百孔千疮】比喻破坏得很严重或弊病很多。（第5版）
【百孔千疮】形容破坏得很严重或弊病很多。也说千疮百孔。（第6版）

"百孔千疮"是两个名词性成分的并列组合,"百、千"表明数量多、程度深,"百孔千疮"是对破坏或弊病情况的形象描绘,词目"百孔千疮"具有名词性质,释文"破坏得很严重或弊病很多"具有形容词性质,"孔""疮""弊病"间不具有相似性,释义提示词改为"形容"比较合适。

此类修改共有208个词目,其中大多数为成语,包括:

哀鸿遍野|百孔千疮|鼻青脸肿|笔底生花|壁垒森严|遍地开花|冰清玉洁|冰消瓦解|波澜壮阔|不刊之论|不郎不秀|不蔓不枝|不同凡响|步步为营|沧海桑田|沧海一粟|馋涎欲滴|彻骨|称王称霸|冲天|吹灰之力|唇齿相依|粗枝大叶|大刀阔斧|大张旗鼓|掂斤播两|叠床架屋|斗筲|饿虎扑食|翻江倒海|非驴非马|沸腾❸|分斤掰两|风平浪静|风起云涌❷|疯狂|蜂❸|浮光掠影|干净❸|高头大马❷|拐弯抹角❷|规行矩步❶|和风细雨|黑暗❷|横挑鼻子竖挑眼|虎¹❷|花里胡哨❷|昏聩|火烧火燎|火烧眉毛|鸡零狗碎|间不容发❷|焦头烂额❷|金¹❺|荆棘载途|精雕细刻|鲸吞|九牛二虎之力|举重若轻|涓埃|龈舌|坎坷❷|刻骨|刻骨铭心|狼奔豕

突 | 狼心狗肺 | 老牛破车 | 雷霆万钧 | 冷❽ | 凉❷ | 琳琅满目 | 流金铄石 | 龙争虎斗 | 履险如夷 | 沦肌浃髓 | 落花流水 | 麻木❷ | 麻木不仁 | 满腹经纶 | 茂盛❷ | 明察秋毫 | 铭心 | 磨穿铁砚 | 目迷五色 | 牛毛 | 涅而不缁 | 盘错 | 盘根错节 | 鹏程万里 | 澎湃❷ | 漂浮❷ | 迫在眉睫 | 扑朔迷离 | 千斤 | 千金❷ | 千钧一发 | 峭❷ | 锲而不舍 | 青云直上 | 轻于鸿毛 | 罄竹难书 | 趋之若鹜 | 鹊起 | 燃烧❷ | 热血沸腾 | 荣华 | 如臂使指 | 如虎添翼 | 如火如荼 | 如梦初醒 | 如日中天 | 如汤沃雪 | 如蚁附膻 | 如影随形 | 如鱼得水 | 入木三分 | 若明若暗 | 杀人不见血 | 沙里淘金 | 深藏若虚 | 神出鬼没 | 十拿九稳 | 石破天惊 | 势如破竹 | 舐犊情深 | 手到擒来 | 兽❷ | 鼠目寸光 | 束手束脚 | 束手无策 | 水米无交 | 水乳交融 | 水深火热 | 四面楚歌 | 弹指 | 天差地远 | 天花乱坠 | 天昏地暗❷ | 天马行空 | 天壤 | 天旋地转❶ | 天衣无缝 | 天渊 | 铁打 | 铁石心肠 | 头痛 | 头重脚轻 | 投鞭断流 | 土崩瓦解 | 推心置腹 | 拖泥带水 | 唾手可得 | 望尘莫及 | 猬集 | 龌龊❷ | 无声无息 | 无声无臭 | 五花八门 | 五体投地 | 息息相关 | 细针密缕 | 响当当❷ | 小肚鸡肠 | 血淋淋❷ | 辛辣❷ | 辛酸 | 行云流水 | 旋踵 | 牙碜❷ | 严丝合缝 | 杳如黄鹤 | 一板一眼 | 一波三折 | 一步登天 | 一步一个脚印 | 一触即发 | 一帆风顺 | 一毛不拔 | 一气呵成❶ | 一气呵成❷ | 一窝蜂 | 一五一十 | 以汤沃雪 | 屹立 | 易如反掌 | 莺歌燕舞 | 蝇头 | 蝇营狗苟 | 游刃有余 | 有板有眼 | 有口皆碑 | 有头有脸 | 有血有肉 | 玉❷ | 源远流长❷ | 云泥之别 | 运斤成风 | 朝三暮四 | 峥嵘❷ | 蒸蒸日上 | 枝蔓❷ | 炙手可热 | 转脸❷ | 转身❷ | 转弯抹角❸ | 走投无路 | 左右逢源 | 作呕❷

也有修改不彻底的，例如：

【狼奔豕突】狼和猪东奔西跑，比喻成群的坏人乱窜乱撞。（第5版）
【狼奔豕突】狼和猪东奔西跑，形容成群的坏人乱窜乱撞。（第6版）

第 6 版将第 5 版中的"比喻"改为"形容"是对的，只是"狼奔"和"豕突"不是主谓式并列，而是两个状中式 N+V 的并列，释义前半部分似应修改为"像狼和猪一样东奔西跑"，"狼奔豕突"与"狼奔鼠窜""狼餐虎噬""狼突鸱张""狼吞虎咽"等的结构是一致的。再如：

【规行矩步】❶ 比喻举动合乎规矩，毫不苟且。❷ 比喻墨守成规，不知变通。（第 5 版）

【规行矩步】❶ 形容举动合乎规矩，毫不苟且。❷ 比喻墨守成规，不知变通。（第 6 版）

对比两版可以看到，第一个义项由"比喻"改换为"形容"，第二个义项未修改。"规行矩步"为两个 N+V 格式的并列，其中 N 做状语，应该使用提示词"形容"。并且，这两个意义的性质相同，都是在字面义的基础上向两个相反的方向上发展，发生了对立异化，[①] 应该使用相同的提示词"形容"。

（二）"比喻"改为"指"类

"指"类释义提示词的主要功能是反映词义与指称对象间的关系，主要用来表示名词性成分及部分动词性成分的意义范围和使用范围。此类修改主要包括将"比喻"修改为"指""借指""泛指"三种情况。

1."比喻"改为"指"

【花岗岩脑袋】比喻顽固不化的脑筋。（第 5 版）
【花岗岩脑袋】指顽固不化的脑筋。（第 6 版）

---

① 郑振峰、袁世旭：《义位组合的对立异化研究》，《语文研究》，2015 年第 4 期。

"花岗岩脑袋"的整体不具有比喻性，只有其中的部分成分"花岗岩"是喻体，同时词目中的"脑袋"和释义的中心语"脑筋"同指，两者之间不具有相似性关系。"同一事物不能自己比喻自己，因此合成词词目中有部分构词成分用作喻体，另一部分构词成分跟释义中心语同指的，释义时一般不用'比喻'而用'指'。"①

此类修改共有 255 个词目，包括：

爱惜羽毛｜鞍前马后｜傲骨｜八斗才｜摆摊子❸｜板眼❸｜包袱底儿❷｜包袱底儿❸｜宝刀不老｜保护伞｜背水阵｜鼻酸｜比肩❷｜闭关❶｜闭口｜变生肘腋｜表里如一｜病魔｜不打自招｜不二法门｜不落窠臼｜苍龙❷｜长舌｜掣肘｜陈陈相因｜称孤道寡｜吃干饭｜吃皇粮｜吃素❷｜吃鸭蛋｜池鱼之殃｜重温旧梦｜愁云｜出头鸟｜初露锋芒｜初露头角｜触电❷｜春❹｜春风❸｜春宵｜从井救人｜醋❷｜打饥荒｜打破砂锅问到底｜刀把儿❸｜低头❷｜第一❷｜东山再起｜饾饤❷｜堵嘴｜蹲❷｜法网｜反顾｜放空气｜放冷风｜飞黄腾达｜分庭抗礼｜锋芒毕露｜俯仰由人｜腹心❷｜腹心❸｜肝胆❶｜肝胆❷｜肝胆相照｜高帽子｜高山流水｜高枕无忧｜隔墙有耳｜钩心斗角｜狗仗人势｜孤家寡人｜骨头❷｜骨子里｜刮鼻子❸｜怪圈｜关门¹❷｜掼纱帽｜光天化日｜龟鉴｜鬼胎｜黑手｜黑窝｜红心｜洪魔｜猴儿精❶｜呼吸❷｜狐朋狗友｜狐群狗党｜花岗岩脑袋｜花花肠子｜化干戈为玉帛｜画等号｜画句号｜坏水｜宦海｜黄金时间｜黄粱梦｜会海｜火龙❶｜祸水｜鸡零狗碎｜急性病❷｜脊梁骨❷｜间不容发❶｜揭幕❷｜精卫填海｜旧梦｜救驾｜巨人❸｜开门红｜靠山｜克隆❷｜空穴来风｜口碑｜口味❸｜枯肠｜苦水❸｜宽心丸儿｜狼子野心｜冷风❷｜两极❸｜两面光｜两袖清风｜灵犀｜溜须拍马｜龙马精神｜路人｜驴肝肺｜绿肺｜乱营｜卖身投靠｜盲❷｜美梦｜媚骨｜梦话

---

① 江蓝生：《〈现代汉语词典〉第 6 版概述》，《辞书研究》，2013 年第 2 期。

②|民脂民膏|目论|囊中物|蹑足②|盘马弯弓|皮毛②|平分秋色|平起平坐|破题儿第一遭|旗帜鲜明|企足而待|前车之鉴|翘尾巴|亲和力②|青④|青睐|倾箱倒箧|倾斜②|清水衙门|群星②|染指|人海②|肉眼②|如意算盘|入主出奴|软骨头|傻劲儿②|山高水低|商海|上风②|上台②|上下其手|深浅②|生花之笔|生命线|失手②|使命|视线②|首当其冲|首战|受气包|束之高阁|水磨工夫|睡魔|顺理成章|顺手牵羊|硕果仅存|缩手|探骊得珠|陶钧②|套数②|题海|天地②|天机②|天诛地灭|铁律|铁算盘|铁蹄|铁则|听天由命|同调|头角|透明度|推襟送抱|推敲|退坡|外圆内方|腕力②|望洋兴叹|文化沙漠|文章③|闻鸡起舞|稳操胜券|窝③|无关痛痒|无事不登三宝殿|下水¹③|下台③|弦外之音|向壁虚构|向隅|萧规曹随|小打小闹|小算盘|笑面虎|携手②|心结|新官上任三把火|凶神|雪藏②|雪藏③|血③|炎③|尧天舜日|摇鹅毛扇|夜郎自大|一定之规|一个心眼儿②|一根筋|一鼓作气|一瞥①|一头儿沉②|一席之地|异军突起|㧟注|阴暗面|阴差阳错|硬骨头|鱼肉|欲火|占便宜②|战云|朝秦暮楚|照本宣科|直肠子|肘腋之患|主渠道|桌面儿上|左右开弓|作俑

　　也有还可以修改的词目，对比"恶煞"和"凶神"提示词的使用情况如下：

　　【恶煞】名 迷信的人指凶神，也用来比喻凶恶的人：凶神～。（第5、6版）
　　【凶神】名 凶恶的神，常用来比喻凶恶的人：～恶煞。（第5版）
　　【凶神】名 凶恶的神，常用来指凶恶的人：～恶煞。（第6版）

　　"凶神"从第5版的"比喻"改为第6版的"指"是比较合适的，

用来表指称的"恶煞"也应使用"指"而非"比喻"。同时，表示使用对象的"迷信的人"也应根据语料库进行修改。

另外，有的词目修改得不太合适。例如：

【皮毛】名❶带毛的兽皮的总称：貂皮、狐皮都是很贵重的～。❷比喻事物的浅层或表面：只伤了点～，没动根本。❸比喻表面的知识：略知～。（第5版）

【皮毛】名❶带毛的兽皮的总称。❷指事物的浅层或表面：只伤了点～，没动根本。❸借指表面的知识：略知～。（第6版）

第6版分别将第5版"皮毛"的第二个义项和第三个义项中的"比喻"改为"指"和"借指"，这两个义项的性质相同，应该使用相同的提示词。用兽的皮和毛来比喻事物的浅层或表面的知识，是一种相似性的关系，不具有相关性。词目"皮毛"为喻体，应该使用提示词"比喻"来释出本体。我们认为第5版的更为合适一些。同时，从义项划分的角度来看，第二和第三个义项之间的区别还不足以分列为两个义项，实为语言中的同一个义位，"事物"包括"知识"，两个义项可以合在一起。《汉语大词典》的处理更为合适一些，"比喻表面的、肤浅的东西。多指学识"。再如：

【长舌】名长舌头，比喻爱扯闲话，搬弄是非：～妇。（第5版）
【长舌】名长舌头，指爱扯闲话，搬弄是非：～妇。（第6版）
【唇舌】名比喻言辞：这件事儿恐怕还得大费～。（第5版）
【唇舌】名借指言辞：这件事儿恐怕还得大费～。（第6版）
【唇吻】〈书〉名❶嘴唇。❷比喻口才、言辞。（第5版）
【唇吻】〈书〉名❶嘴唇。❷借指口才、言辞。（第6版）

"长舌"是用长舌头来借指那些爱扯闲话、搬弄是非的人，第6版将第5版的"比喻"改为"指"。对比"唇舌、唇吻"的修改，我们认为"长舌"改为"借指"更为合适一些。"指"和"借指"的使用区别，下文详述。

2. "比喻"改为"借指"

【柴门】名 用散碎木材、树枝等做成的简陋的门。旧时用来比喻贫苦人家。（第5版）

【柴门】名 用散碎木材、树枝等做成的简陋的门。旧时用来借指贫苦人家。（第6版）

"柴门"是使用某种简单材料制成的简陋的门，是贫苦人家的外在标志。词目"柴门"与释文中"贫苦人家"之间具有相关性，而不是相似性，属于典型的借代，释义提示词由"比喻"改为"借指"是比较合适的。

此类修改共有161个词目，包括：

暗度陈仓|白骨精|板眼❷|蹦跶|逼上梁山|彼岸❸|边幅|伯乐|柴门|巢❷|巢穴❷|炒鱿鱼|成也萧何，败也萧何|城府|筹码❷|丑小鸭|唇舌|唇吻❷|雌雄❷|此地无银三百两|醋坛子|刀把儿❷|等因奉此|低调|鼎❷|独占鳌头|盾牌❷|饭碗❷|飞鸿❷|肺腑❷|粉墨登场|丰碑|风尘❶|风尘❷|风尘❸|风霜|烽火❷|锋芒❶|锋芒❷|干戈|甘苦❶|杠❼|高调|高峰❸|膏火|膏血|圭角|圭臬|晷❶|寒窗|嚆矢|河汉❷|黑马|哼哈二将|红旗❸|鸿雁❷|后尘|后院❷|火药味|鸡鸣狗盗|葭莩|锦囊妙计|旧雨|涓滴|卷铺盖|苦果|苦酒|蓝图❷|滥竽充数|老巢|老窝❷|李代桃僵|庐山真面|落水|马后炮|毛遂自荐|帽子❷|眉睫|明修栈道，暗度陈

仓 | 末班车 ❷ | 墨水 ❸ | 沐浴 ❷ | 牛头马面 | 皮毛 ❸ | 脾胃 | 屏藩 ❶ | 破天荒 | 齐东野语 | 气味 ❷ | 潜台词 ❷ | 黔驴技穷 | 黔驴之技 | 乔迁 | 青红皂白 | 屈膝 | 权衡 | 全豹 | 染指 | 热浪 ❷ | 热气 | 热血 | 认账 | 柔肠 | 入场券 | 丧钟 | 尚方宝剑 | 上游 ❷ | 升华 ❷ | 绳墨 | 试验田 ❷ | 嗜痂之癖 | 首班车 ❷ | 四不像 ❸ | 算盘 ❷ | 堂奥 ❸ | 替罪羊 | 天日 | 痛痒 ❶ | 头班车 ❷ | 头筹 | 秃笔 | 图穷匕首见 | 荼毒 | 涂炭 ❶ | 蜕化 | 完璧归赵 | 王国 ❷ | 王国 ❸ | 枉 ❶ | 未知数 ❷ | 畏途 | 胃口 ❷ | 问鼎 | 五日京兆 | 虾兵蟹将 | 下文 ❷ | 下游 ❷ | 萧墙 | 小儿科 ❶ | 小儿科 ❷ | 小九九 ❷ | 新雨 ❷ | 绪 ❶ | 轩轾 | 血泪 | 腰杆子 ❷ | 夜游神 | 印把子 | 游戏规则 | 鱼雁 | 渔人之利 | 愚公移山 | 羽毛 ❷ | 园地 ❷ | 掌印 ❷ | 招³ ❷ | 招数 ❷ | 脂膏 ❷ | 终南捷径 | 重头戏 ❷ | 自郐以下

但也存在修改不彻底的情况，例如：

【斤两】名 分量，多用于比喻：他的话很有～。（第 6、7 版）

这里的"多用于比喻"，应该改为"借指"。"斤"和"两"作为重量的单位，通过借代的方法产生"重量""分量"的意义。江蓝生也已提出，应该改为"借指"。

另有一些词目，我们认为好像使用比喻更为合适一些。第 6 版将"葭莩、落水、帽子❷、上游❷、下游❷、升华❷、蜕化"使用的"比喻"改为"借代"，其实这些词语符合江蓝生提出的使用比喻的 30 字口诀。以"葭莩"为例：

【葭莩】〈书〉名 芦苇茎中的薄膜，比喻关系疏远的亲戚：～之亲。（第 5 版）
【葭莩】〈书〉名 芦苇茎中的薄膜，借指关系疏远的亲戚：～之

亲。(第6版)

"葭莩"是"芦苇茎中的薄膜",比喻人们的关系疏远淡薄,就像芦苇中的薄膜那样薄,具有相似性,可以还原,本体喻体不同指。《汉书·中山靖王刘胜传》:"今群臣非有葭莩之亲,鸿毛之重,群居党议,朋友相为,使夫宗室摈却,骨肉冰释。"这里的"葭莩"与"鸿毛"均为比喻,"鸿毛"是"鸿雁的毛,比喻轻微或不足道的事物"(《现汉》第6版)。《汉语大词典》的释义为"芦苇里的薄膜。比喻亲戚关系疏远淡薄",使用"比喻"是合适的。《现汉》为名词性释义,《汉语大词典》为形容词性释义,应改为与词目"葭莩"一致的词性。只是,《现汉》后半部分释义实为对"葭莩之亲"的释义,应进一步修改。

3."比喻"改为"泛指"

【挂帅】团 掌帅印,当元帅,比喻居于领导、统帅地位:厂长~抓环保工作。(第5版)

【挂帅】团 掌帅印,当元帅,泛指居于领导、统帅地位:厂长~抓环保工作。(第6版)

词目"挂帅"与释文"居于领导、统治地位"的内涵相同,两者之间不具有相似性,只是意义范围的扩大,从专门的军事领域扩大为日常交际用语,释义提示词由"比喻"改为"泛指"比较合适。

此类修改共有93个词目,包括:

按图索骥|搬兵|保皇|鼻祖|闭关自守|超然物外❷|趁火打劫|成个儿❷|宠儿|出奇制胜|创伤❷|倒流❷|道行|点将|斗法|发轫|发纵指示|凡响|繁文缛节|分界线❷|分赃❷|福音❷|公

害❷｜构架❷｜够本❷｜瓜田李下｜挂帅｜沆瀣一气｜合拍¹｜鸿沟｜还愿❷｜会师｜祸起萧墙｜激活❷｜架构❸｜江郎才尽｜节奏❷｜禁果｜禁脔｜九霄｜开场｜开场白｜开山祖师｜开张❸｜科班｜苦海｜滥觞❶｜老弱残兵｜雷池｜离经叛道｜领军｜罗掘｜落差❷｜马首是瞻｜拿手好戏❷｜闹饥荒❷｜内聚力❷｜前夕❷｜软着陆❷｜三姑六婆｜三位一体｜身先士卒｜十八般武艺｜始作俑者｜试水❷｜嗜痂之癖｜收兵❷｜收篷｜寿终正寝｜数典忘祖｜谈虎色变｜天机❷｜停摆｜同病相怜｜投桃报李｜退避三舍｜万事俱备，只欠东风｜稳扎稳打❷｜问津｜袭击❷｜新陈代谢❷｜摇旗呐喊❷｜遥控❷｜一笔勾销｜一蟹不如一蟹｜欲擒故纵｜战略❷｜战术❷｜招兵买马｜终南捷径｜逐鹿｜自卖自夸｜坐镇

但也存在修改不彻底的现象，例如：

【败家子】(～儿) 名 不务正业、挥霍家产的子弟。现常用来比喻挥霍浪费集体或国家财产的人。(第6版)

从原指义到常用义的核心意义相同，即"挥霍浪费"，意义范围进一步扩大，由子弟泛指人。同时，被释词"子"和释词"人"，即挥霍家产的子弟和浪费集体财产的人之间同指，不能使用比喻。应将"比喻"改为"泛指"。

比较典型的"比喻"和"泛指"是比较好区别的，但是由原指义到比喻义，多会发生从一般到抽象的变化，范围大多会扩大，导致"比喻"和"泛指"的混用。两者的区别主要在于，"比喻"重在使表达效果更加通俗易懂、生动形象，说明词义是通过打比方的方式产生的，两者之间在功能、外形等方面有相似点，辞书中没有与"比喻"相对应的提示词。"泛指"重在说明词语意义范围和使用范围的扩大，核心意义不变，不具有相似点，"泛指""一般指"和"专指""特指"

相对应。而且，还原的方式不同，比喻的本体和喻体可以通过相似性还原，泛指义、借指义与原义之间可以通过范围大小的改变或相关性特征，系联起原来专指或特指的对象。公式为：泛指 / 借指"泛指义 / 借指义"的"词目"，原来"专指 / 特指"某义。例如：泛指"大河"的"江"，原来专指"长江"；借指"战火"的"狼烟"，原来特指"古代边防报警时烧狼粪升起来的烟"。比喻则不可以。

"跟战争、战斗相关的词语宜用'泛指'"而不用比喻，不仅包括战争类的词语，其他如体育类的、商业类的、生物医学类的、文学艺术类的、计算机信息技术类的等领域，由专门的某一行业词语进入到多行业共用或普通语文词语类的，核心词义不变而外延范围扩大的，多数都可以用"泛指"。例如：

【斩获】原指战争中斩首与俘获，现泛指收获（多用于体育竞赛中获得奖牌、进球得分等方面）：下半场比赛，双方俱无～。

【冲刺】动❶跑步、滑冰、游泳等体育竞赛中临近终点时全力向前冲。❷比喻接近目标或快要成功时做最大的努力：这项工程已进入～阶段。（第 6 版）

对比两个词目，"斩获"从军事到体育，再到普通领域，使用提示词"泛指"比较合适。"冲刺"由体育到普通领域，义项❷可以仿"斩获"，将提示词"比喻"改为"泛指"，其核心义"接近目标而奋力向前"未变，使用范围进一步扩大。

（三）"比喻"改为"称""憎称"

【可怜虫】名比喻可怜的人（含鄙视意）。（第 5 版）
【可怜虫】名称可怜的人（含鄙视意）。（第 6 版）

"称"类释义提示词的主要功能也是反映词义与指称对象间的关系，在释义功能方面与"指"有重合之处，二者都表示指称。区别在于"指"的运用更加广泛、灵活，可以对多种词类进行释义，主要功能在于解释词义内涵；"称"则主要用于名词及名词性单位，指称事物和对象，"称"除了有解释功能，还有表达功能。

"可怜虫"由表示属性评价类成分"可怜"加上表示类别成分"虫"构成，用来称某一类人，与其构成类型相似的"白眼儿狼、害人虫、夜猫子❷、应声虫"等词目的释义提示词也都由第5版的"比喻"改为第6版的"称"，比较合适。语言共同体赋予给这种类型的词目一定的感情倾向，且多表达负面情感。值得称道的是，"霸王"也由第5版的"比喻"改为第6版的"称"，而不是"借指"，"❶秦汉之间楚王项羽的称号。❷称极端霸道的人"，体现了修订者严谨、审慎的学术态度。同时似可调整两个义项的顺序，在"项羽"义项前加上"专指"，即"❶称极端霸道的人。❷专指秦汉之间的楚王项羽"。这样兼顾了义项产生的历史顺序和使用频率顺序。

此类修改共有13个词目，包括：

霸王❷|白眼儿狼|宝贝疙瘩|蟾宫折桂|虫❷|狗熊❷|害人虫|可怜虫|癞皮狗|始祖❷|书虫|夜猫子❷|应声虫

（四）"比喻"改为"表示"

【拜倒】动 跪下行礼，比喻崇拜或屈服（多含贬义）。（第5版）
【拜倒】动 跪下行礼，表示崇拜或屈服（多含贬义）。（第6版）

"拜倒"字面义"跪下行礼"表示具体的动作行为，深层义为屈服或崇拜的内在情感态度。一个表示外在行为，一个表示内在心理，两者之间不存在相似性，而且也无法还原。"拜倒"这一具体动作表示内在隐含的意义，释义提示词由"比喻"改为"表示"是比较合适的。

《现汉》第6版将提示词"比喻"改为"表示"的词目只有"拜倒"1例。[①]

（五）"比喻"类内部修改

具体包括释义提示词"比喻"与"用于比喻"之间的修改。

1. "比喻"改为"用于比喻"

【星火】² 名 流星的光，比喻急迫：急如～。（第5版）

【星火】² 名 流星的光，多用于比喻：急如～。（第6版）

"星火"是名词，释文"急迫"是形容词，词性不一致不能用释义提示词"比喻"。流星的光有飞快易逝的特点，由此"星火"产生比喻用法，用来比喻某种紧急情况，但往往需要借助语境来突出事情的紧急性和事物的易逝性，即"星火"的比喻义不独立，在"急如星火"等组合和语境中才显示出来，独立性差。使用"用于比喻"来指出词语有比喻用法，但又不直接点明其具体的比喻义。此外，《现汉》第6版释文删去"急迫"而保留了例证，这种做法稳妥、科学。

此类修改共有4个词目，包括：

稗❷|牛毛|兽❷|星火²

---

① 为节约篇幅，下文中只有1例修改的地方一般将不再分析。主要包括将"用于比喻"改为"借指"的"肝肠"，将"转喻"改为"借指"的"风花雪月❶"，将"形容"改为"表示"的"偷偷"，将"指"改为"表示"的"掩鼻"，将"泛指"改为"特指"的"出席"，将"特指"改为"指"的"黄色❷"，将"专指"改为"特指"的"岭❸"，删去"合称"的"文教"，将"全称"改为"简称"的"红军❶"，将"尊称"改为"用于称"的"先❺"。

2. "用于比喻"类改为"比喻"

【无底洞】名 永远填不满的洞（多用于比喻）。（第 5 版）

【无底洞】名 永远填不满的洞，比喻永远难以满足的欲望、要求等：贪欲是个～。（第 6 版）

第 5 版用括注的方式认为"无底洞"有比喻用法，独立性较弱，在具体语境中"无底洞"可以表示比喻义，但并未明确指出其比喻义是什么。语言事实告诉我们，"无底洞"可以摆脱语境的限制直接引起相似性联想，已经形成了固定的、独立性强的比喻义，第 6 版将"用于比喻"改为"比喻"并取消括注，同时在明确词语比喻义的基础上增加配例，这样修改比较全面。

此类修改共有 6 个词目，包括：

比翼鸟｜沉醉｜巅峰｜琴瑟｜无底洞｜招魂

"比喻"类释义提示词在《现汉》中主要以"比喻"的形式出现，少量使用"用于比喻""用来比喻"。"比喻"适用于语言中稳定的、沉淀下来的比喻义。"用于比喻"适用于独立性弱一些的比喻义，比喻功能不能完全摆脱语境制约，一般需要与其他单位结合或者在一定的语境补充下才能将比喻义表达出来，有的释义的词性用法与被释词的有一定的区别。《现汉》第 6 版使用"用于比喻"有 80 余处，大部分用在释义最后，点出该词语"多用于比喻"，例如："波澜"，"波涛，多用于比喻"；"闯关"，"冲过关口，多用于比喻"等。"用来比喻"也是提示词语有比喻用法，独立性较弱。《现汉》第 6 版使用"用来比喻"有 40 余处，大部分是在本来意义或字面意义的基础上，指出"现在用来比喻""后多用来比喻"的意义是什么。例如，"脱胎换骨"

释义为"原为道教修炼用语，指修道者得道，就脱凡胎而成圣胎，换凡骨而为仙骨。现在用来比喻彻底改变立场观点"，"并蒂莲"为"并排地长在同一个茎上的两朵连花，文学作品中常用来比喻恩爱的夫妻"。只有"死神""阴魂"两个词目在第 5 版中使用了"用作比喻"，第 6 版根据"用于比喻"和"用来比喻"使用的分布情况、功能上的差异，将"用作比喻"统一修改为"用于比喻"，是比较合适的。

【死神】名 迷信指掌管人死亡的神，多用作比喻：经过抢救，终于把他从～手里夺了回来。（第 5 版）

【死神】名 迷信指掌管人死亡的神，多用于比喻：经过抢救，终于把他从～手里夺了回来。（第 6 版）

目前还存在修改不彻底的情况，有些词语的比喻用法不常使用，或使用受到一定的限制，应将"比喻"改为"多用来比喻"。例如：

【暴风骤雨】来势急速而猛烈的风雨，比喻声势浩大、发展迅猛的群众运动。（第 6 版）

可修改为：

【暴风骤雨】来势急速而猛烈的风雨，多用来比喻声势浩大、发展迅猛的群众运动。

《现汉》第 6 版中"急风暴雨"使用"多用来比喻"是比较合理的。见下：

【急风暴雨】急剧而猛烈的风雨，多用来比喻声势浩大的革命运

动或激烈的斗争。（第 6 版）

综上，可以看出"比喻"的使用是有着严格条件的。第一，本义与比喻义的所指属于不同的范畴；第二，本义和比喻义的所指在某方面存在相似性；第三，比喻义可以脱离语境而稳定地引起语言共同体的相似联想。异类是前提，相似是基础，可还原是检验标准，词目与释文的词性要一致。

第二节 "形容"类释义提示词

"形容"类释义提示词在《现汉》中主要以"形容""……的样子""形容……的样子"三种形式出现。主要辅助形容词释义，用来描绘事物的性质、状态。除形容词外也可用来对名词、动词等其他词类或成语等其他单位进行释义，赋予这些非形容词性单位以形容词的属性和功能。用在其他词语、成语时，"一般都显示出该词有着词素义与词义，或字面义与词义的两种关系，用了'形容'后，指向的都是词义整体。使得原来那些非形容词的都会具有明显的形容、修饰、渲染作用"[1]，具有了形容词的表达效果，使释义整体更加自然。

"形容"类释义提示词修订共涉及 120 个词目，具体修订情况见下表。

表 3.4 《现汉》第 6 版"形容"类释义提示词修订情况统计表

修订类型	修订情况	修订数量(个)	合计（个）	修订比例（%）
增加	增加"形容"	34	34	28.3

---

[1] 苏新春：《汉语释义元语言研究》，上海：上海教育出版社，2005 年，第 167 页。

修订类型	修订情况		修订数量(个)	合计(个)	修订比例(%)	
删去	删去"形容"		54	54	45	
改换	"形容"改为"比喻"		9	9	7.5	26.7[①]
	"形容"改为"指"类	改为"指"	19	22	18.3	
		改为"借指"	3			
	"形容"改为"表示"		1	1	0.8	

一、增加"形容"类释义提示词

【目不暇接】东西太多，眼睛看不过来：春节期间，文艺节目多得令人～。也说目不暇给。（第5版）

【目不暇接】形容东西太多，眼睛看不过来：春节期间，文艺节目多得令人～。也说目不暇给。（第6版）

"目不暇接"整体突出其动作性，眼睛看不过来，释义先给出实际使用义，东西太多，后给出成语的字面意义。"目不暇接"整体的动作性，与释义"东西太多"之间太过突兀，加上"形容"后，释义更加自然、顺畅，而且使"目不暇接"带有了形容性、修饰性功能。顺序调整为"眼睛看不过来，形容东西太多"可能更好一些，先字面义后使用义。"'形容'这个术语对揭示词义的形容性功能是十分重要的。它的出现，使得词义脱离了词的原本、内在、底层的意义层面，

---

① "改换"这一类，按照改换的总数32个除以共涉及的条目120个，四舍五入为26.7%，但是按照"改换"类内部几个小类分别四舍五入后的总和数据为26.6%，此处按照前一种方式计算。

而进入了概括的、整体的、词语的意义层面，使整个词的意义显得更完整、更圆润。”[①]

此类修改共有 34 个词目，包括：

欸乃❷|百无一是|毕恭毕敬|碧蓝|碧绿|病恹恹|綷縩|滴沥|浩浩❷|颠三倒四|花白|虺虺|急赤白脸|碌碌❶|满满当当|满满登登|没头没脑❶|蒙蒙❶|木然|目不暇接|强硬|穰穰|傻呵呵|松松垮垮❶|松松垮垮❷|贴心|挖空心思|嵬嵬|稀里糊涂❶|稀里糊涂❷|一星半点儿|郁郁葱葱|锃光瓦亮|众目睽睽

二、删去“形容”类释义提示词

【不修边幅】形容不注意衣着、容貌的整洁。（第 5 版）

【不修边幅】不注意衣着、容貌的整洁。（第 6 版）

“边幅”指代人的仪表、衣着，释文与被释成分的意义基本一一对应，是对被释词条语义的直陈，词语字面义基本等同于释文意义，不需要使用释义提示词。在保持释义内容不变的前提下，删去释义提示词“形容”主要包括两种情况：一是删去误用的，以保证释义准确；二是删去可有可无、对释义准确度无影响的，以保证释义简洁。第二种为大多数，尤其是当词语本身描绘性特别强，且该词是形容词性、释义中含有“……的样子”时，再用提示词“形容”释义就显得赘余、重复。例如：

【血糊糊】（～的）形 状态词。形容流出的鲜血附着皮肉或物体的

① 苏新春：《汉语释义元语言研究》，上海：上海教育出版社，2005 年，第 149 页。

样子：～的伤口｜地上～的一片。（第5版）

【血糊糊】（～的）形状态词。流出的鲜血附着在皮肉或物体上的样子：～的伤口｜地上～的一片。（第6版）

"血糊糊"是状态形容词，释义中"流出的鲜血附着皮肉或物体的样子"是对"血糊糊"直观可感的描绘，"……的样子"是"形容"类释义提示词的一种形式，词语的形容色彩及描绘意味比较强，再同时使用"形容"显得有些多余。

此类修改共有54个词目，包括：

暴戾恣睢｜不修边幅｜斗胆｜低调❷｜风和日丽｜浩瀚❶｜浩浩❶｜浩渺｜红火｜回天｜浑噩｜混沌❷｜尖厉｜截然｜精明强干｜懒散｜郎当²❸｜老大难｜连锁｜凌厉｜袅娜❶｜袅娜❷｜蹁｜凄清❶｜亲切❷｜融融❶｜傻气❷｜生拉硬扯❶｜时髦｜瘦溜｜瘦小｜死得其所｜肃然｜堂皇❶｜堂堂❶｜堂堂❷｜堂堂❸｜桃色❷｜铁杆❷｜颓萎❷｜拖沓｜恓惶❶｜稀里哗啦❷｜鲜灵｜血糊糊｜血淋淋❶｜心慌意乱｜轩昂❶｜煊赫｜烜赫｜焰口｜庸碌｜雍容｜鱼水情

三、改换"形容"类释义提示词

《现汉》第6版对"形容"类释义提示词的修改主要集中于"形容"改为"比喻"和"指"类两种情况。

（一）"形容"改为"比喻"

【死水】名不流动的池水、湖水等，常用来形容长时期没什么变化的地方：那里并不是一潭～。（第5版）①

---

① 2009年印刷第5版时对2005年出版的第5版进行了修改，已将"形容"改为"比喻"。

【死水】名 不流动的池水、湖水等，常用来比喻长时期没什么变化的地方：那些不搞改革的地方，至今仍是一潭～。（第 6 版）

"死水"的类语素是"水"，"死"用来修饰、限定水，突出水不流动的特点，"死水"并不直接描绘"长时期没什么变化的地方"。不流动的水和长时期不变化的地方之间存在相似点，即不流动、不变化，词语深层义是"死水"的比喻义。长期不变化的地方就像死水一样，可还原，满足提示词"比喻"的使用条件，将"形容"改为"比喻"是比较合适的。

此类修改共有 9 个词目，包括：

白手起家｜颠倒黑白｜骨头架子 ❷｜急风暴雨｜绵里藏针 ❶｜舍近求远｜死水｜随风倒｜英雄无用武之地

（二）"形容"改为"指"类

这一类主要包括"形容"改为"指"和"借指"两种情况。

1."形容"改为"指"

【舍本逐末】舍弃事物的根本的、主要的部分，而去追求细枝末节，形容轻重倒置。（第 5 版）

【舍本逐末】舍弃事物的根本的、主要的部分，而去追求细枝末节，指轻重倒置。（第 6 版）

"舍本逐末"的释义先直陈其字面义，后解释深层义，深层义"轻重倒置"是由字面义直接引申而来，使用表示一般引申义的提示词"指"即可。并且，"舍本逐末"并不体现描绘性，将"形容"改为"指"比较合适。

此类修改共有 19 个词目, 包括:

鞍马劳顿|拔刀相助|别树一帜|不知进退|不知死活|大观|多事之秋|耳朵软|加人一等|空口说白话|老于世故|舍本逐末|失之交臂|十三点❶|食言而肥|手快|手慢|手软|心黑❷

2.“形容”改为“借指”

【蓬门荜户】用草、树枝等做成的门户, 形容穷苦人家所住的简陋的房屋。(第 5 版)

【蓬门荜户】用草、树枝等做成的门户, 借指穷苦人家的简陋房屋。(第 6 版)

用草和树枝等做成的门户, 体现出简陋的特点,“蓬门荜户”是穷苦人家居住的简陋房屋的外在特征, 和“柴门”同属一类借代, 改用“借指”来标示借代义是比较合理的。

此类修改共有 3 个词目, 包括:

蓬户瓮牖|蓬门荜户|小儿科❸

同一类型词语的释义应统一, 释义提示词的使用应一致。以形容词“……然”词语的释义为例,《现汉》第 6 版主要使用三类提示词, 分别为“形容……”“……的样子”“形容……的样子”。“然”字体现出了描绘色彩, 意为“……的样子”, 当词性为形容词且释义中含有“……的样子”时, 释文中一般不需要再用提示词“形容”, 以免造成冗余。本书对《现汉》第 6 版“……然”类形容词的释义进行了全面统计, 如下表所示。

表 3.5 《现汉》第 6 版 "……然" 类形容词释义情况统计表

类型	词语（个）	义项（个）	义项
形容……	37	46	粲然 ❶❷｜淡然｜荡然｜浩然 ❶❷｜赫然 ❶❷｜轰然｜哄然｜哗然｜涣然｜焕然｜恍然｜浑然 ❶｜霍然 ❷｜豁然｜戛然｜孑然｜迥然｜铿然｜泠然｜飘飘然 ❷｜凄然｜悄然 ❷｜愀然｜飒然｜森然 ❶❷｜嗒然｜泰然｜坦然｜蔚然｜翕然 ❶❷｜萧然 ❶❷｜哑然¹ ❶❷｜哑然²｜俨然 ❶❷｜杳然｜怡然｜油然 ❶❷
……的样子	40	44	蔼然｜岸然｜黯然 ❶❷｜昂然｜傲然｜勃然 ❶❷｜粲然 ❸｜恻然｜诧然｜怆然｜斐然 ❶｜怫然｜骇然｜酣然｜悍然｜恝然｜岿然｜喟然｜冷然｜栗然｜凛然｜茫然 ❶❷｜靡然｜漠然｜默然｜清然｜爽然｜悚然｜肃然｜索然｜偶然 ❶❷｜恬然｜惘然｜欣然｜悻然｜泫然｜嫣然｜屹然｜悠然｜昭然
形容……的样子	22	25	盎然｜灿然｜废然｜奋然｜愤然｜寂然｜井然｜木然｜赧然｜翩然｜飘然 ❶❷❸｜歉然｜悄然 ❶｜阒然｜陶然｜颓然｜巍然｜怃然｜翛然｜怏然 ❶❷｜跃然｜崭然

《现汉》第 6 版中共有 99 个形容词的 115 个义项使用了以上三种模式，其中 "悄然" 的两个义项使用了不同的提示词。三者功能稍有差别，"……的样子" 主要用于人，用来描绘人物某一种情绪或状态，富有直观的画面感。"形容……" 主要用于对声音的描绘摹拟，用来形容事物，适用对象较多，词目本身揭示了要突出的特征；"形容……的样子" 也多用于人，删去 "形容" 后对词语的意义和表达效果没有实质的影响。建议统一为 "形容……" 和 "……的样子"。

第三节　"指"类释义提示词

"指"类释义提示词在《现汉》中主要以"指""借指""泛指""特指"等形式出现。第 6 版对"指"类提示词进行了大规模修订，不仅涉及的词目数量多，且修订类型较为复杂，尤其是"指"类提示词内部的修改。"指"类提示词内部形式多样、变体众多，功能上既有联系又有区别。"指"类释义提示词的整体功能是反映词义与指称对象的对应关系，可以简单理解为"被释词是什么"，常用来解释词语的一般引申义，还可以指称概念义。用"指"来提示的词语一般都存在范围特征，表示意义范围或使用范围，主要辅助名词及动词释义。"专指、特指、泛指、单指、偏指"表示词义或指称对象范围的扩大或缩小，释义时主要位于释义内容后部或多个义项的后一个义项，对词义起限制作用。在"指"的前面加上表示时间、地域、领域等限定词，形成"旧时指、现指""在我国指、西方指""医学上指、佛教指、经济上指、语言学上指"等变体，它们限定了词语的使用范围，表示该词只有在某一特定时间、环境中才能使用，或在某一学科中的含义。

"指"类释义提示词修订共涉及 494 个词目，具体修订情况见下表。

表 3.6　《现汉》第 6 版"指"类释义提示词修订情况统计表

修订类型	修订情况	修订数量（个）	合计（个）	修订比例（%）	
增加	增加"指"	123		24.9	
	增加"借指"	5		1	
	增加"泛指"	11	150	2.2	30.3
	增加"特指"	11		2.2	

修订 类型	修订情况			修订 数量 （个）	合计 （个）	修订比例（%）	
删去	删去"指"类			171	171	34.6	34.6
改换	"指"改为"比喻"			9	41	1.8	8.3
	"指"改为"形容"			19		3.9	
	"指"改为"称"类			12		2.4	
	"指"改为"表示"			1		0.2	
	"指"类内部修改	修改"指"	改为"借指"	16	35	7.1	26.8
			改为"泛指"	11			
			改为"旧时指"	4			
			改为"特指"	4			
		修改"借指"	改为"指"	1	8	1.6	
			改为"泛指"	7			
		修改"泛指"	改为"指"	8	25	5.1	
			改为"借指"	16			
			改为"特指"	1			
		修改"特指"	改为"指"	1	7	1.4	
			改为"专指"	6			
		修改"专指"	改为"（多）指"	2	3	0.6	
			改为"特指"	1			
		"旧指"改为"旧时指"		54	54	11	

一、增加"指"类释义提示词

增加"指"类释义提示词的包括"指""借指""泛指""特指"四种情况。

（一）增加"指"

增加"指"包括增加常体"指"，以及表示使用范围的"后指、现指、原指、旧时指、……上指"和"多指"等情况。后者，表示使用范围、使用领域的，多为"几何学上指""逻辑学上指"等。例如：

【分爨】〈书〉动分家过日子：兄弟～。（第 5 版）
【分爨】〈书〉动分开来做饭，指分家过日子：兄弟～。（第 6 版）

第 6 版先释字面义，再用"指"引出实际使用义，比较合适。

【跌水】名❷水利工程中使水流突然下降的台阶。（第 5 版）
【跌水】名❷水利工程中指使水流突然下降的台阶。（第 6 版）

第 5 版的"跌水❷"未加"指"时，释义显得有些突兀，加上后释义更加自然，指在某个领域、范围中表示什么意义。加上"指"后释义"整体感加强了，针对性也更突出了，显示出这里的整体释义才是与该词相对称的"[①]。

此类修改共有 123 个词目，包括：

暗示❷|彼岸❷|笔记本电脑|病号|不平则鸣|不置可否|布艺|才略|财东❶|彩信|参禅|残废❷|草虫❷|吵吵|车马费|车

---

① 苏新春：《汉语释义元语言研究》，上海：上海教育出版社，2005 年，第 145 页。

模❷|扯❸|成仁|城隍❶|出门子|垂❷|词典|辞典|醋劲儿|搭售|大理石|大叔|大爷❷|跌水❷|东西❷|厄尔尼诺现象|法术|犯罪嫌疑人|分赃|风扇❷|封口❶|疯人院|扶正|赶点❷|鬏头|骨❸|和声|宏观世界|后步|后身❹|互补❶|互余|回避❷|坚壁|监制❸|捡洋落儿|净桶旧❹|苦力❶|拉皮条|冷场❷|冷场❸|料器|猫❷|眉目❷|迷幻药|冥钞|冥衣|南北❷|内涵❶|泡蘑菇|平手|平头百姓|奇才❷|气质❷|翘辫子|青史|轻重❸|去任|全家福❶|全家福❷|热门|熔岩|茹毛饮血|扫地出门|色鬼|山旮旯儿|山门❶|上镜❶|上镜❷|上下¹❷|舌战|声波|是非窝|释子|水荒|特长生|特技❶|天才❷|挑肥拣瘦|通风❸|透风❸|透气❸|微观经济学|文笔|文痞|无所事事|显圣|项背|斜眼❸|盐枭|洋嗓子|洋油|邀功|窑子|硬磁盘|硬任务|硬指标|幽魂|幼年|语法❷|越轨|孕穗|纸钱|置之度外|竹编|烛花|主脑❶

同一类型的词目，提示词的使用应该一致。我们认为，有些词目还有修改的余地。例如：

【硬指标】名 有明确而严格的要求，不能通融、改变的指标：每月生产两千辆汽车，这是必须完成的～。（第 5 版）

【硬指标】名 指在时间、数量、质量等方面有明确而严格的要求，不能通融、改变的指标（对"软指标"而言）：每月生产两千辆汽车，这是必须完成的～。（第 6、7 版）

【软指标】名 在时间、数量、质量等方面没有明确而严格的要求，有通融、改变余地的指标：有人错误地认为环保是～，达不达标不要紧。（第 6、7 版）

第 5 版收录了"硬指标"，未收录"软指标"，"软指标"从第 6

版开始收录。第 6 版"硬指标"在第 5 版的基础上，细化了释义，并增加了提示词"指"，同时以括注的方式标注了"对'软指标'而言"。第 6 版开始收录"软指标"后，其释义基本与"硬指标"对应，释义模式、语义特征的选择一致，只是未加提示词"指"，第 7 版沿袭了第 6 版的处理，建议修订时为"软指标"加上提示词。再如：

【幼年】名三岁左右到十岁左右的时期。（第 5 版）

【幼年】名指人三岁左右到十岁左右的时期。（第 6 版）

【青年】名❶ 指人十五六岁到三十岁左右的阶段：～人｜～时代。❷ 指上述年龄的人：新～｜好～。（第 5 版）

【青年】名❶ 人十五六岁到三十岁左右的阶段：～人｜～时代。❷ 指上述年龄的人：新～｜好～。（第 6 版）

【中年】名四五十岁的年纪：～男子｜人到～。（第 5、6 版）

【老年】名六七十岁以上的年纪。（第 5、6 版）

从第 5 版到第 6 版，"幼年"增加了"指"，"青年❶"去掉了"指"，"中年"和"老年"没有变化。同时，在类义征上分别使用了"时期""阶段""年纪"，建议进行统一。

（二）增加"借指"

【黄牌】（～儿）名❷ 对有违法、违章行为的个人或单位进行警告叫亮黄牌：管理部门向存在安全隐患的单位亮～。（第 5 版）

【黄牌】（～儿）名❷ 借指对有违法、违章行为的个人或单位给予的警告：管理部门向存在安全隐患的单位亮～。（第 6 版）

第 5 版以对"亮黄牌"整体阐释的方式解释词目"黄牌儿"，释文具有动词性，与"黄牌儿"的词性不一致。"黄牌儿"具有警告的意义，独立性强，改为名词性释文比较合适。

此类修改共有 5 个词目，包括：

半吊子❶｜黄牌儿❷｜酒钱｜乾坤｜退路❷

1. 增加"泛指"

【升值】动❷ 价值提高：股票～｜知识～。（第 5 版）
【升值】动❸ 泛指价值提高：股票～｜知识～。（第 6 版）

"升值"原本是经济学术语，指提高本国货币的含金量或对外币的比价，专用于货币。后来"升值"的使用范围扩大，泛指事物价值提高，如股票、知识等。第 6 版在保持原词义不变的前提下增加了提示词"泛指"，同时还新增了一个义项。

此类修改共有 11 个词目，包括：

把角儿｜不平则鸣｜疢｜扶正祛邪❶｜脉理❶｜攀龙附凤｜杀身成仁｜升值❷｜失时｜万年｜舟楫

2. 增加"特指"

有些词语的释文包括前后两部分，两部分都表指称，但指称范围却存在明显差异，前面的表示通常的总的意义，后面的意义包含在前面之中，却是词义表达的侧重点、突出点，在实际生活中也比较常用，这时用"特指"提示释义。

【骨灰】名 人焚化后骨骼烧成的灰。（第 5 版）
【骨灰】名 动物骨头烧成的灰。特指人的尸体焚化后骨骼烧成的

灰。(第6版)

"骨灰"即骨头烧成的灰,词义指称对象比较宽泛,既可以指人的骨灰也可以指其他动物的,相比而言后者用法较少。同时,焚烧的对象是人的尸体而不是人,第5版释义有欠完整、准确。第6版对词义进行了补充和限定,我们通常所说的"骨灰"指的就是人的尸体焚化后烧成的灰,对象是特定的,增加"特指"后释义更精确。

此类修改共有11个词目,包括:

妣|衬衣|除尘|顶职|复位❶|骨灰|观察员|结集²|考²❶|事变❶|外层

二、删去"指"类释义提示词

释义提示词在解释词语的深层义或在结构上起连接作用,当释义完整、准确时不需要使用提示词。第6版删去"指"类释义提示词主要是删去释文中的"指",个别词目如"海量❸、滑冰❷、擒拿❷"删去"泛指","登山❷"删去"特指"。

【兵临城下】指大军压境,城被围困。形容形势危急。(第5版)
【兵临城下】大军压境,城被围困。形容形势危急。(第6版)

"兵临城下"是成语,具有双重表意的特征。该成语的释文分为两部分,"大军压境,城被围困"是对"兵临城下"字面义的解释,被释词与释文对应,不需要使用释义提示词。

此类修改共有171个词目,包括:

安澜❶|安全套|案犯|案值|半边|卑贱❶|兵临城下|兵役|票报|票告|材❹|财产保险|财气|财团|残羹剩饭|草鸡❶|超一流|成命|辞工|达成|打搅❷|打扰❷|大雨❶|大智若愚|淡而无味|导播❷|登山❷|低微❸|冬小麦|督办❷|督察❷|耳鬓厮磨|返场|肥肠|复诊|富贵|功勋|广角镜❶|国门|海量❸|寒星|和田玉|喉舌|后坐力|互联网|花把势|花呢|滑冰❷|画知|缓不济急|加工❷|进餐|巨星❶|科盲|劳务费|老眼昏花|冷眼旁观|炼丹|良家|林网|灵性❶|灵性❷|流失生|流势|路段|伦理|论敌|论战|论资排辈|罗圈儿揖|猛鸷|民权|脑髓|能说会道|女眷|女郎|皮脂|票号|贫油|普通教育|奇观|歧化|气派❶|气质❶|契机|契税|签证❶|潜台词❶|潜泳|纤夫|勤政|擒拿❷|青年❶|清洁生产|情况❷|穷极无聊|全方位|全科医生|全文|劝进|热点|人地生疏|人际|人微言轻|冗笔|冗员|入网|软骨病❶|软磨硬泡|沙弥|沙弥尼|伤风败俗|商贩|畲|胜利果实|时政|世仇|手头❶|守节|要流氓|双重国籍|双重人格|双向|水墨画|私欲|诉愿|素质❶|台本|贪得无厌|贪赃|套装|特产|天波|天性|挑脚|挑食|调皮❸|退伍|顽疾|顽症|晚年|晚熟|网点|望日|危机❶|微观❷|伪科学|尾号|尾数❸|文摘❷|无意识|悟性|惜福|侠义|狎妓|闲杂|现洋|小雪❶|小雨❶|学潮|学者|营区|泳装|原料|赃车|早熟❷|洲际|专差❶|专差❷|走形式|最终产品

三、改换"指"类释义提示词

主要包括将"指"改为"比喻""形容""称"类，以及"指"类内部的修改。

（一）"指"改为"比喻"

【活地图】名 指对某地区地理情况很熟悉的人。（第 5 版）

【活地图】名 比喻对某地区地理情况很熟悉的人。（第 6 版）

地图是用来表明地理位置及有关该位置其他情况的物品，是静态无生命的事物，作为一种工具，"活地图"不能与"对某地区地理情况很熟悉的人"直接对应，"地图"与"人"不在同一个范畴内。"活地图"是超常组合，已形成固定的比喻义，对某地区地理情况熟悉的人就像地图一样，比喻某类人具备了地图的功能，把"指"改为"比喻"比较合适。

此类修改共有 9 个词目，包括：

吃老本｜活地图｜寄生❷｜蚂蚁啃骨头｜纽带｜人梯❷｜扫射❷｜先天不足｜再生父母

（二）"指"改为"形容"

【揭不开锅】指断炊。（第 5 版）
【揭不开锅】形容穷得连饭都吃不上。（第 6 版）

"揭不开锅"表示动作行为及其结果，是对人生活穷苦程度的形象描绘，整体的形容性较浓，从字面义到深层义需要使用提示词。第 5 版释义为"断炊"，用"指"来引导。第 6 版对释文进行了较大改动，第 5 版释文"断炊"文言和书面色彩浓厚，比被释词"揭不开锅"意义还晦涩，不符合辞书释义"以简释难"的原则，而且没有抓住词义核心，第 6 版的处理比较合适。

此类修改共有 19 个词目，包括：

躲躲闪闪｜夫唱妇随｜赶尽杀绝｜呼之欲出｜揭不开锅｜来回来

去|浪子回头金不换|漫无边际❷|没轻没重|甚嚣尘上|十年九不遇|天荒地老|听而不闻|惜墨如金|一尘不染❷|颐指气使|直来直去❷|咫尺天涯|钻心

有的词目修改不彻底，例如：

【夫唱妇随】比喻夫妻互相配合，行动一致。也指夫妻和睦。也作夫倡妇随。（第5版）

【夫唱妇随】比喻夫妻互相配合，行动一致。也形容夫妻和睦。也作夫倡妇随。（第6版）

"夫唱妇随"原指丈夫说什么，妻子都顺从着。后用来形容夫妻行动一致，互相配合。现在多形容夫妻和睦。第6版将第5版中的"指"改为"形容"是比较合适的，但是不彻底。由原来的意义到行动一致，再到夫妻感情和睦，意义之间存在梯度和层次性。原义与"行动一致"义之间不存在相似性，使用"比喻"不合适。建议将原义加上，而且"互相配合"和"行动一致"似应调换一下前后顺序，可体现出内在的层次性。建议释义修订为"丈夫说什么，妻子都顺从。后用来形容夫妻行动一致，互相配合。现在多形容夫妻和睦。也作夫倡妇随"。

（三）"指"改为"称"类

【瞌睡虫】名❶旧小说中指能使人打瞌睡的虫子。❷指爱打瞌睡的人（含讥讽意）。（第5版）

【瞌睡虫】名❶旧小说中指能使人打瞌睡的虫子。❷称爱打瞌睡的人（含讥讽意）。（第6版）

第一个义项均是对用"瞌睡虫"指称人的理据解释，是背景知识的补充。"指"和"称"都能用来指称名词和名词性单位，功能上有交叉，释义时容易混淆，但用"指"提示的词语，其字面义和所表达的意义指称对象大都具有一致性，只是这一对象具有某些隐性特点，需要引导出来。"虫"与"人"两者不具有直接对应性，用"称"表明了词义的内涵。同一类型的"害人虫、可怜虫、书虫、应声虫"等在构词上均为"……虫"，但实际指称对象是人，表达某种特定情感态度的，第 6 版也都把第 5 版中不同的释义提示词统一改为了"称"，符合辞书释义的系统性原则。

此类修改共有 12 个词目，包括：

宝贝疙瘩 | 产权 | 刍议 | 皇天后土 | 火夫 ❶ | 驾校 | 匠人 | 瞌睡虫 ❷ | 傻帽儿 ❷ | 洋奴 | 一得之愚 | 玉 ❸

（四）"指"类内部修改
1. 修改"指"
（1）"指"改为"借指"

【白马王子】指少女倾慕的理想的青年男子。（第 5 版）
【白马王子】德国童话《灰姑娘》中骑着白马的英俊王子，借指少女倾慕的理想的青年男子。（第 6 版）

第 6 版对"白马王子"的来源和人物形象进行了补充说明，"白马王子"是童话中骑着白马的英俊王子，是少女心中理想青年男子的一个典型及代表。"白马王子"用典型代一般，改"指"为"借指"可以表明词义形成的途径，更合适。

此类修改共有 16 个词目，包括：

白马王子｜娥眉❶｜高门｜红领巾❷｜后宫❷｜黄泉｜九泉｜洛阳纸贵｜清规戒律❷｜人马❶｜人烟｜山门❷｜神圣同盟｜说项｜围魏救赵｜玉兔

其中，"娥眉"的修订，我们认为可以商榷。

【娥眉】名❶指美人细长而弯的眉毛：皓齿～（形容女子美貌）。❷指美人。‖也作蛾眉。（第 5 版）

【蛾眉】同"娥眉"。（第 5 版）

【蛾眉】名❶蚕蛾的须细而弯，借指美人细而弯的眉毛：皓齿～（形容女子美貌）。❷指美人。‖也作娥眉。（第 6 版）

【娥眉】同"蛾眉"。（第 6 版）

"娥眉"与"蛾眉"是同义异形词，《现汉》第 6 版将第 5 版的主副条进行了对换，并补充了词义形成的理据。用"蛾眉"来指称美丽的女子，属于借代，义项❷的提示词使用"指"和"借指"均无不可，借代义建议最好使用"借指"。美人称作"娥"，"娥眉"即美人的眉毛。蚕蛾的须细而弯，与美人的眉毛在外形上存在着细而弯的相似性，蚕蛾的须和美人的眉毛之间不存在相关性，第 6 版使用专属于由相关性而形成借代义的提示词"借指"来释义不太合适。但是，虽然蚕蛾的须与美人的眉毛存在着相似性，将提示词"借指"直接改为"比喻"也不合适，被释词"蛾眉"的中心语为"眉"，释词"美人细而弯的眉毛"，中心语也是"眉毛"，两者同指，不能使用"比喻"，《汉语大词典》将"蛾眉"释为"蚕蛾触须细长而弯曲，因以比喻女子美丽的眉毛"是不合适的，词语如果是"蛾须"使用提示词"比喻"反倒可以。"蛾眉"的理据构成为"美人像蚕蛾触须一样细而弯的眉毛"，与一般词语不同，第 5 版提示词的笼统处理可能比第 6 版更为合适，或者可将第 6 版的释义修改为"美人像蚕蛾的须那样细而弯的眉毛"或"蚕蛾的须细而弯，用来指美人细而弯的眉毛"。

"指"和"借指"在《现汉》中都可以表示借指义，鉴于"指"的提示功能较为庞杂，可以将通过借代产生的意义，统一使用借指，这样既可以分化"指"的功能，也可以使"借指"的功能始终如一，体现在全部的同类型的借代义中，在促进辞书释义系统化的同时，也提示了词义形成的途径。例如：

【诸葛亮】名 三国时蜀汉政治家，字孔明，辅佐刘备建立蜀汉。《三国演义》对他的智谋多所渲染，一般用来称足智多谋的人。（第 6 版）

【铁将军】名 指锁门的锁（含诙谐意）：～把门。（第 6 版）

似可将上述词目的"称""指"改换为"借指"。

（2）"指"改为"泛指"

【间架】名 本指房屋的结构形式，借指汉字书写的笔画结构，也指文章的布局。（第 5 版）

【间架】名 本指房屋的结构形式，借指汉字书写的笔画结构，也泛指文章、方案等的结构、布局。（第 6 版）

"间架"原本是建筑用语，指"房屋的结构形式"，从房屋到汉字笔画结构指称对象发生转移，两版释义都用"借指"可能不妥，不在"借指"的功能范围内，似应使用"现指"或"现多指"，以与"本指"搭配使用。由汉字书写的笔画结构到文章、方案等的结构布局，词义和使用对象范围进一步扩大，后面的"指"改为"泛指"比较合适。

此类修改共有 11 个词目，包括：

笔札｜簸❷｜参谋❸｜红绿灯｜间架｜捡洋落儿｜人马❷｜酸甜苦辣｜文化人❷｜五洲｜战果

（3）"指"改为"旧时指"

【脚】❹指跟体力搬运有关的：～夫｜～行｜～力。（第5版）
【脚】❹旧时指跟体力搬运有关的：～夫｜～行｜～力。（第6版）

"脚夫""脚行""脚力"这些词语在我们现在的语言环境中已经不再使用，它们消亡的时间不是很久，只在描写现代早期社会生活时才使用，另如"报馆、茶房、洋火、洋行"等。第5版直接用"指"释义不精确，没有突出词语使用的时代性，第6版改为"旧时指"，释义更精当。

此类修改共有 4 个词目，包括：

报人｜脚❹｜仆人｜正房❷

（4）"指"改为"特指"

【江】❶名大河：长～｜珠～｜黑龙～。❷指长江：～汉｜～淮｜～南｜～左。（第5版）
【江】❶名大河：～流｜～畔｜长～｜珠～｜黑龙～。❷特指长江：～汉｜～淮｜～南｜～左。（第6版）

"江"本专指长江，后来意义扩大泛指所有江水。现在的常用义为

"大河"，根据使用频率，列为第一个义项。"江"只在某些构词中以语素的身份指长江，列为第二个义项。第6版将第二个义项的"指"改为"特指"，修改后与同类词目"河"的释义提示词保持了一致。我们建议"江""河"专指"长江""黄河"这样的指称对象具有唯一性、排他性的词目，使用"专指"，而不是"特指"，两者的区别下文详述。

此类修改共有4个词目，包括：

案头工作｜东风❶｜花草｜江❷

2. 修改"借指"

（1）"借指"改为"指"

【按兵不动】使军队暂不行动，等待时机。现也借指接受任务后不肯行动。（第5版）

【按兵不动】使军队暂不行动，等待时机。现也指接受任务后不肯行动。（第6版）

两版都对成语"按兵不动"的字面义和现在也用来表示的意义进行了解释，区别在于第6版改"借指"为"指"。第5版使用"借指"应该是想表达现在也"借这个词来指"某义，与"借指"的专用功能不同，不符合"借指"的使用原则，但是改用"指"也不太合适，似应改为"泛指"。"按兵不动"原为军事用语，后来使用场合和范围进一步扩大，不限于军事领域，词义外延扩大，核心义"不动"没有变化，应该使用"泛指"。"借指"改为"指"只有"按兵不动"这一个。

（2）"借指"改为"泛指"

【福将】名指运气好、每战总能获胜的将领。借指做事处处如意

的人。(第 5 版)

【福将】名 指运气好、每战总能获胜的将领，泛指做事处处如意的人。(第 6 版)

"福将"是名词，"福"是对"将"的限定修饰，指"运气好、每战总能获胜的将领"，所指对象是军队作战的将领，引申义"做事处处如意的人"不是词语的借代义，二者之间没有关联，引申后词义的指称和适用对象不限于将领，范围扩大，核心义"运气好"没有改变，改用"泛指"比较合适。

此类修改共有 7 个词目，包括：

福将｜开戒｜膨胀 ❷｜怯阵｜弱肉强食｜脱节｜遗产 ❷

3. 修改"泛指"

(1)"泛指"改为"指"

【进退】动 ❷ 应进而进，应退而退，泛指言语行动恰如其分：不知～｜～有度。(第 5 版)

【进退】动 ❷ 应进而进，应退而退，指言语行动的分寸：不知～｜～有度(言行恰如其分)。(第 6 版)

"应进而进，应退而退"和"言语行动的分寸"之间不存在范围扩大的关系，第 6 版将"泛指"改为"指"比较合适。

此类修改共有 8 个词目，包括：

参谋 ❷｜底气 ❷｜进退 ❷｜箐｜退役 ❷｜颉颃 ❷｜筵｜坐而论道

（2）"泛指"改为"借指"

【枪杆】名 枪身，泛指武器或武装力量。也说枪杆子。（第 5 版）
【枪杆子】名 枪身，借指武器或武装力量。也说枪杆。（第 6 版）

枪杆子和武器、武装力量间存在关联，使用表示范围扩大、外延增广的"泛指"不能表明这种关联，用"枪杆子"指代"武器或武装力量"属于以具体代抽象的借代，词语的借代义使用"借指"比较合适。

此类修改共有 16 个词目，包括：

版籍 ❷ | 版图 | 版筑 | 长安 | 城郭 | 第五纵队 | 儿皇帝 | 黄龙 | 空城计 | 眉目 ❶ | 眉眼 | 眉宇 | 枪杆 | 阙 ❶ | 筵席 | 珠翠

4. "特指"改为"专指"

【米饭】名 用大米或小米做成的饭。特指用大米做成的饭。（第 5 版）

【米饭】名 用大米或小米做成的饭。专指用大米做成的饭。（第 6 版）

从《现汉》目前的主要使用情况来看，"特指"和"专指"的功能交叉。"特指"使用 380 余处，"专指"使用 70 余处。建议两者分工使用，"特指"突出指称对象的特定性，针对性强但并不唯一，指称某一特定范围内的某种人或事物，起限定词义指称对象的作用。例如《现汉》第 6 版"病床"释为"病人的床铺，特指医院、疗养院里供住院病人用的床。""专指"表明指称对象的唯一性、排他性。例如

《现汉》第 6 版，"佛祖"释为"专指释迦牟尼"。

此类修改共有 6 个词目，包括：

白菜❷|秤|楚²❷|米饭|石灰|饮❶

5."专指"改为"（多）指"

【报应】动 佛教用语，原指种善因得善果，种恶因得恶果，后来专指种恶因得恶果。（第 5 版）

【报应】动 佛教用语，原指种善因得善果，种恶因得恶果，后来多指种恶因得恶果。（第 6 版）

佛教认为"报应"分为"好的报应"和"坏的报应"两种，在语言使用中，多数情况指"种恶因得恶果"，但仍存"种善因得善果"义，二者共存，只是在使用中偏重于前者。使用"多指"较为准确。

此类修改共有 2 个词目，包括：

报应|反间

6."旧指"改为"旧时指"

【烈女】名❶ 旧指刚正有节操的女子。❷ 旧指拼死保全贞节的女子。（第 5 版）

【烈女】名❶ 旧时指刚正有节操的女子。❷ 旧时指拼死保全贞节的女子。（第 6 版）

第 5 版中"旧指"和"旧时指"两种形式共存，第 6 版对"旧指"词语进行了基本全面的修订,统一修改为"旧时指"。

此类修改共有 54 个词目,包括:

草寇 | 草莽 **②** | 草头王 | 草泽 **②** | 出差 **②** | 大儒 | 当差 **②** | 嫡出 | 嫡子 | 剑客 | 阶级 **②** | 金枝玉叶 | 九族 | 课 **①⑤** | 课 **②①** | 口谕 | 侩 | 烈女 **①** | 烈女 **②** | 马前卒 | 妾 **①** | 派司 **①** | 清客 | 清水衙门 | 穷忙 **①** | 曲高和寡 | 散座 **①** | 散座 **②** | 仕 **①** | 事主 **②** | 庶出 | 说部 | 俗曲 | 随喜 **②** | 堂上 **③** | 偷情 | 外传 | 王八 **③** | 违碍 | 西学 | 戏园子 | 细作 | 下车伊始 | 县治 | 饷银 | 洋布 | 印记 **③** | 圆房 | 正出 | 支差 | 知 **⑤** | 织女 **①** | 忠义 **②** | 租 **④**

需要指出的是,据不完全统计,在第 6 版中仍然使用"旧指"的有 10 余处,其中 1 处为"八行书",13 处均为"气象学上旧指 × 级风。参看 388 页【风级】",其中"×"从 0 级到 12 级,分别为"无风""软风""轻风""微风""和风""清劲风""强风""疾风""大风""烈风""狂风""暴风""飓风"13 个词目。"八行书"的释义为"旧指书信,因旧时信纸大多用红线直分为八行而得名。简称八行"。很显然,这里的"旧指"要表达的也是"旧时指",应改为"旧时指"。风级是根据风对地面或海面物体影响程度而定出的风力大小级别,影响较大的是英国人蒲福(Francis Beaufort)在 1805 年拟定的,被称为"蒲福风级"。传入我国后,气象学在我国传统命名的基础上,分别将不同等级的风命名为"无风"至"飓风"等。因此,指称风力等级的 13 个词目的"旧指"也应改为"旧时指",保持释义提示词使用的一致性。

此外,第 6 版释文中表时间的词语加"指"的运用似可统一。同是表当前,《现汉》有"现指、今指、现在指"几种形式,与之对应的有"原指、原来指",提示功能差别不大的使用形式应该统一,似可统一为"现指"和"原指"。"时"和"代"在第 5 版和第 6 版中多次出现,如"古时""古代","时""代"二者功能无别,只是陪义不同,"时"带有文言色彩,可统一。为确保与时间相关的释义提示词的正确使用,《现汉》后续修订工作中可对各时间段进行划定并在凡例中附加说明。《现汉》释义提示词中有很多表示时间限制类成分,如"古、旧、现",对各时代的分期进行说明以明确词语的使用时间范围,这项工作有一定的难度。

表示在某一领域中使用时的意义时,使用"……用语",基本上均为"佛教用语",极少数为"公文用语""书信用语"等。在"佛教用语"中,大多数使用形式为"佛教用语,指……",极少数使用"佛教用语,意思是……"(例如"三昧")、"佛教用语,称……"(例如"入寂"),可以统一为"佛教用语,指……"。

表示在某一学科上的含义,统一使用"……上指",例如"医学上指、心理学上指、语言学上指、哲学上指、统计学上指、军事上指、经济学上指"等,基本没有使用"医学指、心理学指、语言学指"等形式,仅有 7 处使用了"……学指",其中"逻辑学指"有 5 处(包括"悖论、论据、论证、命题[2]、推理"),"自然科学指"有 1 处("活体"),"我国古代哲学指"有 1 处("阴阳"),而"内涵""外延""循环论证"使用的是"逻辑学上指"。这 7 处都可以统一修改为"……上指"。《现汉》还根据该词语的通用度,使用的学科上下级别也有所不同,例如既有"医学上指",也有"外科手术上指""中医指";既有"语言学上指",也有"语音学上指""语法学上指",比较合适。

《现汉》虽然已经比较完善了,但是学界期望比较高,仍有一些地方可以在修订时统一。以商业类词语为例,"酬宾"为"商业上指","底码❶"为"商业中指","客流❷"为"商业部门指","两讫"为"商业用语","罗[2]"为"用于商业"等等,这些可以进行统一。

对于有些字词（多为罕见的古字词，或常用字词的罕见义），《现汉》常引用古书上的说法，主要有"古书上指"和"古书上说的"两种方式。第 6 版中"古书上指"有 100 余处，"古书上说的"有 40 余处，两者功能相同，可以统一为"古书上指"。

第四节 "称"类释义提示词

"称"类释义提示词在《现汉》中主要以"称""简称""俗称""尊称""通称"等形式出现。"称"类和"指"类释义提示词在释义功能方面有重合之处，二者都表示指称。区别在于"指"的运用更加广泛、灵活，可以对名词、动词多种词类进行释义，"称"则主要局限于名词及名词性单位，指称事物和对象（偶用于其他词类）。"称"类的释义功能主要有表示概念、表示关系、表示范围和表示附属色彩四种。揭示概念内涵及关涉对象的主要有"称""称呼""称为""称作"，表示关系的主要有表示同实异名的"简称""旧称""别称""又称""也称""通称""俗称"，表示上下位关系的"统称"，表示总分关系的"总称""合称"，表示范围的"泛称""特称""专称"，表示附属色彩的"尊称""蔑称""戏称""讥称""谦称""爱称""憎称"等。

"称"类释义提示词修订共涉及 114 个词目，具体修订情况见下表。

表 3.7 《现汉》第 6 版 "称" 类释义提示词修订情况统计表

修订类型	修订情况		修订数量（个）		修订比例（%）	
增加	增加 "称" 类		8	33	7	28.9
	增加 "简称" 类		9		7.9	
	增加 "旧称" 类		5		4.4	
	增加 "俗称" 类		3		2.6	
	增加 "尊称" 类		5		4.4	
	增加 "通称" 类		3		2.6	
删去	删去 "称、称为" 等		10	26	8.8	22.9
	删去 "简称" 类		5		4.4	
	删去 "通称" 类		5		4.4	
	删去 "俗称" 类		5		4.4	
	删去 "合称"		1		0.9	
改换	"称" 类改为 "指" 类		12		10.5	48.2
	"称" 类改为 "也叫"		3		2.6	
	"称" 类内部修改	"称" 改为 "用于称" 等	9	26	22.8	
		"全称" 改为 "简称"	1			
		"合称" 改为 "总称"	1			
		"尊称" 改为 "用于称"	1			
		"旧称" 改为 "旧时称"	12			
		修改 "亦称" 等	2			
		名词性用法改为动词性用法	10		12.3	
		动词性用法改为名词性用法	4			

一、增加"称"类释义提示词

（一）增加"称"类

【二五眼】〈方〉❶ 形 （人）能力差；（物品）质量差。❷ 名 能力差的人。（第 5 版）

【二五眼】〈方〉❶ 名 称能力差的人。❷ 形 （人）能力差；（物品）质量差。（第 6 版）

"二五眼"在第 6 版中调整了义项的排列顺序，在名词义项上增加了提示词"称"，使用了"称"的最基本用法，修改较为合适。

此类修改共有 8 个词目，包括：

敝 ❷｜二五眼 ❷｜芳 ❹｜钓 ❸｜懒虫｜令³ ❷｜娃子² ｜族 ❹

（二）增加"简称"类

释义提示词"简称"指称因缩略而形成的简化的名称。一般在全称词目处释义，再用"简称……"引出简称词目；同时在简称词目处，用"……的简称"引出全称。例如："彩色电视"释义为"屏幕上显示彩色画面的电视。简称彩电。""彩电"为"彩色电视的简称"。第 6 版共收"简称"560 余个，全称与简称基本成对收入，关联起来了相关词条，体现了《现汉》在收词和释义方面的用心。

【硕导】 名 硕士研究生导师。（第 5 版）
【硕导】 名 硕士研究生导师的简称。（第 6 版）

第 6 版在原来的基础上加上了"简称"。需要指出的是，在《现汉》多个版本中，简称和全称并非完全一一对应，有的只收录了简称，有的只收录了全称，如"八行书"释义为"……。简称八行"，但是"八行"却没有出条。我们认为，辞书没有必要将简称和全称全部一一对应收录并释义，对于使用频率特别少、比较罕见的，可以不予收录。释义上，在全称处释义，释义结束后，再标注"简称某某"，在简称处仅标注"某某的简称"，通过标注使两者形成隐性的参照。两处都释义会造成辞书篇幅的浪费，尤其是两处释义有出入、有详略的时候，容易影响读者的理解。《现汉》基本上都是在全称处释义并标注，在简称处标注。例如，"边境贸易"释义为"相邻国家的贸易组织或边境居民在两国接壤地区进行的贸易活动。简称边贸"。"边贸"只标注为"边境贸易的简称"。也有个别的在简称处释义，例如"方家[1]"释义为"'大方之家'的简称，本义是深明大道的人，后多指精通某种学问、艺术的人：就教于～"。"大方之家"没有出条，仅以用例的方式出现在词条"大方"里。另外，还有在简称、全称都释义的，主要是在单字头的简称处简要释义，方便读者查询，同时也和全称处的释义互补。例如"法[3]"释义为"法拉的简称。一个电容器，充以1库电量时，电势升高1伏，电容就是1法"。"法拉"释义为"电容单位，符号F。这个单位名称是为纪念英国物理学家法拉第（Michael Faraday）而定的。简称法"。"伏[2]"和"伏特"也是如此。但是，"苷"只标注了"糖苷的简称"，"酐"只标注了"酸酐的简称"，在相应的全称处有释义，简称处没有。

此类修改共有9个词目，包括：

彩管｜彩显｜峰会｜光驱｜蜀❷｜硕导｜土改｜显卡｜幼教

（三）增加"旧称"类

【惊叹号】名 叹号。（第 5 版）①
【惊叹号】名 叹号的旧称。（第 6 版）

第 6 版增加了提示词"旧称"后，将"惊叹号"和"叹号"的区别显示了出来。一般来说，旧称表示现在已经不用或极少使用。加上后，将相关联的词目联系了起来，形成参见，分别标注为"旧称……"和"……的旧称"，增强了辞书的系统性。

此类修改共有 5 个词目，包括：

超音速｜国际日期变更线｜惊叹号｜判决书｜窑姐儿

（四）增加"俗称"类

"俗称"与"简称"类似，多成对出现。如"红眼病"释义为"病，因急性出血性结膜炎而眼白发红。俗称红眼"。相对应，"红眼"为"红眼病的俗称"。在正式名称处释义，后标注"俗称某某"，在俗称处标注为"某某的俗称"。第 6 版"俗称"有 120 余个。

【打官司】进行诉讼。（第 5 版）
【打官司】诉讼的俗称。（第 6 版）

用"诉讼"来解释"打官司"，释义看到了共同点忽略了差异，"诉讼"书面语色彩浓厚，是法律领域的术语，一般不以难释易。与

---

① 2009 年印刷第 5 版时对 2005 年出版的第 5 版进行了修改，已修改为"叹号的旧称"。

第 5 版相比，第 6 版释义指出了二者之间的差异，而且在"诉讼"词条释义后标注了"俗称打官司"。

与"简称"一样，建议正俗词条间，不在两处同时释义，既可以节省篇幅，也避免了两处释义给出的词义信息不一致，增加了释义元语言的数量。例如，"葵扇"释义为"用蒲葵叶制成的扇子。俗称芭蕉扇"。"芭蕉扇"释义为"葵扇的俗称。用蒲葵叶子做的扇子，形状像芭蕉叶"。似可修改。

此类修改共有 3 个词目，包括：

打官司 | 私生子 | 鲞鱼

（五）增加"尊称"类

"尊称"类在《现汉》中主要以"尊称……""对……的尊称"两种形式存在，第 6 版中"尊称"有 120 余个。

【师父】名❶ 师傅。❷ 对和尚、尼姑、道士的尊称。（第 5 版）
【师父】名❶ 对师傅①的尊称。❷ 对和尚、尼姑、道士的尊称。（第 6 版）

"师傅"是传授技艺的一类人，称呼的客观性突出一些，"师父"带有一定的主观敬重的色彩，加上"尊称"体现出了差异。需要指出的是，《现汉》中除了以上两种形式外，还有极个别词条使用了"……的尊称"，如"考²""考妣"，可以统一修改为"对……的尊称"。

此类修改共有 5 个词目，包括：

皇天后土 | 考² ❷ | 考妣 | 师父 ❶ | 真主

（六）增加"通称"类

"通称"主要使用在名词上，尤其是学名或专名与通俗的称呼之间。在学名或专名处释义结束后，标注上"通称某某"，在通俗称呼上直接标注"某某的通称"。成对出现，对应比较整齐。第6版"通称"有420余个。例如，"雨凇"释义为"雨落在0℃以下的地表或地面物体上，或过冷的水滴和物体（如电线、树枝、飞机翼面等）互相接触而形成的冰层。通称冰挂。""冰挂"为"雨凇的通称。"也有极少数几组动词和形容词使用了"通称"，以《现汉》第6版词性标注为标准，动词如"嗳气"和"打嗝儿"，"补气"和"益气"，"剖宫产"和"剖腹产"，形容词如"双生"和"孪生"等。

【犬牙】名❶尖牙。（第5版）
【犬牙】名❶尖牙的通称。（第6版）

第5版和第6版都收录了"尖牙"词目，两版释文都标注了"通称犬牙"。第5版在对"犬牙"释义时没有指出"尖牙"和"犬牙"的内在联系，第6版补充了提示词"通称"，使得表示俗名和专名的词语在辞书中对应起来。

此类修改共有3个词目，包括：

金丝雀 | 犬牙❶ | 汤药

二、删去"称"类释义提示词

主要包括删去"称、称为（作、呼）"、"简称"类、"通称"类、"俗称"类等。

（一）删去"称""称为（作、呼）"

【童星】名 称有名的未成年的演员、运动员。（第5版）
【童星】名 有名的未成年的演员、运动员。（第6版）

第6版对"童星、笑星"等都删去了提示词"称"，词目字面义与释义完全对应，不需要使用释义提示词。同时，参看两版对与"童星""笑星"有关的"歌星""影星"的释义，均没有使用提示词。

此类修改共有10个词目，包括：

步兵｜垂询｜防化兵｜功课❸｜拍卖❷｜炮兵｜三位一体｜通信兵｜童星｜笑星

（二）删去"简称"类

【长话】名 长途电话的简称。（第5版）
【长话】名 长途电话。（第6版）

第6版删去"简称"，有的是相对应的词目没有立目，有的是直接采用词语逐项对释词目中所含语素的方式释义，更为简洁。

此类修改共有5个词目，包括：

长话｜程序控制｜高干｜所有权｜展馆❷

（三）删去"通称"类

【大理石】名 大理岩的通称。（第5版）

【大理石】名 建筑业指用大理岩、石灰岩等加工而成的石材，多用于室内装饰。（第6版）

第5版用"通称"来连接"大理石"和"大理岩"2个词目，表明它们异名同实，只有语言表达上专名与俗名的区别，本质上并无不同。随着社会生活及对事物认识的变化，第6版阐释"大理石"的科学内涵，表明"大理岩"是制成"大理石"的一种材料，二者不是同一物质。同时，《现汉》对"大理岩"也进行了修订，删去了"通称大理石"，两版都解释了"大理岩"的科学内涵。同样的情况还包括"花岗石"和"花岗岩"这两条词目。第5版没有解释其内涵并将二者等同，第6版对此进行了修正。

此类修改共有5个词目，包括：

鼻翅 | 大理石 | 大理岩 | 花岗石 | 花岗岩

（四）删去"俗称"类

【观音】名 观世音的俗称。（第5版）
【观音】名 观世音。（第6版）

第6版删去"俗称"是符合语言事实的。"观音""观世音"同指，人们最先称为"观世音"，唐代避唐太宗李世民名讳才改称"观音"。第6版在"观世音"处释义，阐述了"观世音"与"观音"的区别，并注明"也叫观自在、观音大士"，在"观音、观自在、观音大士"均释义为"观世音"。

此类修改共有5个词目，包括：

泊位❷|车位|格鲁派|观世音|观音

三、改换"称"类释义提示词

具体包括将"称"类释义提示词改换为"指"类、"也叫",主要是"称"类内部的修改。

(一)"称"类改为"指"类

【保佑】动 迷信的人称神佛保护和帮助。(第 5 版)
【保佑】动 指神佛保护和帮助。(第 6 版)

"保佑"是表示动作行为的动词,不是名词属性的名称,用提示词"称"来引领释文不合适,解释词语的一般内涵宜用释义提示词"指",第 5 版在释义时对"保佑"的适用对象进行了限定,从语料库中可以看到,行为主体不限于"迷信的人","保佑"一词不带有评价性,第 6 版修订比较合理。

此类修改共有 12 个词目,包括:

八行书|白区|保佑|冰箱❷|家人❷|褛|警❺|径❹|举❻|流年❷|蟒❷|能❷

(二)"称"类改为"也叫"

【财产所有权】财产所有人依法对自己的财产享有的占有、使用、获取收益和处置的权利。简称所有权。(第 5 版)
【财产所有权】财产所有人依法对自己的财产享有的占有、使用、获取收益和处置的权利。也叫所有权。(第 6 版)

第 6 版将第 5 版 "财产所有权" 的 "简称" 改换为 "也叫"，我们认为修改似乎不太合适。

"也叫" 是用来补充被释词别称的释义提示词，通常情况下表明一种客观事物存在着除被释词所表名称之外的其他叫法或名称，多用于解释名词概念和称呼等。被释词通常是专名、学名、普通话系统语词或较为通行的叫法及名称，"也叫" 后的词语往往是俗名、俗称、别称，或来自方言系统，有时也有较古一些的叫法，通常带有标记。二者地位不平等，通用度上存在差别。

"简称" 提示名称由来，即由被释词简化而来。同一事物全称和简称使用上存在差异，出于语言经济性和记录便捷的角度考虑，"简称" 后的名称多用于非正式场合，全称多用于正式场合，二者表达形式相近却无本质上的区别。"也叫" 后的名称通常与被释词形式关系较远，如 "霸王鞭" "也叫花棍舞"，"白话文" "也叫语体文" 等等。全称和简称一般在词形上有关系。第 6 版将 "简称" 改为 "也叫" 似不合适。

"称" 类改为 "也叫" 的共有 3 个词目，包括：

财产所有权 | 长城 ❶ | 天理教

（三）"称" 类内部修改

1. "称" 改为 "用于称、尊称、旧称、旧时称"

（1）"称" 改为 "用于称"

【大】❼ 敬辞，称与对方有关的事物：～作 | ～札。（第 5 版）

【大】❻ 敬辞，用于称与对方有关的事物：～作 | ～札 | ～驾 | 尊姓～名。（第 6 版）

被释词"大"是形容词性的语素，具有修饰、限制等功能，不具备指称功能。第 5 版释文中的"敬辞"提示的是"大"的语用义，但直接用"称"来解释词义内涵不合适。第 6 版将"称"改为"用于称"，这样修改后"大"的独立性变弱，但始终起修饰限制作用，与其他名词性语素组合成名词，对这些名词整体释义才可以用独立的提示词"称"，第 6 版的修订准确揭示了"大"的用法和意义。

此类修改共有 4 个词目，包括：

大 ❼| 贵 ❺| 贱 ❹| 小 ❽

（2）"称"改为"尊称"

【佛陀】名 佛教徒称释迦牟尼。简称佛。（第 5 版）
【佛陀】名 佛教徒对释迦牟尼的尊称。简称佛。（第 6 版）

"佛陀"是对释迦牟尼的称呼，用"称"类释义提示词比较合适。"称"表示客观、不带感情色彩的最为宽泛的称呼，而且第 5 版采用动词用法性释义，"称……"。第 6 版不仅由客观称呼变为附加感情色彩的称呼"尊称"，同时改为名词用法性释义，"对……的尊称"，进而与"天尊""真主"等释义一致。"称"改为"尊称"的只此 1 例。

（3）"称"改为"旧称""旧时称"

【官府】名 ❶ 旧时称行政机关，特指地方上的。❷ 称封建官吏。（第 5 版）

【官府】名 ❶ 旧时称行政机关，特指地方上的。❷ 旧时称封建官吏。（第 6 版）

对于一些表示历史性事物的名词，"称"表现不出词语的新旧性质及时代性，"旧时称"具有这种功能。义项一使用了"旧时称"，义项二在第6版中增加了"旧时"，将没有时间限制、使用比较灵活宽泛的"称"改为突显时代性的"旧时称"，释义更加准确。

此类修改共有4个词目，包括：

官府 ❷｜回教｜前房｜小开

2. "合称"改为"总称"

"合称"改为"总称"的仅"文艺"1例，"合称"与"总称"区别在于词语所含元素是否有限，开放还是封闭。

【文艺】名 文学和艺术的合称，有时特指文学或表演艺术：～团体｜～作品｜～会演。（第5版）

【文艺】名 文学和艺术的总称，有时特指文学或表演艺术：～团体｜～作品｜～会演。（第6版）

"合称"与"总称"都表示总分、整体部分关系，差别在于用"合称"释义的词语其指称对象有限，各对象构成语素在词语上有所体现；"总称"表示归纳概括，包含对象和构成词语的语素一般不具有直接对应性。例如，"北朝"是"北魏（后分裂为东魏、西魏）、北齐、北周的合称"，"报刊"是"报纸和杂志的合称"；"把子²"是"戏曲中所使用的武器的总称"，"车辆"是"各种车的总称"。由此，我们发现第5版对"文艺"一词的处理可能更为合适，特指部分也包含在"文学"和"艺术"两个类别之中，没有其他对象存在。此外，"合称"改为"总称"只此1例，无法形成规律，这样改动缺乏理论支撑和实例验证。

3. "旧称" 改为 "旧时称"

【闺房】名 旧称女子居住的内室。（第 5 版）
【闺房】名 旧时称女子居住的内室。（第 6 版）

与前述 "旧指" 改为 "旧时指" 情况一致，第 6 版对 "旧称" 进行了系统修改，用来提示释义时使用 "旧时称"。第 6 版中的 "旧指" 只用于关联两个异名同实的事物名称，不再提示释义。例如 "摄影机❶" 为 "照相机的旧称"，"照相机" 在释义后标注为 "旧称摄影机"；"音频" 为 "声频的旧称"，"声频" 在释义后标注为 "旧称音频"。

此类修改共有 12 个词目，包括：

闺房 | 脚夫❶ | 脚夫❷ | 脚行 | 脚力❷ | 梨园子弟 | 旗人 | 樵夫 | 人日 | 圣经贤传 | 戏报子 | 治❸

4. 文言类改为现代汉语普通话类

【财神】名 迷信的人指可以使人发财致富的神，原为道教所崇奉的神仙，据传姓赵名公明，亦称赵公元帅。也叫财神爷。（第 5 版）
【财神】名 民间指可以使人发财致富的神，原为道教所崇奉的神仙，据传姓赵名公明，也称赵公元帅；过路～（比喻暂时经手大量钱财的人）。也叫财神爷。（第 6 版）
【兰若】名 寺庙。[阿兰若之省，梵 aranya 阿兰若：树林，寂静处。]（第 5 版）
【兰若】名 阿兰若的省称。（第 6 版）

第 6 版将第 5 版仍残存的个别文言性表述、文言性提示词，修改为现代汉语普通话类表述和提示词，具体表现为将"财神"中的"亦称"改为"也称"，将"兰若"中的"……之省"改为"……的省称"。此类修改共此2例。

同时，我们可以发现从第5版到第6版，很多词语释义中的行为主体或者动作关涉对象发生了变化，例如"财神""冥钞""冥衣"等从"迷信的人"到"民间"，有些反映了词义的变化，有些是编纂者经过语料库使用进一步概括而修订的，可以进行专题研究。

5. 名词性用法和动词性用法的互换修改

（1）名词性用法改为动词性用法

涉及"谦称"和"尊称"两类提示词的修改。

【不才】❷名"我"的谦称：其中道理，～愿洗耳聆教。（第5版）

【不才】❷名谦称自己：其中道理，～愿洗耳聆教。（第6版）

名词性用法和动词性用法是就释文的整体性质而言的，例如"谦称……"和"……的谦称"分别为动词性用法的释文和名词性用法的释文。名词性用法和动词性用法释义功能一致，也可以互相转化。第6版将名词性用法改为动词性用法是为了和同类词释义模式保持一致，为了释义的规范化和系统化。[①]

此类修改共有10个词目，包括：

不才❷|不佞❷|大哥❷|大姐❷|大嫂❷|老大娘|老大爷|老爹|娘子❷|仁^{1}❷

---

① 第6版使用"谦称"30余处，只有1处为名词性用法，即"草字^2"，释义为"旧时对自己表字的谦称"。其他均为动词性用法。

（2）动词性用法改为名词性用法

涉及"称""旧称""自称"三类提示词的修改。

【姑娘儿】〈方〉 名 称妓女。（第 5 版）
【姑娘儿】〈方〉 名 对妓女的称呼。（第 6 版）

与上述原因相同，名动词用法之间的修改是少数的，主要是释义系统化的需要。而且，释义"称妓女"过于突兀，带有一点主观色彩，"对妓女的称呼"更为自然、客观。加上时代性更精确。

此类修改共有 4 个词目，包括：

姑娘儿 | 鬼 ❷ | 百日维新 | 垆坶

第五节 "表示"类释义提示词

"表示"类释义提示词在《现汉》中主要有"表示……""表示……的意思""用来表示"三种形式。"表示"的释义功能比较繁杂，既可以提示实词字面义之外的约定俗成义，也可以用来解释虚词的意义和用法（这种功能是最主要的），还可以用来指明一些固定结构的整体意义。实词方面，主要用于动词，阐释字面意义背后语言共同体赋予该动作的约定俗成的额外意义，如"点头""头微微向下一动，表示允许、赞成、领会或打招呼"。少量用于名词、代词、形容词，被释词是名代词时，多表示某一领域的概念，"表示"多用来解释专业术语、学科名词，如语言学中的"动词"、数学中的"等式"等等，提示词"表示"揭示其内涵。被释词是形容词时，常常表达某种情感态度，如"不幸"表示"不希望发生而竟然发生"。固定结构方面，指明这一类固定结构表述的整体意义，如"不…不…""表示否定""表示尴尬的中间状态"等。

"表示"类释义提示词修订共涉及 22 个词目，具体修订情况见下表。

表 3.8　《现汉》第 6 版"表示"类释义提示词修订情况统计表

修订类型	修订情况	修订数量（个）	修订比例（%）	
增加	增加"表示"	3	13.6	
删去	删去"表示"	8	36.4	
改换	"表示"改为"形容"	4	18.2	50
	"表示"改为"指"	7	31.8	

一、增加"表示"

【常常】副（事情的发生）不止一次，而且时间相隔不久：他工作积极，～受到表扬。（第 5 版）

【常常】副表示事情的发生不止一次，而且时间相隔不久：他工作积极，～受到表扬。（第 6 版）

考虑到词义特点及辞书释义的系统性，当括注去掉时添加上了释义提示词"表示"。

此类修改共有 3 个词目，包括：

不是玩儿的 | 常常 | 苦口 ❶

二、删去"表示"

【垂手】动 ❶ 下垂双手，表示容易：～而得。❷ 双手下垂，表示

恭敬：～侍立。（第 5 版）

【垂手】动 下垂双手：～肃立｜～而得（形容非常容易得到）。（第 6 版）

"垂手"在第 6 版中将第 5 版的两个义项合在一起，只解释了动作，去掉了提示词"表示"和人们对动作所赋予的意义。与第 6 版的处理方式相比，我们认为第 5 版的处理比较合适，分别解释字面意义后，用"表示"引导出人们赋予的意义，可讨论的地方可能主要在于"下垂双手"和"双手下垂"是否有区别。同类型的"拱手"，释义为"两手在胸前相抱，表示恭敬"，我们认为是比较合适的。而且，第 6 版如此修订后，会带来相关的问题，例如第 6 版中，"垂手侍立"是作为"侍立"的用例出现的，"侍立"释义为"指恭敬地站在上级或长辈左右侍候"，两处本可以互相印证。

此类修改共有 8 个词目，包括：

辟邪｜不至于｜垂手❶｜垂手❷｜大约❶｜掉以轻心｜祸不单行｜认❸

三、修改"表示"

（一）"表示"改为"形容"

【转眼】动 表示极短的时间：冬天过去，～又是春天了。（第 5 版）

【转眼】动 形容时间极短：冬天过去，～又是春天了。（第 6 版）

"转眼"与"转身"（形容时间极短）"眨眼"（形容时间极短）二词的词义内涵一致，从构词到释义都属于同一类型，"转身"和"眨眼"用提示词"形容"释义，用瞬时动作来描绘时间之快，从词义特点和辞书释义系统性出发，第 6 版将"表示"改为"形容"比较合适。

此类修改共有 4 个词目，包括：

此起彼伏 | 甘之如饴 | 万状 | 转眼

（二）"表示"改为"指"

【肝脑涂地】原指在战乱中惨死，后用来表示牺牲生命。（第 5 版）
【肝脑涂地】原指在战乱中惨死，后指牺牲生命。（第 6 版）

辞书释义时提示词"原指"和"后指"对应，表示词义随时间发生变化，"肝脑涂地"原本是对战乱中惨死的直观描绘，后词义发展引申为一般的牺牲生命，改为"后指"比较合适。

此类修改共有 7 个词目，包括：

此一时，彼一时 | 春秋 ❶ | 肝脑涂地 | 寒暑 ❷ | 司空见惯 | 万劫不复 | 以暴易暴

《现汉》的修订取得了巨大的成就，尤其在释义提示词的使用方面更是精益求精。但是，修订的工作量实在太大，往往牵一发而动全身。新的修订既要考虑到个体使用的准确性，又要考虑到群体使用的系统性。新版本的出版发行，往往也意味着修订工作的开始，修订永无止境。同时，《现汉》作为辞书的典范，在各方面影响着其他各类型语文辞书的编纂与修订。

辞书释义时能不用尽量不使用释义提示词，需要使用时应坚持专用性和系统性的原则。第一，释义提示词形式类别繁复，各类提示词

在功能上存在着一定的区别，同一大类的内部不同小类在功能上还有一些联系，客观上需要我们对每一个释义提示词的功能在总结的基础进行界定。理想中各个释义提示词的功能应该单一，各类提示词各司其职、互不混淆。第二，辞书释义的系统性原则要求辞书对同类或相关词目释义时提示词的使用应保持一致。释义提示词在形式和功能上有识别、类化作用，是辞书使用者判断词语内在信息的重要凭借，这就要求辞书贯彻系统性原则，在对同一类型词语释义时使用统一的释义提示词，坚持"同类同模式""同类同提示词"。对每一条词目来说，释义提示词的使用要准确；对每一类词目来说，释义提示词的使用要统一。

第四章　动物名词释义内容对比

　　动物名词释义的相关研究大致可分为两类，一类是名物理据类研究；另一类是辞书学类研究，本章属于后者。语言世界中的动物词分为"用于称说动物的名词"和"以动物词、动物身体部分或其产出名词作为构词语素而衍生的词"两类（周小燕：2012）。依据辞书释义中语文性和百科性的矛盾冲突，可将辞书中的动物名词分为"百科动物名词"和"语文动物名词"，本章主要以"百科动物名词"为主。具体是指"指称具体动物本体或类群的，符合动物学分类阶元上正式学名的动物名词"，其中"指称具体动物本体或类群"可以排除"鹿角""替罪羊""天狼"等非指称本体、类群的动物名词，"符合动物学分类阶元上正式学名的动物名词"可以排除"蚕宝宝""獭""变温动物"等语词性较强或不具较强典型百科性的动物名词，除"百科动物名词"外，剩下的都被视作"语文动物名词"。"学名"指《现汉》认定的正名，也就是充当相关正条词目的名词。"释义内容"限定为指称动物本体义位的释义，不包括由本义引申出的其他义项。

第一节　动物名词释义类义征

一、语文辞书动物名词释义的类义征

（一）"类义征"

"类义征"概念与逻辑学的种属思想关系密切，是逻辑学思想在辞

书学研究中的具象化表现之一。符淮青（1982）基于种属思想将名物词的定义式释义分为"种差"和"类词语"两部分，黄建华（1987）将名物词释义中概括出的义素分为两类，一类是"表示'特征'的义素"，一类是"被分析词汇的属概念"，并将释义中表后者的词语称为"属词"。李志江（2006）和李智初（2012）则在二分基础上将释义中表类属信息的部分分别称作"类名"和"类素"（或"类属义"）。"类义征"的概念名称最早由王东海、王丽英（2007）在分析法律词义时提出。他们将"类义征"视为"主体义征"的一种，和"表义征"相对，给出的定义为"对于法律义位，类义征是用来表示范畴性语义特征的，标志着一个法律义位在法律语域中所属的语义类别，代表着义位的语义类"。[①]冯海霞、卢东民（2011）在将"类义征"概念引入动物词条释义研究的同时，对"类义征"的内涵做出些许调整，定义为："名词范畴词条的释义中对被释义的词目起归属作用的释义成分，是相对于义征（区别义素 / 个性区别特征）而提出的。"[②]

事实上，"类义征"和"类词语""属词""类名""类素"一样，都属于"种属思想"中"属"的衍生名词，基本功能是表示被释词目的类属信息或语义类别。除基本功能外，这类衍生名词由于使用环境不同，有时会体现出层级差异，如黄建华（1987）较为清楚地区分了抽象化的"义素"和具体化的"属词"。由于所处层级不同，衍生名词也有所差异。据此我们将"类义征"分为"类语义特征"和"类释义特征""类义征表述"，分别对应提取层、选取层和表述层，三者皆可简称为"类义征"。提取层上的"类义征"为"从语词中提取出的可表类属信息的语义特征"；选取层上的"类义征"为"从表类属信

---

① 王东海、王丽英：《〈唐律疏议〉法律词义的语义特征分析》，《鲁东大学学报》，2007 年第 4 期。

② 冯海霞、卢东民：《语文词典中动物词条系统释义的考察及释义模式的优化》，《辞书研究》，2011 年第 6 期。

息的语义特征中选取出的、供辞书释义使用的释义特征";表述层上
"类义征"为"具体辞书对选取出的表类属信息的释义特征的形式化
表述"。通过层级划分,可以清楚地展示"类义征"从提取到选取再
到形式化表述的实现过程。

（二）动物名词释义类义征的类别

1. 提取层上动物名词释义类义征的类别

百科动物名词和语文动物名词两套体系中提取出的类属信息分别
为语文性类义征和百科性类义征,后者与动物学分类阶元名称相吻合。

一般来说,语文性类义征具有简明性、多样性、经验性等特点:
简明性指语文性类义征的层级一般较少,"大多不超过5个层级（从
大类到小类）"[①];多样性指语文性类义征基于语义特征,因而可选性较
强,如"熊"可以依据"＋凶猛"选用"猛兽"作为类义征,也可依
据"＋野生"选用"野兽"作为类义征;经验性与多样性类似,由于
分类依据不是本质属性,常造成一些认知上的错误归属,如"'章鱼、
鱿鱼',从造词到用词一直都是鱼,《同》（《同义词词林》）《简》（《简
明汉语义类词典》）都分到鱼类"[②]。

与之相对,百科性类义征的特点是多层性（层级多）、唯一性
（分层严格,只有一个近属选择）、科学性（基于本质属性分类）。不
过百科性类义征的唯一性指理论唯一,而非实际唯一,如《哺乳动物
学》对"大熊猫"的属信息介绍为:"Wilson 和 Reeder（2005）将大
熊猫归入熊科;亦有人将其与小熊猫合为熊猫科（Schaller：1993）。
在争论未完全解决前,暂独立一科为当。"[③] 可见,虽然部分动物名词
类别选取在动物学分类理论上具有唯一性,但具体分类结果还存在
分歧。

---

① 张志毅、张庆云:《理论词典学》,北京:商务印书馆,2015年,第321页。
② 同上注,第322页。
③ 胡杰、胡锦矗:《哺乳动物学》,北京:科学出版社,2017年,第126页。

从语义类别和科学类别两套体系中提取出的类语义特征，为相关词条构建了基础的类语义特征库，如"熊"的类义征库由语文性类义征库"兽、猛兽、野兽、走兽、保护动物等"和百科性类义征库"哺乳动物、食肉目、脊椎动物、动物等"组成，不同辞书可依据具体要求对类义征库中的类义征做出选取。如综合性词典《现汉》第7版中为"熊"选取的类义征是"哺乳动物"，而学习性词典《当代汉语学习词典》（2020，张志毅主编）选用了语文性较强的"野生动物"，处于时代变革浪潮中的《国语辞典》则选用了"食肉类猛兽"一类间杂百科和语文的综合类义征。

2. 选取层上动物名词释义类义征的类别

提取层上的类语义特征分为百科性类义征和语文性类义征两类。辞书编纂者可依据具体情况酌情选取，可选取百科性类义征还是语文性类义征？若选取百科性类义征，如何就近选取或跨层选取？这些都是辞书编纂者面临的重要问题。

《国语辞典》的"食肉类猛兽"在出具语文性类义征"猛兽"的基础上，又给出了"食肉类"等百科性类义征。这种多出类义征现象在现代语文辞书中也常应用，如动物学分类上属爬行纲鳄目的"扬子鳄（鼍）"，《现汉》第7版给出的类义征是"爬行动物"，《新华字典》第12版中给出的类义征是"（一种）鳄"[①]，两者虽都是百科性类义征，但却归属于不同层级，《现代汉语规范词典》（以下简称《现规》）第3版则通过多出的方法，一定程度上缓解了层级矛盾，给出的类义征为"爬行动物，鳄鱼（的一种）"。符淮青（1982）注意到这种多出现象，并归纳出名词释义中多出的"类词语"之间具有主次和选择两种关系，冯海霞（2018）将"起到了进一步补充说明作用"的类义征，称

---

① 《新华字典》第12版中原文为"一种鳄"，之所以将"一种"用"（ ）"标注，是为了在出具原文的基础上，凸显选取层上抽象的上位语词"鳄"，以下皆同。

作"次要类义征",并举《现汉》第6版中"鹿""牛""骆驼""羊"等释义中的"反刍类"为例。不过受制于研究目的和研究材料,符淮青(1982)、冯海霞(2018)均未对多出现象展开具体说明,在名称上也只有"类词语""类义征"等统称以及"次要类义征"这一下位称名。考虑到百科动物名词释义中多出的类义征之间大多只存在主次关系,我们将起到主要作用的类义征称作"主要类义征"。主要类义征和次要类义征的对立,主要源于辞书编纂者的选取活动。

虽然早期民国辞书通过多出的方法在一定程度上缓解了选取矛盾,但在选取标准方面仍显混乱,如《国语辞典》中为与"熊"同属于哺乳动物纲食肉目犬科的"狼"和"犬",分别选取了"兽名""哺乳动物,家畜的一种"作为类义征。这种情况混乱的情况也出现在《新华字典》的早期版本中,直至《现汉》编纂时才得以统一。在《现汉》试用本中,大部分百科动物名词释义的主要类义征统一采用了百科性类义征。

可见,选取层上类释义特征不仅继承了类语义特征上的语文性和百科性之分,还因具体操作方法,产生了主次之分。选取层上的两组类义征由于分类依据不同,存有交叉。主要类义征可以是百科性类义征,也可以是语文性类义征,如《现汉》第7版"鹰"的主要类义征为"鸟",属百科性类义征,《现规》第3版"鹰"的主要类义征为"猛禽",属"语文性类义征";次要类义征亦同,如上文提到的"反刍类"和"猛禽"。

3.表述层上动物名词释义类义征的类别

(1)从语词形式角度看表述层上类义征的三种不同形式

辞书编纂者选取出动物名词释义类释义特征后,常会对相关类义征做出文字形式表述。就百科动物名词而言,其类属信息一般指称着某些上位概念,而这些上位概念的语词形式或有不同,符淮青(1982)将类词语分为单纯词、复合词和词组三类。在百科动物名词释义中，就词组类而言，或可再分出两小类，一类是较为凝结的词组，如"保护动物（/保护鸟……）""经济鱼类（/经济鱼……）"等；另一类是相对的临时词组，如"最高等的哺乳动物""是陆地上现存最大的动物"等。现有辞书由于主要类义征大多采用百科性类义征，因此多采用单纯词或复合词形式，而次要类义征则兼具了单纯词、复合词和词组等多重形式。又因为词组的凝固性不强，具有一定的可拆性，所以常会对释义的整体形式产生影响。以"灵长目"为例：

【灵长目】哺乳动物的一目，猴、类人猿属于这一目，是最高等的哺乳动物，大脑较发达，面部短，锁骨发育良好，四肢都有五趾，便于握物。（《现汉》第7版）

【灵长目】哺乳动物中最高等的一目。大脑很发达，面部短，四肢有五趾，能握物。猴和类人猿都属于这一目。长（zhǎng）。（《新华词典》第4版）

《现汉》第7版为"灵长目"出具了两个类义征，一个是百科性类义征"哺乳动物的一目"；另一个是隶属于语文性类义征"最×动物"的"是最高等的哺乳动物"。而《新华词典》第4版则将两个类义征的表述融合为"哺乳动物中最高等的一目"，能够融合的原因就在于"最×动物"的后置成分"哺乳动物"和其主要类义征"哺乳动物"相同。这种融合正是词组的可拆性带来的，且相对的临时词组的后置成分独立性较高些，一些情况下可以提供中间层级的类属信息，如：

【驼鹿】哺乳动物，是最大型的鹿，背部很高，像驼峰。毛黑棕色，头大而常，颈短，鼻长如骆驼，尾短，四肢细长，雄的有角，角上呈铲形。生活在我国东北大兴安岭等地区。有的地区叫堪达罕或

犴。(《现汉》第 7 版)

除了形式上的重合会带来表述交融现象外，词或词组常可通过"构成它的部分词的意义显示被解释词的事物现象的特征"，如"淡水鱼类"由"淡水"和"鱼类"两个成分构成，其中"淡水"提供了被释动物的习性特征，"在淡水中生活"。这就使部分特殊的类义征和个性义征在内容上有了交叉重合关系，部分重合的内容有时可以离析并独立为个性义征，从而影响释义编纂和修订，具体如下：

【青鱼】鱼，外形像草鱼，但较细而圆，青黑色，腹部色较浅。<u>是我国重要的淡水鱼</u>。也叫黑鲩（hēihuàn）。(《现汉》第 7 版)

【鲩】鱼名，即草鱼，身体微绿色，鳍微黑色，<u>生活在淡水中</u>。是我国的特产。(《新华字典》第 12 版)

（2）从功能角度看表述层上一种特殊的"L 名"类类义征

在进行表述工作时，辞书还会通过"一种""一科""一类"来帮助限定类属信息的范围，有时会在表述顺序上略有差异，如《现汉》第 7 版的"L 的一种"和《新华字典》第 12 版的"一种 L"，但这类表述差异的影响较小，我们这里只重点说明一种特殊的"L 名"类类义征，即在原有类义征的基础上加"名"得到的类义征，不包括"又名""通称"等类。

在处理"L 名"类释义时，语文词典中为突出"名"的性质，S部分可用'×× 名''×× 称'等来表示（黄建华：1987），《国语辞典》尤爱使用该类方法，在相关释义中，多现"兽名""爬虫名""鸟名"等，这类现象也活跃在《新华字典》《全球华语大词典》等现代共时性语文辞书以及《汉语大字典》《汉语大词典》《重修国语辞典修订本》等大型历时性语文辞书中。其中，《新华字典》《全球华语大词典》等现代语文辞书不同于后者,多在鱼纲和鸟纲动物词条中采用"鱼名"或"鸟名",只有些许例外,如《新华字典》第12版的百科动物名词释义中,仅有"蝴蝶"的"昆虫名"和"鸭"的"水鸟名"两例例外。《新华字典》类辞书或是出于语文辞书释义语言双音节化和突出语文性的双重考虑,才较多使用"L名"式的表述方式。与之相对,《新华词典》第4版也只给鱼类和鸟类动物的类义征后加"类",如"鱼类""鸟类",这或是用"L类"的方式帮助释义语言双音节化并突出了其百科性质。与之不同的是,《现汉》第7版的鱼类和鸟类动物词条中大多采用单音节"鱼""鸟"表述。

二、动物名词释义类义征选取层提取

(一)提取方法

我们以主要类义征和次要类义征为框架对百科动物名词释义展开充分的描写,为操作方便,将主要类义征的数量限定为1,主要外在形态标记为位置的前后。由此,释义中第一个出现的类义征便是主要类义征,其余均为次要类义征。

对辞书释义中具体类义征的有无判断既考虑选取层内容,也参考表述层表述,如"(是)益鸟"在表述层既有"是"作为外在标志,也有上位语词"益鸟"出现,可以被视为语文性类义征;而同样是鸟类动物释义中的"对农业有益",在形式上既无"是""属""类"等外在标记,也无"益鸟"这样的上位语词,虽在内容上和主要类义征"鸟"组合后可表与"是(益鸟)"基本一致的释义信息,但不能被视为次要类义征,只能算作一种特殊情况,在下文中将加以讨论。

若以"百科动物名词"和"语文动物名词"的分类思路来判断类义征的百科性和语文性,会碰到一些特殊情况。

表 4.1　《现汉》第 7 版百科动物名词部分特殊类义征

词目	类义征 1	类义征 2
驼鹿	哺乳动物	是最大型的鹿
大鲵	两栖动物	是现存最大的两栖动物
象	哺乳动物	是陆地上现存最大的动物
哺乳动物	最高等的脊椎动物	无
大黄鱼	黄鱼的一种	是我国重要的海产鱼类之一

如上表所示，若按照百科性和语文性来对其做出判定，则"驼鹿""大鲵""象"的"类义征 1"可被直接判定为具有百科性的百科性类义征，但对"类义征 2"的判定却因为涉及"鹿""两栖动物""动物"而变得复杂。对于这类情况，统一采用区别处理的方法，若"类义征 2"中的后置成分与主要类义征相同或为意义上笼统的上位语词，如"大鲵"和"象"等例，则算为语文性类义征"最 X 动物"，不再做重复计量；若"类义征 2"中的后置成分和主要类义征不同且提供的是中间层级信息，如"驼鹿"，我们将其视为百科性类义征和语文性类义征的杂糅表述，计量时分别计为"百科性类义征 *1"和"语文性类义征 *1"，"哺乳动物"类的表述融合例，也一并视作百科性类义征和语文性类义征的杂糅体。

此外，对常见动物名词如"鹿""鱼""鸟"等充当的类义征的性质判定上，不同研究者可能有不同的看法。我们的操作方法是：若无特殊情况，当"鱼""鸟"等单独充当类义征时，如"鱼（的一种）""鸟（的一种）"，整体算作百科性类义征；若"鱼""鸟"等只是上位概念的附属成分，不能独自充当类义征时，便不算作百科性类义征，如"（是）益鸟"中的"鸟""经济鱼类"的"鱼类"等。采用这样的操作方法主要基于两个考虑：一是《现汉》动物名词释义中充当类义征的"鱼""鸟"等名词本身具有百科性，如"章鱼""鲸鱼"

等分别采用"软体动物""哺乳动物"充当类义征而非"鱼";二是上文提到"类义征1"和"类义征2"的重合关系中还存有表格中"大黄鱼"例为代表的特殊情况。在"大黄鱼"中,"类义征2"的核心成分"鱼类"和"类义征1"的"黄鱼"并不相同,若将其"鱼类"独立出计量,容易和"海产鱼类"的计量产生冲突。倘若按照是否独立充当类义征来将"鱼类"视为"海产鱼类"的附属信息,则可在一定程度上避免冲突,保证操作的统一性。

(二)动物名词释义类义征选取情况

据动物学分类阶元和《现汉》的相关释义,《现汉》中百科动物名词指称对象若不论原索动物,主要可以分为无脊椎动物和脊椎动物两类①,其中无脊椎动物可再分出原生动物、海绵动物、腔肠动物、扁形动物、线形动物、环节动物、软体动物、节肢动物、棘皮动物等类,而脊椎动物可再分出鱼类、两栖动物、爬行动物、鸟类、哺乳动物等类。我们从主要类义征和次要类义征两个角度,以选取层为基本层级,对《现汉》中百科动物名词释义的类义征进行提取。

1. 动物名词释义主要类义征选取特点

通过试用本和第7版的对比,发现两个版本中百科动物名词释义主要类义征选取的共同特点是层级性和百科性,而在后期修订过程中,《现汉》对原有层级性和百科性做了些许调整,并进一步凸显了

---

① 严格来说,应该有"脊椎动物""无脊椎动物""其他"三类,因为《现汉》中的"脊椎动物"和"非脊椎动物"并非严格意义上的百科动物名词,前者指"原生动物"等门的统称,后者既指"脊索动物门"下的"脊椎动物亚门",也指与"非脊椎动物"相对的"有脊椎的动物",二者的释义也体现了这一点,如"非脊椎动物"的释义为"体内没有脊柱或脊索的动物。种类很多……","脊椎动物"的释义为"有脊椎骨的动物,是脊索动物的一个亚门……"。可见,二者并非绝对对立,中间还存在没有"脊椎"但有"脊索"的过渡性动物"原索动物亚门"(与"脊椎动物亚门"同属于"脊索动物门")。为便于操作,我们在类义征和个性义征计量时未将"无脊椎动物"和"脊椎动物"纳入,当二者独立充当类义征时,则判定为百科性类义征,其他操作可详见个性义征部分。

主要类义征选取的描写性。

（1）层级性

《现汉》系列版本在主要类义征选取方面，呈现出较强层级性，其层级主要基于科学类别体系的简化，部分义场也会参考语义类别体系。以第 7 版为例，若将最底层百科动物名词释义（即义项）视为基本单位构建层级体系，则在大多数情况下，第一层级释义的主要类义征为"动物"，第二层级为"无脊椎动物"或"脊椎动物"，第三层级分别为无脊椎动物的各门纲或脊椎动物的各纲，第四层级多与人们常见并熟知的动物名相关，如"牛的一种""蛙的一种""鹤的一种"等。部分义场可以分出第五层级，如第 7 版中由最底层动物名词"山魈"所构建的层级系统：

脊椎动物：有脊椎骨的动物……

哺乳动物：最高等的脊椎动物……

猴：哺乳动物……

猕猴：猴的一种……

山魈：猕猴的一种……

我们对《现汉》第 7 版中百科性动物名词做了穷尽式整理，共整理出 495 组层级系统，其中 1 层的有 0 组，2 层的有 18 组，3 层的有 351 组，4 层的 104 组，5 层的 21 组，6 层的仅有"绿头鸭"1 组。可见，不同于现代动物分类学的 20 多个层级，《现汉》第 7 版中动物类名物词类义征的层级在数量上以 3 层、4 层为主，与"大多不超过 5 个层次"的义类体系更接近。

（2）百科性

若将百科性类义征等同于现代动物分类学的科属信息，且不论"无脊椎动物"的百科性质，上述 495 组层级系统中涉及语文性类义征的共有 20 组，约占总数的 4%。相关词条类义征表述分别为"寄生虫（5）""类人猿的一种（1）""类人猿^①中最大的一种（1）""毒蛇的一种（5）""无毒蛇的一类（2）""水鸟（2）""家禽（3）""海蟹的一类（1）"。

其中"毒蛇"和"无毒蛇"是爬行动物纲蛇目类动物释义仅有的两种主要类义征选取类型，即蛇目名词释义要么选取"毒蛇"作为主要类义征，要么选取"无毒蛇"作为主要类义征，没有例外。而列出的其他语文性类义征都存在同义场内，与百科性类义征并存的现象，如第 7 版共收录扁形动物门相关动物名词 2 个，分别是"绦虫"和"血吸虫"，在主要类义征选取方面，前者选用百科性类义征"扁形动物"，后者选用语文性类义征"寄生虫"，类似情况还有"类人猿"和"哺乳动物"，"水鸟"和"鸟"等。可见，《现汉》第 7 版的类义征层级体系虽在层级数量上与义类体系接近，但在选择上，仍以百科性类义征为主。

（3）描述性

结合《现汉》系列版本的释义，试用本中共有 17 条释义未出具主要类义征，分别是鱼类词条"草鱼""青鱼""带鱼""翻车鱼""肺鱼""梅童鱼""明太鱼""梭鱼""弹涂鱼""银鱼"和鸟类词条"无翼鸟""极乐鸟""欧椋鸟""翠鸟""犀鸟""相思鸟"，这类词条特点是词目的语词形式带有类属信息"鱼"或"鸟"^②，因此在试用本中编纂工作者省去了与之重复的主要类义征。与之相对，第 7 版中几乎所有的百科动物名词释义都出具了类义征，那些保留在《现汉》里但试用本中未出主要类义征的释义，在修订过程中得到一一增补，具体增

---

① 按《现汉》第 7 版中"类人猿"释义"外貌和举动较其他猿类更像人的猿类……"可知，《现汉》的"类人猿"并非指称"类人猿下目"的"类人猿"。
② 试用本中也有少许特例，如"秃鹫"的词目语词形式没有"鱼""鸟"等类属信息，但也没有出具主要类义征。

补信息为："翠鸟""无翼鸟""欧椋鸟"增补于第 1 版，"青鱼""带鱼"增补于第 3 版，"草鱼"增补于第 5 版，"极乐鸟"先是于第 1 版增补出"鸟名"，后于第 5 版中被修订为"鸟"。可见在早期部分词目语词形式中，带有"鱼"或"鸟"类属信息的释义不出具主要类义征（如"欧椋鸟""草鱼"），部分词目语词形式带有相关信息的释义出具主要类义征（如"啄木鸟""大马哈鱼"）的背景下，《现汉》修订工作选择为前者做出增补，一定程度上凸显了《现汉》主要类义征选取的描述性。

此外，《现汉》的修订工作还从两个方面对主要类义征选取的层级性和百科性做了完善，一方面是对已有类义征做出的静态性调整，如"青蛙""灰鹤""雀鹰"的主要类义征"两栖动物""鸟""猛禽（的一种）"，分别被修订为"蛙（的一种）""鹤（的一种）""鸟"，前两例体现出层级的细化，后一例体现出其百科性的增强；另一方面是对新增词条做出的动态性调整，如新增"鹤"类动物义项"黑颈鹤""白鹤"都选用了"鹤（的一种）"作为主要类义征，除蛇目动物外，新增百科动物义项基本不再选用语文性类义征。

2. 动物名词释义次要类义征选取特点

次要类义征源于辞书选取层上的释义技巧，是对主要类义征做出的类属信息补充，因而描述性较弱，数量上远少于主要类义征。以第 7 版为例，若不考虑"最原始最简单的动物"等杂糅例，本章共整理出 96 条出具次要类义征的百科动物名词释义，其中软体动物 1 条、节肢动物 16 条、棘皮动物 1 条、鱼类 20 条、两栖动物 2 条、爬行动物 4 条、鸟类 21 条、哺乳动物 29 条、古代（已灭绝）动物 2 条。从性质上看，《现汉》系列版本百科动物名词释义次要类义征的选取特点是多样性和语文性。多样性和语文性的特点，也使得次要类义征在表述上不如百科性较强的主要类义征稳定，后者表述的核心成分常选用分类学术语，如"哺乳动物""腔肠动物"；前者的核心表述则形式多样，如"（是我国）特产的动物""（是我国的）特产""（是我国特有的）珍禽"，故而下文对选取层上次要类义征的描写主要是概括性描写，如上举三例表述可在选取层上都归入"特有动物"类，其中"（是我国特有的）珍禽"除"特有动物"外，还兼顾了另一次要类义征——"珍贵动物"。总之，《现汉》系列百科动物名词释义中次要类义征的选取具有多样性、语文性和灵活性等特点。

（1）多样性

百科性动物名词释义次要类义征的多样性主要体现在两方面，一是种类多样、选取范围较广；二是个性突出、选取差异较大。具体可见下表：

表 4.2　鸟类动物次要类义征选取情况汇总

次要类义征表述	次要类释义特征	数量	涉及词条
（是）猛禽	猛禽	8	鹰、雀鹰、鹞、老鹰、雕、隼、秃鹫、兀鹫
（是）候鸟	候鸟	2	燕、鹬
（是一种）冬候鸟	冬候鸟	1	鸿雁
（是）益鸟	益鸟	5	杜鹃、夜鹰、啄木鸟、鸶、鹟
（是我国特有的）珍禽	特有动物＋珍贵动物	1	褐马鸡
（是世界上）稀有的鸟类	稀有动物	1	无翼鸟
（是）珍贵鸟类	珍贵动物	1	朱鹮
（是现代）鸟类（中体形最大的）	最 × （大、高……）动物	1	鸵鸟
（是家鸡的）远祖	祖先	1	原鸡

如上表所示，出具次要类义征的 21 条鸟类义场释义共选取了"猛禽""候鸟""冬候鸟""益鸟""特有动物""珍贵动物""稀有动

物""最 × 动物""祖先"等 9 种次要类义征，其中"特有动物""珍贵动物""稀有动物""最 × 动物""祖先"是各义场通用的次要类义征，如"鳄蜥"的"（是我国特产的）珍贵动物""白唇鹿"的"（是我国特有的）珍贵动物"等；"猛禽""候鸟""冬候鸟""益鸟"则是鸟类动物中较为个性的次要类义征，类似义征如鱼类的"经济鱼类""食用鱼类""观赏鱼类""养殖鱼类""海产鱼类"等。个性程度较高的"猛禽""候鸟""益鸟"都以词目的形式出现在《现汉》第 7 版中，词目"冬候鸟"则在《现汉》的修订过程中被删除。

（2）语文性

次要类义征通过增加类义征数量来补充类属信息，从而缓解类义征选取上的诸多矛盾。在《现汉》第 7 版出具次要类义征的 97 条词条中，只有 7 条出具了百科性类义征，涉及的次要类义征分别是"（是最大型的）鹿""（是小型的）鹿""（是）脊索动物（的一个亚门）""反刍（类）""反刍（类）""反刍（类）""反刍（类）"，数量约占总数的 7.2%。

这些百科性次要类义征与语文性次要性类义征相比主要有两大特点。一是功能上常揭示词目与主要类义征之间的中间层级，例如"牛"释义中的百科性次要类义征"反刍（类）"便揭示了所指动物"牛"和主要类义征"哺乳动物"之间的科学类别"反刍亚目"，其他同。二是它们转化至表述层时，往往有较为固定的序列位置，一般放在释义起始位置，紧接主要类义征之后，与多位于释义中部或尾部的语文性次要类义征有明显不同。"（是最大型的）鹿"和"（是小型的）鹿"较为特殊，它们一方面通过"（最大型的）×"短语实现了"最 × 动物"的次要类义征表达；另一方面借助"最 × 动物"中"［动物］"的独立性揭示了百科性的中间层级"鹿"。因为"鹿"的百科性质，"（是最大型的）鹿"和"（是小型的）鹿"的位置放置在相应的主要类义征之后，符合相应的表述规则。可见，百科性次要类义征大致可以分为两类，一类是以"反刍（类）"为代表，不含有语文性成分；另一类是以"（是最大型的）鹿"为代表，在表述上和其他语文性成分杂糅。综合来说，无论从数量上还是性质上，次要类义征的选取都具有显著的语文性。

（3）灵活性

《现汉》百科动物名词释义次要类义征的灵活性大致可分为两类。

第一类是源于多样性的灵活性，主要体现在不同类义征之间的新旧更替上。如试用本中"大鲵"的次要类义征是"（是珍贵）食品"，经过多次修订后，在第 7 版中呈现为"（是现存最大的）两栖动物"。这类灵活性出现的原因，主要还是多样性带来的多种选择。这些选择之间互不冲突，有些在表述上可以融合，如"是我国特有的珍贵动物"；有些不便融合，或原有次要类义征已经不再典型、妥当，便出现了"大鲵"例中的更替现象。

第二类是源于语文性的灵活性，主要体现在表述形式的相互转化①上。如经过多次修订后，试用本中"鹰"和"苍鹰"的"性凶猛"和"（属）猛禽（类）"被分别调整为"（是）猛禽"和"性凶猛"，而"性凶猛"已不符合我们对次要类义征的判断标准，属于对个性义征的描写表述。该类灵活性的原因在于，语文性类义征不同于由多个特征复杂概括得到的百科性类义征，它脱胎于语义类别体系，其类义征一般是人们对某一类事物的某一个或几个特征做出的简单概括。如"猛禽"仅是［＋凶猛］的鸟类动物的集合，因而在选取"鸟"作为主

---

① 如上文所述，部分词或词组的构成成分可以提供被释动物的特征，"猛禽"作为类属概念的同时，也通过构成成分"猛"提供了"＋凶猛"的动物特征。这类特征可以类义征的构成成分的形式出现，也可以独立为个性义征"性凶猛"出现，是较为特殊的一类特征，因此文中将这种现象描述为"表述形式的相互转化"。又因其典型性较强，故而在早期辞书百科动物名词释义模式不统一，即混合采用中心成分居中或居首的情况下，常被提至中心成分之前，形成"凶猛的鸟""有害的昆虫"等类似的释义表述。

要类义征的词条释义中，即便用"性凶猛"来替换"是猛禽"也不会造成释义信息的损失，类似的情况如在主要类义征是"鱼"的词条中，可将"是一种重要的经济鱼类"替换成"经济价值很高"等表述。

三、《现汉》中动物名词释义类义征选取原则

（一）统一原则

统一原则指同义场内类义征的选取标准尽量保持一致，避免出现矛盾现象。由上文可知，《现汉》中大部分动物名词释义主要类义征选用了百科性类义征，虽然有少部分选用了语文性类义征，但其内部仍具有统一性，如"蛇"义场中的"毒蛇"和"无毒蛇"。不过有些情况下，类义征的选取还存在矛盾现象，以语文性主要类义征"寄生虫"为例，第 7 版选用"寄生虫"作为主要类义征的释义，除"扁形动物"的"血吸虫"外，还有"线形动物"的"蛔虫""钩虫""蛲虫"和"节肢动物"的"疥螨"。参考统一原则，若无特殊原因，或可将语文性的"寄生虫"统一为各自的百科性类义征，如"疥螨"可以依据统一性修改为"节肢动物"，又因为"疥螨"原有释义中有"寄生在人或哺乳动物的皮肤下……"，所以主要类义征的更换并不会造成原有释义信息的损失。《现汉》修订过程中，"雀鹰"主要类义征"猛禽（的一种）"被修订为"鸟"也是统一原则的集中体现。

若将统一原则展开，则统一原则还要求修订工作本身要具备统一性，不能在操作方向上产生矛盾，下面以"性凶猛"和"（是）猛禽"为例。

表 4.3 《现汉》第 7 版和试用本中鸟类义场"（是）猛禽"相关释义出具情况对比

	主要类义征		次要类义征	
	第 7 版	试用本	第 7 版	试用本
鹰	鸟	鸟（类的一科）	（是）猛禽	（性凶猛）

续表

	主要类义征		次要类义征	
苍鹰	鸟	鸟	（性凶猛）	（属）猛禽（类）
雀鹰	鸟	猛禽（的一种）	（是）猛禽	无次要类义征
老鹰	鸟	鸟	（是）猛禽	猛禽（类）
鹗	鸟	鸟	（性凶猛）	（性凶猛）
雕	鸟	鸟（类的一属）	（是）猛禽	猛禽
秃鹫	鸟	鸟	（是）猛禽	
兀鹫	鸟	鸟	（是）猛禽	

如上表所示，虽然《现汉》对"猛禽"类的整体修订遵循了统一原则（即使是"秃鹫""兀鹫"中新出的"性凶猛"类信息，也以"（是）猛禽"式次要类义征的形式出现），但还存有一些不足。如选用工作将"鹰"释义中的"性凶猛"转化为次要类义征"（是）猛禽"的同时，又将"苍鹰"的次要类义征"（属）猛禽（类）"修订为"性凶猛"，这就造成了修订方向上的矛盾现象。若无特殊缘故，或可依据数据占比，将"苍鹰"的"性凶猛"修订为"（是）猛禽"。

（二）照应原则

类义征作为释义内容的重要成分之一，选取工作不仅需要着眼于其自身的统一性，还应当注意到对类义征与释义其他成分的照应关系。照应关系依据所在系统的不同可分为三个部分，一是微观系统中类义征和个性义征之间的照应关系；二是中观系统中类义征和其他释义之间的照应关系；三是宏观系统中类义征和释义系统外其他辞书系统的照应关系。《现汉》的修订工作充分体现了其对上述三类照应关系的关注。

1.微观系统中类义征和个性义征之间的照应关系

类义征和个性义征的照应关系较为复杂，涉及类义征的具体功用。在具体的操作上，尽管是从提供的释义信息是否是类属信息的功能标准，将释义内容分为类义征和个性义征两部分，但类义征的功能并不只提示类属信息一个。一方面，如前文所说，部分类义征能够通过它的组成成分提供一定的被释动物的特征，从而对个性义征的选取具有参照作用；另一方面，百科动物名词之间存在上下级关系，类义征具有帮助提示被释词的上下层级关系的坐标作用。而正是类义征的参照功能，才使得类义征和个性义征之间存在了照应关系，二者有时会具有互补、重复等组合关系。微观系统上的照应原则，要求辞书的编写和修订工作要依据具体照应关系统筹好类义征和个性义征的协调工作。

《现汉》修订工作体现了这一照应原则，如第 5 版将"鸭"主要类义征"鸟类（的一科）"改为了"家禽"的同时，又将外延释义从"有家鸭、野鸭两种"修改为"通常指家鸭"来作呼应，避免了单方面修订带来的照应性冲突。类似的例子还有第 5 版中"䴙䴘"，在将主要类义征"水鸟"改为"鸟"的同时，也将个性义征"通常浮在水面，有时潜入水中"改为"生活在河流湖泊上的植物丛中，善于潜水"，通过修订进一步凸显原主要类义征"水鸟"中蕴含的"在水面或水边栖息"。"鸭"例体现出类义征和外延释义的对应关系，若类义征的外延变小，外延释义的范围最好也能随之减小，以避免前后矛盾；"䴙䴘"例体现出类义征和处所、习性等释义的互补关系，若类义征中的重要信息（如基本模式的中主要且未在个性义征部分中给出的释义信息）被删减，最好能及时在个性义征部分做出增补或协调。

也有一些类义征和个性义征的照应关系较弱，即类义征在一定范围内的变动不会造成个性义征的协同变动，如第 1 版将"白鹤"的主要类义征从"鸟"修订为"鹳的一种"的同时，并未对个性义征上作协调性调整，类似的还有"灰鹤"释义中的"鸟—鹤的一种"。在类义征和个性义征照应关系较弱的单位释义中，主要类义征往往是百科性的，不能像"水鸟""家禽""毒蛇"一般提供重要的个性义征信息，提供的坐标功能也有限。试想，若将《现汉》"竹叶青"释义中的"毒蛇（的一种）"改为其上位阶元名词"蝰蛇（的一种）"或"蛇（的一种）"，那必然会造成个性义征方面"毒性"方面的损失，对比第7版和《新华词典》第4版共收的蛇类动物名词释义：

表4.4 《现汉》第7版和《新华词典》第4版共收蛇类释义中相关照应情况对比

	《现汉》第7版		《新华词典》第4版	
	类义征表述	毒性相关释义	类义征表述	毒性相关释义
蝮蛇	毒蛇的一种	无	爬行动物	有毒牙
蝰蛇	毒蛇的一种	无	爬行动物 / 毒蛇的一种	无
蟒蛇 / 蟒	无毒蛇的一类 / 是我国蛇类中最大的	无	爬行动物 / 蛇类中最大的	无毒
响尾蛇	毒蛇的一种	无	爬行动物 / 毒蛇的一种	无
眼镜蛇	毒蛇的一种	毒性很大	爬行动物	毒性很强

　　"毒蛇""无毒蛇"兼顾了百科性的"蛇"信息和语文性的"毒性"信息，当辞书选用"毒蛇"或"无毒蛇"作为类义征时，可一定程度上省略其后个性义征方面的"毒性"；而选用"蝰蛇""蛇""爬行动物"等百科性类义征时，由于无法提供或直观性提供"毒性"方面个性信息，所以需要在个性义征方面做相应的补充。对比《新华词典》第4版，《现汉》蛇类义场释义将主要类义征统一为互为对立的"毒蛇"和"无毒蛇"的做法，虽然不符合选取上百科性的整体特点，但更好地协调了类义征和个性义征的组合关系，既避免了释义信息的重复冗余，也使得蛇类义场成员在主要类义征的选取上呈现出其特有的统一面貌，体现出具体操作上较强的灵活性。

2. 中观系统中类义征和其他释义之间的照应关系

张志毅、张庆云（2012）将底层义场中义位之间的关系分为十种结构关系，与类义征相关的主要是类义结构和上下义结构。从类义征的坐标功能来看，一般是提示被释词的层级信息，因为类义征的层级关系一定程度上可以提示被释词的层级关系。《现汉》修订工作有意识地通过类义征与其他释义中类义征的照应关系，凸显了被释词的层级信息，如：

表 4.5 《现汉》第 7 版和试用本中"蛙"义场主要类义征出具情况对比

	第 7 版	试用本
蛙	两栖动物	两栖动物（的一科）
青蛙	蛙的一种	两栖动物
牛蛙	蛙的一种	蛙的一种
哈士蟆	蛙的一种	蛙类的一种
林蛙	蛙的一类	无词条

试用本中"青蛙"作为"蛙"的下位词，选取的类义征却是和"蛙""类义征"几乎平级的"两栖动物"，在第 6 版修订中，《现汉》将"青蛙"的类义征修订为"蛙（的一种）"，读者从类义征的照应关系便可知晓"青蛙"是"蛙"的下级词，"牛蛙""哈士蟆""雨蛙"的同级词，充分体现了释义的照应原则。

除上举的"青蛙"例外，《现汉》早期版本中常借助"一科""一属"等表述的互相照应来帮助凸显词条的上下位关系，如：

表 4.6 《现汉》系列版本中"鼬""貂"释义中照应情况对比

		鼬	貂
试用本	类义征	哺乳动物（的一属）	哺乳动物（的一属）
	外延释义	黄鼠狼就是鼬属的动物	种类很多……如我国出产的紫貂

续表

		鼬	貂
第1—4版	类义征	哺乳动物（的一科）	哺乳动物（的一属）
	外延释义	……如黄鼬、紫貂	种类很多……如我国出产的紫貂
第5—7版	类义征	哺乳动物	哺乳动物
	外延释义	种类很多，如黄鼬、紫貂	种类较多，有石貂、紫貂等

"鼬"在试用本中和"貂"平级，类义征均为"哺乳动物（的一属）"，而到了第1版中"鼬"所指范围扩大，从"鼬属"上升至"鼬科"，类义征也被修订为"哺乳动物（的一科）"，同"貂"的"哺乳动物（的一属）"构成了上下级结构，外延释义中"紫貂"的增补佐证了这一层级关系。在第5版的大规模修订后，"鼬""貂"在类义征中删去了"科属"信息，并通过"种类很多""种类较多"的对比协调修订带来的释义信息变化。但第7版中并非所有的百科动物释义类义征都能凸显这种关系，如：

表 4.7 《现汉》第 7 版和试用本中"熊"类义场释义主要类义征出具情况对比

	第 7 版	试用本
熊	哺乳动物	哺乳动物
黑熊	哺乳动物	哺乳动物
棕熊 / 马熊	哺乳动物	熊的一种
北极熊	哺乳动物	哺乳动物

虽然《现汉》第1版中将"棕熊"的主要类义征从"熊的一种"修订为"哺乳动物"，符合"熊"义场内选取上的统一原则，但不利于体现类义征之间的照应关系，或可将"黑熊""棕熊""北极熊"等类义征反方向修订为"熊的一种"。

3. 宏观系统中类义征和释义系统外其他辞书系统的照应关系

辞书系统除释义系统外，还有选词立目系统、注音系统、参见系统等诸多系统。广义上宏观系统的照应关系还可以包括释义和等辞书外，如文化系统、认知系统的照应关系。本章只讨论狭义上的宏观系统，下文主要是对与类义征照应关系较强的参见系统和选词立目系统做简要论述。

（1）类义征和参见系统的照应关系

若将"通称""俗称"视作一种特殊类义征，那么这些"称"类类义征会与正条释义中的相关参见释义"××的通称""××的俗称"构成照应关系。《现汉》对此照应关系的重视，已是学界共识，无须赘述。有些类义征还会因为外延释义产生照应关系，如：

表 4.8 《现汉》第 7 版中"牛"释义的主要类义征和参见系统的照应关系

	主要类义征	外延释义
牛	哺乳动物	我国常见的有黄牛、水牛、牦牛等
黄牛	牛的一种	无
水牛	牛的一种	无
牦牛	牛的一种	无

可见，"牛"通过外延释义，和"黄牛""水牛""牦牛"构成参见关系，参见关系在类义征上体现为"哺乳动物"和"牛的一种"的上下级关系。可见，类义征的选取有些情况下也要考虑辞书给出的参见系统，以避免造成读者的困扰，如第 7 版中"羊"释义给出的外延释义和相关义项类义征的照应关系。

表 4.9 《现汉》第 7 版中"羊"释义的主要类义征和参见系统的照应关系

	主要类义征	外延释义
羊	哺乳动物	种类很多，如山羊、绵羊、羚羊、黄羊、岩羊等

	主要类义征	外延释义
山羊	羊的一种	无
绵羊	羊的一种	无
羚羊	哺乳动物	无
黄羊	哺乳动物	无
岩羊	羊的一种	无

　　羊在"外延"释义涉及的"山羊""绵羊""羚羊""黄羊""岩羊"选用了不同的类义征，类义征与参见系统的照应关系略低于上述的"牛"例。次要类义征情况类似，如上文"统一原则"中提到的"秃鹫"和"兀鹫"新增的次要类义征"猛禽"，或是来源于"猛禽"的外延释义"如鹫、鸢、鸮、隼、鹭、雕"（第7版）的照应。不过从外延释义也可以看出，"猛禽"外延释义中并非所有的相关释义都出具了"猛禽"，如"鹭"便未出具"猛禽"，而是出具了"是益鸟"；也有一些在释义中出具"猛禽"或"性凶猛"的词目未出现在其外延释义中，如"鹗"。主要类义征的情况更加复杂，早期的外延释义列举的相关词语多是辞书中立目的，但随着选词立目系统的变化，外延释义的举例有些是辞书中未收录的，也有些新收录的词目未成为外延释义的举例成员。这种现象或许也与外延释义的功能扩大（可以提供辞书外的相关外延信息）相关，不过该问题涉及参见系统的完善性，相关问题暂不作讨论，此处只对类义征和参见系统的照应关系做简要说明。

　　（2）类义征和选词立目系统的照应关系

　　类义征在表述层上的语词表述形式多样，有些语词被辞书收录，有些语词未被辞书收录，由此就产生了照应关系。《现汉》第7版中，大部分类义征的相关语词得以出条，少部分未出如"海蟹""淡水

鱼""冬候鸟"等词语也曾在试用本中以词目形式出现，很好地体现
了照应原则。

不过后期的增删对类义征的影响不尽相同，"海蟹""淡水鱼"类
词义透明度较高的语词，读者一看便知，收录与否并不会对读者阅读
产生负面影响。但"冬候鸟"一类词义透明度较低的语词，字面上理
解较难。对于出条的早期《现汉》版本，读者或许可以通过查阅"冬
候鸟"词条来帮助理解，但对于删汰了"冬候鸟"的《现汉》后期版
本，读者可能会因为照应关系的丢失而出现理解困难。《现汉》涉及
"候鸟"相关释义如下：

表 4.10　《现汉》第 7 版和试用本出具次要类义征"候鸟"的释义汇总

	第 7 版	试用本
鸿雁	是一种冬候鸟	是一种冬候鸟
燕	春天飞到北方，秋天飞到南方，是候鸟	春天飞到北方，秋天飞到南方，是候鸟
鹬	是候鸟	夏季在北方繁殖，冬天飞往南方

第 7 版中"鸿雁"仍沿用了"冬候鸟"作为次要类义征，而
"燕"和"鹬"一并选用了"候鸟"。与之相应，"冬候鸟"条在第 5
版中被删除，一并删除的还有"候鸟"释义中的"参看 300 页［夏候
鸟］、1360 页［冬候鸟］"。具体可见以下释例：

【候鸟】随季节的变更而迁徙的鸟，如杜鹃、家燕、鸿雁等。参
看［夏候鸟］、［冬候鸟］。（试用本、第 2 版）

【候鸟】随季节的变更而迁徙的鸟，如杜鹃、家燕、鸿雁等。参
看 300 页［夏候鸟］、1360 页［冬候鸟］。（第 3、4 版）

【候鸟】随季节的变更而迁徙的鸟，如杜鹃、家燕、鸿雁等。（第
5 版）

【候鸟】随季节的变更而迁徙的鸟，分为夏候鸟（如杜鹃、家燕）和冬候鸟（如野鸭、鸿雁）等。（第6、7版）

在《现汉》第5版删汰"冬候鸟"后，第6版修订时又在"候鸟"释义中增补了"冬候鸟"和"夏候鸟"信息，重构了照应关系，但所述不多，未能明确标明"冬候鸟"和"夏候鸟"的具体内涵，或可将"冬候鸟"统一为"候鸟"，避免读者阅读时出现困惑。

（三）区别原则

除统一原则和照应原则外，《现汉》百科动物名词释义类义征的选取工作还体现了区别原则，区别原则指现有类义征的选取不符合统一原则和照应原则时，对原有类义征的删改保留须着眼于其本身的区别性。

以前文中的"羊"义场释义为例，据照应原则和统一原则，其外延释义中涵盖的"山羊""绵羊""羚羊""黄羊""岩羊"等5个动物名词释义的类义征或应当统一为"哺乳动物"或"羊的一种"。不过"山羊""黄羊"等动物虽然在日常认知中都被视作"羊"的下属动物，但在动物学分类上分属于两种不同的亚科，其中"山羊""绵羊""岩羊"属"羊亚科"；"黄羊""羚羊"属"羚羊亚科"。《现汉》分选"羊的一种"和"哺乳动物"作为各自的主要类义征的作法，或是为了体现这一百科归属上的差异。因此，相比于将"黄羊""羚羊"的主要类义征强制统一为"羊的一种"，从主要类义征的区别功能出发，保留"山羊"等5个词条的主要类义征不变，而将与之照应的"如山羊、绵羊、羚羊、黄羊、岩羊等"改为"如山羊、绵羊、岩羊等"的做法或许更符合《现汉》本意，也有助于系统性的完善。除外延涉及的"山羊"等名词外，羊义场中还有"盘羊""北山羊""藏原羚"等名词，《现汉》的修订工作或可综合区别原则对其主要类义征的选取做进一步斟酌。

区别原则同样适用于次要类义征，例如上文中提到的次要类义征"是猛禽"和同类个性义征"性凶猛"混杂现象中，"（是）猛禽"与"性凶猛（＋主要类义征鸟）"提供的语义信息基本一致，两者无区别作用，便可参考数量，将数量较少的释义中的"性凶猛"表述改为"（是）猛禽"。但在其他义场百科动物名词释义中，由于"性凶猛"与"性温顺""性狡猾"等相对，其转化形式和本身提供的信息具有较强区别性，便不能和"猛禽"一样改为相应类义征"（是）猛兽"。若独立转化，会因为"性狡猾"等个性义征无相应的类义征形式而造成不统一现象。

统一原则和照应原则具有一定的强制性，而区别原则是对前两种原则做出的协调性补充。

第二节　动物名词释义个性义征

一、语文辞书动物名词释义的个性义征

（一）"个性义征"

若不论语义特征和释义元素的区别，学界对相关释义成分二分的思路和分类结果大致可归为两类。一类是以王宁（2002）[①]为代表，基于传统训诂学，以释义成分与被释词的关系为中心，将用于与被释词对比的释义成分称作"主训词"，将用于揭示被释词和主训词之间不同特征的释义成分称作"义值差"；一类是以张志毅、张庆云（2015）

[①] 文中所标"（2002）"与下文"（2015）"皆为我们选出能反映其分类思路代表作的发表时间，而非最早提出时间。"王宁（2002）"指王宁先生2002年在《中国语文》（第4期）上发表的论文《单语词典释义的性质与训诂释义方式的继承》，"张志毅、张庆云（2015）"指张志毅、张庆云两位先生2015年在商务印书馆出版的专著《理论词典学》。

为代表，基于底层语义场的聚合性，将揭示聚合场中各义位的共同特征称作"共性语义特征"，将揭示聚合场内各义位的独有差异称作"区别性语义特征"①。具体差异可见下表：

表 4.11　两类"二分"思路的对比情况

	王宁（2012）	张志毅、张庆云（2015）
分类角度	与被训词的关系	底层义场内的聚合情况
切分子类	主训词和义值差	共性语义特征和区别性语义特征

由于分类角度不同，分析出的子类互有交叉，如张志毅、张庆云（2015）书中的分析案例。

	共：	区	共：
师姐①	同从一个师傅或老师学习	拜师的时间在前	女子
师妹①	同从一个师傅或老师学习	拜师的时间在后	女子
师姐②	师傅的女儿或父亲的女弟子中	年龄比自己大	人
师妹②	师傅的女儿或父亲的女弟子中	年龄比自己小	人

图 4.1　《理论词典学》（2015）中的相关分析示例

如图所示，若以底层义场聚合关系，则"师妹"释义中"同从一个师傅或老师学习""女子"都可算作共性语义特征。倘若聚焦于被释词与释词的关系的角度来划分，则只有"女子"才能算是"主训词"，"同从一个师傅或老师学习"当为揭示不同的"义值差"。李智初（2012）用括号另注式的行文："这一句可改为'利用水力发的电'或'水力发电产生的电能'。这属于名词中'区别性语义特征＋共性语义特征（即类素）。'"②也证明了两组子类的内涵之间存有交叉现象。

---

① 虽然"区别性语义特征"和"共性语义特征"是语义层面的划分，但时常被用于划分相应的释语，具体如下文的"师姐"等例。

② 李智初：《对外汉语学习型词典释义的优化》，《辞书研究》，2012 年第 6 期。

冯海霞、卢东民（2011）的二分法源于王东海、王丽英（2007）分析法律词语时提出的"主体义征（类义征＋表义征）＋附加义征（评价义征）"，其中"主体义征"和"附加义征"的区别在于提取的对象是概念意义还是附加意义，"类义征"和"表义征"的区别在于是否表示范畴意义，"个性义征"下分"区别性表义征"和"共同性表义征"，分类依据为语义场成员聚合关系。王东海、王丽英（2007）的分类法虽是对语义的分类，但较好兼顾了两种分类思路并有所创新；就兼容方法而言，王东海、王丽英（2007）以张志毅、张庆云（2015）的分类思路为基础，将两类分类中的主要交叉点——表范畴义的上位词独立出来，称作"类义征"。冯海霞、卢东民（2011）继承了这一兼容思路，独立"类义征"概念。但在继承的同时，又依据实际研究对象，对"类义征"相对的成分"表义征"做变动，将其名称改为"个性义征"。可惜冯海霞、卢东民（2011）未对个性义征做出明确定义，其内涵仅可窥见于冯海霞（2018）书中的相关描述："如果说，释文中'类义征'表示一般语义特征，聚合群中所共有的语义成分，具有规定词的语义范畴的作用，那么"个性义征"则是词义的区别特征，在聚合群中为单个词所特有，并以此为相互区别的语义成分，具有规定词的具体语义意义的作用。"[①]转换为表格形式如下：

表 4.12　冯海霞（2018）"类义征"和"个性义征"对比情况

	类义征	个性义征
性质	一般语义特征	区别语义特征
范围	聚合群所有词共有	聚合群单个词特有
作用	规定词的语义范畴	规定词的具体语义意义

---

① 冯海霞：《语文词典语义类别释义的多维研究》，北京：中国社会科学出版社，2018年，第91页。

冯海霞（2018）中的"个性义征"的内涵要小于王东海、王丽英（2007）的"表义征"，略等于聚合场中个别成员独有的"区别性表义征"。"类义征"和"个性义征"的分类，分类思路和分类面貌更接近于王宁（2002）式分类，但其描述中"聚合群"的使用却是张志毅、张庆云（2015）式思路的具体表现，因此也可视作两类分类思路的结合。

冯氏二分出的"类义征"受制于其分类依据，只强调上位语义范畴，从而未能提及其他可以充当"主训词"的词语，如同义词等，因此其"个性义征"外延其要小于"义值差"。考虑到研究对象百科动物名词释义的"主训词"几乎全为"上位词"充当，本章仍以冯海霞（2018）对"个性义征"的描述为基础，依据三分层级，将"个性义征"分为"个性语义特征""个性释义特征""个性义征表述"等三个子概念。其中提取层上的"个性语义特征"定义为"表非类属信息的具体语义信息的语义特征"；选取层上的"个性释义特征"定义为"从'个性语义特征'中选取出的，供辞书释义使用的释义特征"；表述层上的"个性义征表述"定义为"具体辞书对选取出的个性释义特征的形式化表述"，三类都可简称为"个性义征"。

（二）动物名词释义个性义征的类别

个性义征的类别基本源于提取层，可分为宏观类别和微观类别，宏观类别着眼于其个性义征所代表词目信息的性质，微观类别着眼于个性义征所代表词目信息的具体功用。提取层上个性义征经具体辞书选取，进入选取层后，除继承提取层上的宏观和微观两种类别体系外，还因具体辞书的不同发展出主要个性义征和次要个性义征两类。表述层的形式表述，进一步凸显了个性义征的类别性。

1. 个性义征宏观类别

动物名词的显著特征是基义兼具学科义位和普通义位，张志毅、张庆云（2012）曾对学科义位和普通义位做出定义："学科义位就是各学科（社团）用的专门义值，相当于传统词汇学的'概念义'。它具有逻辑因素，反映的是科学概念内涵、范畴及指物特征……普通义位反映的是经验意义，是普通人凭经验感知的表意特征、指物特征。"[①]可见，普通义位着眼于语词，涉及的个性义征常由日常经验中感知而来，并在交际中得以使用，如"喜鹊"的"民间传说它叫将有喜事来临"，便是从普通义位提取出的"语文性个性语义特征"，不知道喜鹊报喜的文化义会可能影响某些情境下的日常交际；科学义位着眼于科学概念或具体事物，涉及的个性义征大多不影响交际，如"牛"的"胃分四室"是从科学义位提取出的"学科义位个性义征"，对牛胃部器官的不了解并不妨碍人们的日常交流。

"民间传说它叫将有喜事来临"和"胃分四室"的矛盾还算明显，但普通义位和学科义位是基义的两个变体，若落实到单个个性义征时，大多难以分析，不利于操作，例如第 7 版中"藏羚羊"的释义"尾短且尖"便很难归类，也容易引发争论，"普通"和"学科"是一个连续统，有典型地带，也有模糊地带。这种连续统现象体也现在对辞书释义整体的评价中，简单来说，判断释义整体体现的是普通义位还是学科义位，主要看其选取层上个性义征的性质、数量和精细程度，选取的义征学科性越强，数量越多，精细程度越高，其体现的学科义位性越强，但三要素有时并不统一，需要综合比较后才能做出大致判断。故而，张志毅、张庆云（2015）对《现汉》中"水""太阳"释义评价"《H》比起《N》《E》，向百科性倾斜，它选择的是科学义位或准科学义位"[②]中，选用了"倾斜""准"等用语。

2. 个性义征微观类别

除着眼于来源性质外，动物名词释义的个性义征还可依据其所代

---

① 张志毅、张庆云：《词汇语义学》（第三版），北京：商务印书馆，2012 年，第 17 页。
② 张志毅、张庆云：《理论词典学》，北京：商务印书馆，2015 年，第 59 页。

表词目信息的具体功用分出微观类别。具体功用指个性义征代表的是被释对象的什么具体信息,如"身体侧扁"提供了"身体形状"类信息,"生活在森林里"提供了"生存处所"类信息,冯海霞(2018)将动物义位的个性义征归纳为"状貌、性情、行为、感知觉能力、食物、生活栖息地、与人关系(用途、疾病传播、对人的伤害)、种类、又称(通称等)"[①],李智(2019)分析《现汉》鱼类动物释义时将相关义值差归纳为"形状""颜色""身体构造""生活环境""功用""生活习性""种类""词目参见"等类别。

个性义征的微观类别实际源于人们对自然事物认知的常见范畴。亚里士多德曾在《形而上学》《物理学》等著作中提到事物的"四因说","四因"分别指"形式因""质料因""动力因""目的因",作用于事物的产生与运动。"四因说"促成了现代生成词库理论。袁毓林(2014)基于生成词库理论将汉语名词物性结构分出十大物性角色:"形式""构成""单位""评价""施成""材料""功用""行为""处所""定位",[②]这十大物性角色一定程度上可以视作提取层上对名词所指事物提取出的十大微观类别,其后不同的辞书可以依据自身具体情况,酌情将十大微观类别的信息选取至释义选取层中。

宏观类别和微观类别是个性义征的一体两面,如上文提到的"胃分四室"既是"百科性个性语义特征",也是李智(2019)提到的"身体构造"类个性语义义征。

3. 个性义征其他类别

提取层上的宏观类别和微观类别经选取层选取、表述层转化后,

---

① 冯海霞:《语文词典语义类别释义的多维研究》,北京:中国社会科学出版社,2018 年,第 81 页。
② 袁毓林:《汉语名词物性结构的描写体系和运用案例》,《当代语言学》,2014 年第 1 期。

成为具体释义。但在选取层上，不同个性义征的重要性有所不同，有高低之分。在一些情况下，由于辞书的类型不同，提取层上同一个个性义征进入选取层后重要性也不尽相同。因此，选取层上可依重要性将个性义征分为"主要个性义征"和"次要个性义征"两类。以"田螺"的"卵胎生"为例，该个性义征基本不会进入小型语文性辞书释义的选取层，无所谓类别；可酌情选入中型综合性辞书释义选取层，相对某些义征是补充个性义征；必收于大型百科性辞书，相对某些义征是必要个性义征。一些情况下，提取层上的个性义征本身便有重要性高低之分，不过这部分容易引发一些无谓争议，便不再多作讨论，可简单视作主要个性义征和次要个性义征的另一来源。

提取层上和选取层上的类别对立最终都会体现在具体的表述层上。表述层有时会加剧这一类别的对立，如《现汉》第7版的部分词条在释义中使用了"（主要危害）禾本科植物""（吃）草本植物""（吃鱼类和）甲壳类"等百科性较强的术语，一定程度上提高了释义整体的学科性，且"禾本科植物""草本植物"并未在《现汉》第7版中立条，若能改成"（主要危害）稻、竹、玉米等"之类的举例式表述，可能更符合《现汉》以语文性为主的性质要求。因此，表述层上的个性义征类别基本继承于提取层和选取层，在一些情况下会通过释义用语、释义句式对原有类别产生影响。

二、动物名词释义个性义征选取层提取

（一）提取方法

个性义征和类义征在选取层上均可依据重要性分出两类。不过，类义征中主要类义征和次要类义征区分明显，单位释义内数量不多，易于充当描写框架；个性义征中主要个性义征和次要个性义征的界限较为模糊，受制变量较多，单位释义内数量也较多，因此划分难度高，不适合于充当个性义征的描写框架。

除选取层外，提取层上的个性义征还能分出宏观类别和微观类别，其中依据来源性质得到的宏观类别，如上文所说，子类界限模糊，归类困难，易引发争论，也不适合于充当个性义征的描写框架；剩下的微观类别是学界对科技条目释义最常用的描写框架，操作性较强。《现汉》的编委之一李志江（2006）在描写科技条目修订情况时提到："科技条目当中，名物词占了绝大部分。它们的释义要素，通常分为类名以及外部形状、性质、功用等两个方面。"[①] 可见以个性义征微观类别为框架描写百科性动物名词释义，不仅方便操作，也切合于《现汉》的实际编写工作。

但以微观类别为描写框架，也存在一些不足，主要问题在于分类的主观性较强，不同的学者可能依据不同的对象分出不同的类。例如李智（2019）的"生活习性"[②] 涵盖了冯海霞（2018）"性情"和"行为"等多个个性义征；冯海霞（2018）的"状貌"则一定程度上包含了李智（2019）的"形状""颜色""身体构造"等义值差。分类的不同会影响最终的描写结果，但其主观性不能避免。

为方便操作，增强客观性，我们在微观类别的基础框架上，采用了以下措施来进行优化。

一是区分义场。基于动物分类学和《现汉》系列的具体释义情况，将动物名词释义酌情分为大大小小的诸多义场，其中"无脊椎动物"下分"原生动物""海绵动物""腔肠动物""扁形动物""线形动物""环节动物""软体动物""节肢动物""棘皮动物""蠕虫动物"等义场，"脊椎动物"下分"鱼类""两栖类""爬行动物""鸟类""哺乳动物"等义场，"其他"义场主要涵盖了"脊椎动物"和"无脊椎动物"未能涵盖的"原索动物"，古代灭绝动物义场释义模式

---

① 李志江：《第5版〈现代汉语词典〉科技条目的修订》，《辞书研究》，2006年第1期。
② 为便于表述，以下不再在具体个性义征类名后加"个性义征"，只用引号做简单标注。

具有独特性，为突出特点，也一并归入"其他"义场中。义场分设的好处首先体现在单位义场内涉及的释义数量较少，共性程度高，描写难度得到有效降低；其次体现在不同义场之间的释义内容具有不同的特色，分别描写不仅有助于操作者更有针对性地对相关释义内容做出整理和分析，还能通过义场之间的释义内容对比来凸显《现汉》中各义场释义内容的个性与特色。

二是预设基础模式。随机选取了部分动物名词作释义汇总，发现"身体""生活处所""食物"是动物名词释义中归类较为容易且出具率较高的几项个性义征，遂将"身体 + 生活处所 + 食物"预设为动物名词释义的基础模式，然后基于基础模式对具体义场中释义做出描写和分析。其中，基础模式涉及的"身体""生活处所""食物"在各义场中的分类标准基本一致，分别对应着读者端的三大需求"什么样""在哪儿""吃什么"；基础模式之外的"习性""功能"① 等个性义征，可依据具体义场情况，就分类标准做一些微调，如下文提到的"草履虫"释义，这样既可以对各义场的基础释义内容做出统一对比，也能突出各义场之间的释义内容特色。在对比时，以同级义场成员为单位，以出具率超过 50% 的个性义征为基础，归纳同级义场的基础释义模式，尽可能避免上下位义场对释义内容选取工作的影响。

三是形式化的分类标注。选取层上的释义内容是抽象的，实际操作时常会碰到两可等特殊情况，本章采用形式化的计量手段，以"1"为标志，代表释义中存有该个性义征；以"［1］"为标记，代表经抽象概括后，释义中勉强算有、或勉强可以独立出的个性义征；

---

① 释义末尾"也叫……""通称……"类独立性较强，主要发挥参见功能，其数据统计对整体释义模式的归纳工作价值不大，故未算入计量。唯一特殊的是"狮子"释义中的"有兽王之称"：一方面"有兽王之称"是孤例，即其他百科动物名词释义中没有再出现"有…之称"类表述；另一方面"有兽王之称"和"狮子"释义中的其他释义内容存在组合关系。具体论述可详见本章第三节相关部分。

以"【1】"为标记，代表该释义内容的转化形式是次要类义征或类义征。形式标记数字"1"仅用于指称"存有"，而无量化数量和提示内容丰富度的功能。分类标注的好处，首先可以通过正文表格和附录提示计量时的一些主观做法，提供参考和交流；其次可以通过"1""［1］""【1】"进一步探讨选取层和表述层之间的转化关系，如"1"和"【1】"便存有个性义征与次要类义征的区别。不过选取层到表述层的转化关系较为复杂，且非本章重要探讨主题，仅对部分转化关系较为明确的，如"益鸟""经济鱼类""力畜"等次要类义征列出，计量为"【1】"。

此外，"［1］"的着重点在于操作上的两可，在一些情况下，释义表述会因为释义中个性义征之间的组合性而被杂糅在一起，如《现汉》第7版中"腔肠动物"的部分释义表述为"体形有两种，一为钟形或伞形，如水母；一为圆筒形，如水螅和珊瑚"，一句释义兼顾"身体"和"外延"两类个性义征，这类释义在选取层上明显是独立的两个个性义征，可以分别标记为"1"。

（二）《现汉》动物名词释义个性义征选取情况

由于相关义征数量较多，此处以《现汉》第7版中百科动物名词释义个性义征为例。

1.无脊椎动物义场

（1）原生动物

《现汉》第7版中除"原生动物"外，收原生动物义场底层释义（即义项）2条，"草履虫"和"滴虫"，二者的释义内容出具情况如下：

表 4.13 "原生动物"义场个性义征计量情况

	身体	生活处所	食物	习性	利害	外延	其他
原生动物		1		1			

	身体	生活处所	食物	习性	利害	外延	其他
草履虫	1	1	1	[1]①			
滴虫	1	1			1		

　　"原生动物"义场的释义数量少，难以归纳出释义模式，但呈现出的两条释义和"身体＋生活处所＋食物"的基本模式大致等同。较为特殊的地方在于，"草履虫"的"身体"要比"滴虫"更细，为"纤毛"出具了"功能信息"——"靠身体周围的纤毛运动"，而"滴虫"则只给出了"有鞭毛"。此外，"滴虫"的释义模式与基本模式明显相异，未出"食物"，多出"利害"。"滴虫"的"利害"在试用本中本未出具，于第 5 版中增补。

　　增补原因或是"滴虫"释义在受制于基本模式的同时，还受到"寄生动物"释义模式的制约，对比归纳出的第 7 版"寄生动物"释义基本模式："身体＋生活（寄生）处所［多和人畜有关］＋利害［寄生效应］"。可知，"滴虫"的释义不仅符合系统性的要求，还体现出《现汉》释义模式的灵活性。

　　（2）海绵动物

　　《现汉》系列版本中未为"海绵动物"独立出条，只出具"海绵"1 条相关释义，其释义内容如下表：

表 4.14　"海绵动物"义场个性义征计量情况

	身体	生活处所	食物	习性	性情	利害	外延	其他
海绵	1	1	1				1	

---

① 　"靠身体周围的纤毛运动"在试用本中的相关释义为"身体周围有纤毛，是它的运动器官"，属普通器官的功能，应和"有鞭毛"一并归入身体义征中，但考虑到"原生动物门"经典四纲"鞭毛虫纲""纤毛虫纲""肉足虫纲""孢子虫纲"的主要分类依据便是运动器官的不同，因此将该释义独立至"习性"中，并用"[1]"表示。

"海绵动物"的释义结构与基本释义模式一致，在修订过程中，也没有发生大的变化，只在第3版中将"生活处所"从"多生在海底岩石间，淡水中也有"精简为"多生在海底岩石间"。

（3）腔肠动物

第7版中除"腔肠动物"外，共收了4条相关释义，其中"珊瑚虫""水螅""水母"和"腔肠动物"之间直接构成上下位关系，"海蜇"是"水母"的下位成员，其释义内容情况如下：

表4.15 "腔肠动物"义场个性义征计量情况

	身体	生活处所	食物	习性	性情	利害	外延
腔肠动物	1	1					1
珊瑚虫	1	1		1			
水螅	1	1		1			
水母	1						1
海蜇	1	1				1	

"腔肠动物"义场释义模式与基本释义模式相异，但整体较为统一，大致可归纳为"身体＋生活处所"。其中"水母"因为其上位属性出具了"外延"释义，但未出"生活处所"；"珊瑚虫""水螅"比腔肠动物义场的基本模式多出具了"习性"，不过"习性"并非一类，分别为"多群居，结合成一个群体""通常进行无性繁殖（由身体长出芽体），夏初或秋末进行有性生殖"；"海蜇"多出的"利害"是其功用"可以吃"。

（4）扁形动物

第7版中除"扁形动物""蠕形动物"外，共收了2条相关释义，分别是"绦虫"和"血吸虫"，其具体释义情况如下：

表 4.16　"扁形动物"义场个性义征计量情况

	身体	生活处所	食物	习性	性情	利害	外延
扁形动物	1						1
蠕形动物	1						1
绦虫	1	1					1
血吸虫	1	1		[1]		1	

对比上文给出的"滴虫"释义，扁形动物义场中，属于"寄生动物"的"绦虫"和"血吸虫"的释义模式大致符合于"寄生动物"的释义模式，不过还存在一些不同，如"绦虫"未出具"利害（寄生效应）"，对比试用本可知，"绦虫"释义中本存有其幼虫"囊虫"的寄生危害，但在后期修订时被删除。"血吸虫"出具的"习性"个性义征"雌雄常合抱在一起"或与"绦虫"的"每个节片都有雌雄两性生殖器"相对，一同呼应"扁形动物"释义中的"多为雌雄同体，如绦虫，有的雌雄异体，如血吸虫"。

"外延"方面，"扁形动物"列出的外延成员是第 7 版立目的"绦虫"和"血吸虫"；"绦虫"列举的成员是未在第 7 版中立目的"有钩绦虫"和"无钩绦虫"。

（5）线形动物

第 7 版中除"线形动物"外，共收了 3 条相关释义，分别是"蛔虫""钩虫""蛲虫"，其具体释义情况如下：

表 4.17　"线形动物"义场个性义征计量情况

	身体	生活处所	食物	习性	性情	利害	外延	其他
线形动物	1						1	
蛔虫	1	1				1		
钩虫	1	1	1	1		1		
蛲虫	1	1	5					

"线形动物"义场中，属于"寄生动物"义场的"蛔虫""钩虫"和"蛲虫"的释义模式大致符合于"寄生动物"的释义模式，但有些许不同，主要体现在"食物"和"习性"上，就"食物"而言，"钩虫"出具的"吸人血"，或是和其后"……贫血……"的"寄生效应"相呼应。

"习性"方面，主要是"寄生行径"的描写，属早期版本的遗留，对比试用本可知，不仅是"钩虫"，"蛔虫"以及上文提到的"绦虫""血吸虫"本都有"寄生行径"的详细说明，只是在修订过程中，有些删除了，有些存留了。其中，"钩虫"的"虫卵随粪便排出体外。幼虫丝状，钻入人的皮肤，最后进入小肠"的得以保留，"蛔虫""血吸虫""绦虫"的相关释义被删除。"蛲虫"的"雌虫常从肛门爬出来产卵"源于后期增补，或是与其后"……肛门奇痒……"的"寄生效应"相呼应。"寄生行径"的删汰或和人们生活条件提高的时代背景相关。

（6）环节动物

第7版中除"环节动物"外，共收了3条相关释义，分别是"蚯蚓""蛭""水蛭"，其中"蛭"是"水蛭"的上位释义，具体释义情况如下：

表4.18　"环节动物"义场个性义征计量情况

	身体	生活处所	食物	习性	能力	利害	外延
环节动物	1	1					1
蚯蚓	1	1			[1]	1[①]	
蛭	1	1	1				1
水蛭	1	1	1				

① "能使土壤松软"或可单独列出为"能力"义征。

由表可见，"环节动物"的义位数量较少，不易概括释义模式，但其释义结构大致符合基本释义模式，仅有"蚯蚓"未出"食物"。

（7）软体动物

第 7 版中"软体动物"义场可再分为三大子义场，分别为"头足类""双壳类"和"腹足类"，其中"腹足类"的下位释义有"螺""蜗牛""蛞蝓"，"螺"下又存有"海螺""法螺""田螺"等三条释义，其具体释义情况如下：

表 4.19 "软体动物"义场个性义征计量情况

		身体	生活处所	食物	习性	性情	利害	外延
软体动物		1	1					1
头足类	头足类	1	1					1
	枪乌贼	1	1					
	乌贼	1						
	章鱼	1	1	1				
	鹦鹉螺	1						
双壳类	双壳类	1	1					1
	蚌	1	1				1	1
	蚶子	1	1					1
	鲍	1	1				1	
	扇贝	1	1				1	
	江珧	1	1		1			
	贻贝	1	1					
	牡蛎	1					1	

续表

		身体	生活处所	食物	习性	性情	利害	外延
双壳类	蛏子	1	1					
	文蛤	1	1	1				
	蛤蜊	1	1					
	砗磲	1	1					
	蚬	1	1					
腹足类	腹足类	1						1
	螺	1						1
	田螺	1	1		1			
	钉螺	1	1		1			
	法螺	1	1				1	
	蜗牛	1	1	1				
	蛞蝓	1			1	1		1

"软体动物"义场的基本释义模式是"身体＋生活处所",部分出具了"习性""利害"和"外延"。就"头足类"而言,释义整体较为整齐,但"乌贼"未出具"生活处所","章鱼"出具了"食物"。"双壳类"中,"牡蛎"未出"生活处所","文蛤""江珧"分别出具了"食物"和"习性"。"腹足类"中,"螺"义场释义较为整齐,"田螺"和"钉螺"分别出具了"习性":"卵胎生"和"卵生","法螺"则未出"食物""习性",出具了"利害"。

"外延"方面,"蚌"是较为笼统的"种类很多","蚶子"列举的"泥蚶""毛蚶"未在《现汉》第 7 版中立目,其余"外延"中涉及相关词语都可在第 7 版中找到独立条目。

（8）节肢动物

在第 7 版中，除"节肢动物"①"螯肢动物""单肢动物""甲壳动物""昆虫"外，共收相关义位释义 85 条，其中"螯肢动物"9 条、"单肢动物"64 条、"甲壳动物"12 条，由于涉及释义较多，文中不再列举，可详见附录。此外，节肢动物指称情况复杂，可供参考的外延释义较少，分类学上也多有分歧，我们主要参考《昆虫分类学》第二版②《动物学》③的分类框架对相关词条做简单分类，不再详细划分义场，共涉及 85 个节肢动物词目。

A 螯肢动物

鲎|蜘蛛|蟏蛸|蝗螂|蝎子|蜱|螨|鲎|疥螨

B 单肢动物

蚰蜒|马陆|蜈蚣|石蛃|衣鱼|蜉蝣|蜻蜓|螽斯|蝈蝈儿|蟋蟀|油葫芦|蝼蛄|蝗虫|飞蝗|蚱蜢|竹节虫|蟑螂|地鳖|螳螂|白蚁|蠼螋|虱子|椿象|蚜虫|蝉|寒蝉|蚱蝉|蟪蛄|臭虫|白蜡虫|天牛|瓢虫|斑蝥|金龟子|蜣螂|萤|米象|蛾子|螟虫|黏虫|蝴蝶|粉蝶|蛱蝶|柞蚕|桑蚕|跳蚤|蚊子|蚋|蠓|虻|牛虻|白蛉|苍蝇|蜂|胡蜂|蜜蜂|蚁|蚂蚁|蝗蝻|蛟蟟|孑孓|蛆|尺蠖|蚕蛾

①　从《现汉》系列释义来看，"节肢动物""甲壳动物"等名称的分类阶元发生过变化，如试用本中"节肢动物"类义征为"无脊椎动物的一门"，"甲壳动物"的类义征为"节肢动物的一类"，无"单肢动物"和"螯肢动物"；而在第 7 版中，"节肢动物"类义征为"无脊椎动物的一大类"，"甲壳动物""单肢动物""螯肢动物"的类义征均为"节肢动物的一门"。分类学的背景知识，暂不讨论，只依据《现汉》释义中所呈现除的层级关系将"甲壳动物""单肢动物""螯肢动物"均视作"节肢动物"的子义场处理。
②　袁锋、张雅林、冯纪年等编著：《昆虫分类学》，北京：中国农业出版社，2006 年。
③　刘敬泽、吴跃峰主编：《动物学》，北京：科学出版社，2014 年。

C 甲壳动物

虾|对虾|龙虾|毛虾|蝲蛄|蟛蜞|螃蟹|梭子蟹|鲎虫|水蚤|龟足|蛬

其个性义征计量情况如下：

表4.20 "节肢动物"义场个性义征计量情况

		身体	生活处所	食物	能力	习性	利害	外延	其他
螯肢动物	出具数量	8	7	4	2	2	4	2	1
	出具率	88.9%	77.8%	44.4%	22.2%	22.2%	44.4%	22.2%	11.1%
单肢动物	出具数量	62	28	38	18	19	37	21	1
	出具率	96.9%	43.8%	59.4%	28.1%	29.7%	57.8%	32.8%	1.6%
甲壳动物	出具数量	12	12	1	1	1	3	2	1
	出具率	100.0%	100.0%	8.3%	8.3%	8.3%	25.0%	16.7%	8.3%

①甲壳动物

"甲壳动物"义场的释义最为整齐，基本释义模式可大致概括为"身体+生活处所"，其中"虾"出具了"食物""能力""外延"义征，分别是"捕食小虫等""会跳跃""种类很多，如青虾、龙虾、对虾等"（另一个出具"外延"是"螃蟹"）；"水蚤"出具了"习性""成群"。"利害"方面，主要是"毛虾""蝲蛄""水蚤"的"煮熟晒干后叫虾皮，供食用""是肺吸虫的中间宿主""是金鱼等的饲料或食饵"。"其他"类有"对虾"的理据释义"过去市场，上常成对出售，所以叫对虾"。

②螯肢动物

"螯肢动物"的释义较为整齐，基本模式可大致归纳为"身体+

生活处所"，其中"螲蟷"①未出"身体"，"蝎子"和"蜱"未出"生活处所"。对比试用本可知，"蝎子"在试用本中本都有"生活处所"义征，具体为"多生活在阴暗潮湿的地方"。"食物"和"利害"出具数量不多，"食物"可以分为两类，一是"蜘蛛""蝎子"的"捕食昆虫"类，一类是"蜱""螨"的"吸人血"类；"利害"4例中，有3例"寄生效应"，仅有1例为"蝎子"的"可入药"。对比上文可知，"寄生动物"义场的"寄生效应"主要出现在寄生或半寄生在人畜身上的寄生虫类释义中，大致可分为两种，一是"引发疾病"；二是"传染疾病"。"能力""习性""外延""其他"出具较少，零零散散，不具系统，如仅有"蝎子"出具的"习性"："卵胎生"，这里不再一一赘述。

③单肢动物

"单肢动物"的释义内容情况最为复杂，主要体现为选取层和表述层的转化关系复杂，试比较以下三组释义：

表 4.21　第 7 版中"单肢动物"义场个性义征特殊表述情况

词目	释义 1	释义 2	释义 3
黏虫	是稻、麦、高粱、玉米等的主要害虫		
粉蝶	是农业害虫	幼虫吃白菜、油菜、萝卜等蔬菜的叶	
螟虫			主要侵害水稻，也侵害高粱、玉米、甘蔗等
蛱蝶		有的吃麻类植物的叶子	对农作物有害

---

① 从"螲蟷"的释义"一种生活在地下洞穴中的蜘蛛"来看，《现汉》似乎将其视作语文词条处理，《中国大百科全书》第三版将"螲蟷科"释义"蛛形纲蜘蛛目的一科。通称螲蟷……已描述定名 500 余种……"和《现代汉语规范词典》第 3 版释义"一种生活在底下的蜘蛛，体长约 1 厘米，黑褐色。所掘洞穴内布满蛛丝，穴口有圆盖。伺小虫经过，翻盖捕食；遇敌害，闭盖躲避"后，此处将其计入汇总，以供参考。

上表是《现汉》第7版中部分"单肢动物"词条的释义摘选，释义1是相关的次要类义征，释义2是含有"吃""食"等表述标记的个性义征释义，释义3是含有"害""利"的表述标记的个性义征释义。其中，"粉蝶"和"蛱蝶"释义的形态标记最为明晰，释义2都有"吃"，释义3都有"害"，分别对应选取层上的"食物"和"利害"，仅在"利害"的转化形式方面略有区别，可分别记作"1""【1】"。"黏虫"和"螟虫"的表述较为复杂，无法直接判定它是否杂糅了"食物"和"利害"两个个性义征，若将其视为"食物""利害"的杂糅体，则杂糅体内的"食物"要比直接出具的"食物"信息概括性要更强一些，如"蛱蝶"的释义中出具了更具体的"叶子"信息。虽然《现汉》修订情况一定程度上可以证实二者在表述层上存在一定的杂糅情况，如试用本中"蝗虫"的"吃麦、稻、玉蜀黍等禾本科植物"在第7版中被呈现为"主要危害禾本科植物"，但为避免主观上过多联想，我们仍以表述标记为主要参考依据，将带有"利/害"表述标记的释义视为个性义征"利害"，将带有"吃、吸"等表示标记的释义视为个性义征"食物"，将带有"蛀食"等表述标记的释义视为"食物"和"利害"的杂糅体。"食物"除与"利害"外，在选取层上还常与"生活处所"杂糅，如：

【螟虫】昆虫，螟蛾（一种中小型蛾类）的幼虫，习性多样，一般以潜伏或钻蛀形式生活，蛀食水稻、高粱、玉米、甘蔗等……。（《现代汉语学习词典》）

【螟虫】昆虫，种类很多，多生活在水稻、高粱、玉米等植物的茎秆中。是害虫。（《商务馆小学生词典》）

从"多生活在水稻、高粱、玉米等植物的茎秆中"可以看出，单列的"生活处所"要比疑似杂糅的相关释义更具细节性。《现汉》第

7版中虽无相近例证，不过从相关释义中可见，若"食物"和"生活处所"同时单列，则"生活处所"一般是栖息环境，而非"高粱"等具体植物，如《现汉》第7版中"蟋蟀"的"生活在阴湿的地方，吃植物的根、茎和种子，对农业有害"和"蛴螬"的"生活在土里，吃农作物的地下部分，是害虫"。可见，"害虫"类的"食物""危害对象""生活处所"在具体植物信息方面，有些情况下具备统一性，表述层上可能发生杂糅和偏重，杂糅后的释义要比单列的释义概括性更强；对统一性稍弱的"害虫"类释义，如非生活在植物体内或体表的"蟋蟀"，更容易出现"生活处所""食物"等个性义征分别单列情况。

就个性义征整体而言，节肢动物义场中出具率前三的个性义征分别为"身体""食物""利害"，其基本模式可以大致概括为"身体＋食物＋利害"。"身体"义征出具率最高为"96.9%"，仅"螟虫"和"白蜡虫"未出；"食物"和"利害"出具率其次，是节肢动物义场的特色释义内容，不过有些"食物"和"利害"的共现关系似乎不太统一，如同为"蟋蟀总科"的"蟋蟀"和"油葫芦"，分别出具了"吃植物的根、茎和种子"和"吃豆类、谷类、瓜类等"，但仅有"蟋蟀"出具了"利害"，"对农业有害"。

"生活处所"如上文所述，一般是"生活在阴暗的地方""生活在水中"等"非具体植物"类；"习性"主要为"昼伏夜出"和"群居"两类，两类总和有12例，占总数的60%；"功能"多为"器官功能类"，如"发音器官"的"发声"，"腿长"的"善（于）跳跃"，"有翅膀"的"善飞"等；"外延"21例中，有17例是较为笼统的"种类很多"，占比达到81%；"其他类"主要指"桑蚕"的"发育过程"。

（9）棘皮动物

在第7版中，除"棘皮动物"外，共收3条相关释义，其中"海燕"是"海星"的下位释义。

表 4.22 "棘皮动物"义场个性义征计量情况

	身体	生活处所	食物	习性	利害	外延
棘皮动物	1	1		1		1
海星	1	1	1			1
海燕②	1				1	
海参	1	1	1		1	1

"海星""海参"的释义和基本释义模式大致相同，仅有"海参"以次要类义征的形式出具了"利害"义征——"有的是珍贵的食品"。"海燕"则出具了"身体"和"利害"两类释义内容，其中部分释义继承于"海星"，如"身体"中的"身体扁平，像五角星"；部分释义是自身增补的细节信息，如"身体"的"背部稍隆起"和"利害"，"可入药"。

"外延"方面，"棘皮动物"的外延释义为"如海星、海胆、海参、海百合等"，对比试用本可知，涉及的 4 个名词在试用本中都有立目，不过在后期修订过程中，"海胆""海百合"相继被删除，在第7 版中仅剩下了"海星"和"海参"。"海参"的"外延"为第 5 版所补，涉及的"刺参、乌参、梅花参"，仅"刺参"曾被立目，可见第 5版修订对外延释义的功能定位或是做了一些调整，更加重视与辞书外背景信息的联系。

（10）蠕虫动物门

"蠕虫"的归属不定，对其类属信息的揭示，《辞海》第 7 版网络版①采用具体并列的方法："独立为一门，或列为环节动物的一纲……"，《现汉》第 7 版则采用模糊概括的方法："无脊椎动物的一大类"，二者的对比充分体现出大型综合性辞书和中型综合性（偏语文

---

① 以下"《辞海》第 7 版"若无特殊说明，皆为"《辞海》第 7 版网络版"。

性）辞书的释义特点。我们将"蠓虫"立为单独义场，其个性义征释义只有"身体"和"生活处所"两个。

2.脊椎动物义场

（1）鱼类

《现汉》第7版中，除"鱼""硬骨鱼""软骨鱼"外，共收鱼类相关义项106条，由于释义内容较多，不便——列出，具体词目如下：

鲨鱼｜鲸鲨｜鳐｜鳍｜蝠鲼｜魟｜鲟｜中华鲟｜鳇｜鳗鲡｜鲱｜沙丁鱼｜鲥｜鲦｜鲥｜鳀｜鲚｜刀鱼｜凤鲚｜胭脂鱼｜鳢｜青鱼｜草鱼｜鳡｜鳍｜赤眼鳟｜鲌｜鳌｜鳊｜鲂｜团头鲂｜鲴｜鲢｜鳙｜鲂｜鲮｜鲤｜鲫｜鲃｜鲅｜泥鳅｜鲇（鲶）｜鲵｜毛鲿鱼｜鳠｜鳐｜鲑｜大麻哈鱼｜虹鳟｜鳕｜鮟鱇｜鳎｜鳒｜飞鱼｜鳕｜鳏｜鲉｜平鲉｜鲂鮄｜鲸｜鲬｜黄鳝｜海马｜鲈｜鲒｜鳜｜鳝｜鲯｜鳅｜鲹｜鲥｜鳐｜黄鱼｜大黄鱼｜小黄鱼｜鲷｜鳊｜鲫｜非洲鲫鱼｜鳟｜鳜｜带鱼｜鲭｜鲐｜马鲛｜金枪鱼｜鲣｜鲔｜鲳｜鳢｜乌鳢｜鲃｜鳍｜鲽｜鳎｜鲽｜鲆｜河豚｜总鳍鱼｜鲵｜鲹｜鳍｜鲥｜鲹鲏｜鳓｜鳍｜鲎

个性义征出具情况汇总如下：

表4.23 "鱼类"义场个性义征计量情况

	身体	生活处所	食物	习性	能力	性情	利害	外延	其他
数量	106	101	25	18	4	7	17	30	2
出具率	100.0%	95.3%	23.6%	11.0%	3.8%	6.6%	16.0%	28.3%	1.9%

鱼类义场中出具率前三的个性义征分别是"身体""生活处所""外延"，基本模式为"身体+生活处所"，其中"身体"的出具率为100%，"生活处所"的出具率略低一些，有95.3%，106例中仅有"鳕""凤鲚""海马""鳢""总鳍鱼"等5例未出。鱼类的"外延"释义中有14例是"种类很多"类简要概述，剩下16例中，仅有

6 例涉及在第 7 版中被立目的词语。

鱼类义场的"食物"多是"吃小鱼等""吃小鱼、虾等""捕食小鱼、蛙等"等以"小鱼"为中心成分的类型，整体数量不多，仅有 25 例。"习性"方面多是说明鱼类的迁徙（产卵）习性，如"大马哈鱼"的"夏初或秋末成群入黑龙江等河流产卵"。"利害"主要说明鱼类的经济、养殖、食用等价值，大部分以"次要类义征"的形式出现，如"鲱"的"是重要的经济鱼类""鲑"的"是重要的食用鱼"等，少部分以个性义征的形式出现，这种情况下，释义提供的信息一般更加具体，如"沙丁鱼"的"通常用来制罐头""鳕"的"肝可制鱼肝油"等；"利害"中也有少量强调了其"危害性"，如"鳜"的"对淡水养殖业有害"。

"性情"方面有 7 例，其中 6 例"性凶猛"，1 例"性温顺"。"能力"主要有"金枪鱼"的"游得很快""鲨鱼"的"行动敏捷""鲮"的"不耐低温""飞鱼"的"能跃出水面在空中滑翔"等。其中"飞鱼"或和其理据有关，"鲮"或和其次要类义征"是珠江流域等地区的重要经济鱼类"有关。"其他"类主要指"沙丁鱼"的"［沙丁，英 sardine］"和"总鳍鱼"的"最早出现于泥盆纪……现在仍有残存"，后者或是受到了"古代灭绝动物"义场释义模式的影响。

（2）两栖动物

在《现汉》第 7 版中，除"两栖动物"外，共收了 10 条相关释义，其中"蛙"的下位释义有"青蛙""牛蛙""雨蛙""哈士蟆"等 4 条。

表 4.24 "两栖动物"义场个性义征计量情况

	身体	生活处所	食物	习性	能力	利害	外延	叫声
两栖动物	1	1		1			1	
蝾螈	1	1	1	1				
大鲵	1	1						1

	身体	生活处所	食物	习性	能力	利害	外延	叫声
小鲵	1	1						
蟾蜍	1		1			1		
蛙	1		1		1	1	1	
青蛙	1	1	1	1	1	1		1
牛蛙	1	1	1			1		1
雨蛙	1		1			1	1	
哈士蟆	1	1				1		

就"蝾螈""大鲵""小鲵""蟾蜍""蛙"等义位而言，释义模式和基本释义模式大致相同，不过"蟾蜍"和"蛙"均未出"生活处所"，"大鲵"和"小鲵"未出"食物"。"习性"方面，仅有"蝾螈"继承了"两栖动物"中的"卵生"。"大鲵"出具的"叫声"——"叫的声音像婴儿啼哭"或是源于其又名"娃娃鱼"的理据。"利害"方面，"蛙""蛤蟆"都出具了"对农业有益"。

"蛙"的下位义位释义的基本模式为"身体＋生活处所＋食物＋能力＋利害＋叫声"。其中以"身体""生活处所""食物"和"利害"的出具率最高，占到75%；出具率较低的有"能力""叫声"和"外延"。相比于"青蛙"的"雄的声音响亮"，"牛蛙"的"叫声"——"叫的声音像牛"或也与其构词理据相关。值得注意的是，"青蛙"的释义内容要远多于义场内其他释义，一方面重复了上位义位释义"蛙"的诸多义征；另一方面给出了许多较为详细的具体描写，如以下对比：

【蛙】两栖动物，无尾，后肢长，前肢短，趾有蹼，善于跳跃和游泳。捕食昆虫，对农业有益。种类很多，常见的有青蛙等。(《现

汉》第7版)

【青蛙】蛙的一种，头部扁而宽，口阔，眼大，皮肤光滑，颜色因环境而不同，通常为绿色，有灰色斑纹，趾间有蹼。生活在水中或近水的地方，善跳跃，会游泳，多在夜间活动，雄的叫声响亮。吃昆虫，对农业有益。通称田鸡。(《现汉》第7版)

从释义内容的数量和类型看，"青蛙"或是"蛙"义场的释义重心。

（3）爬行动物

在《现汉》第7版中，除"爬行动物"外，共收相关词条23个。可依据分类学，分为"龟鳖目""蜥蜴目""蛇目""鳄目"等，"龟"① "蜥蜴""蛇""鳄"分别是各义场的上位词，"蠵龟"是"海龟"的下位词，具体释义情况如下：

表 4.25 "爬行动物"义场个性义征计量情况

		身体	生活处所	食物	习性	性情	能力	利害	外延	其他
	爬行动物	1								
龟鳖目	龟	1	1	1					1	
	乌龟	1	1	1			1	1		
	玳瑁	1	1	1		1				
	海龟	1	1	1						
	蠵龟	1	1	1						
	鳖	1	1							
	鼋鱼	1	1							

---

① 依释义，《现汉》的"龟"或指称狭义上的"龟科"，与"海龟（科）"相对。"海龟"或指"绿海龟"。

续表

		身体	生活处所	食物	习性	性情	能力	利害	外延	其他
蜥蜴目	蜥蜴	1	1	1						
	壁虎	1	[1]	1			1	1		
	变色龙	1		1						
	鳄蜥	1	1	1						
	巨蜥	1		1			1			
	蛤蚧	1		1				1		
蛇目	蛇	1							1	
	蝮蛇	1	1	1						
	蛏蛇	1	1	1						
	盲蛇	1		1						
	蟒蛇	1	1	1						
	眼镜蛇	1	1	1			1			
	响尾蛇	1	1							
	竹叶青	1	1							
鳄目	鳄	1	1	1	1	1			1	1
	扬子鳄	1	1	1						

爬行动物义场的释义模式也和基本模式大致相同。

"龟鳖目"义场的"乌龟"释义内容种类较多，和上文列出的"青蛙"一样，对上位词条的释义多有重复。"玳瑁"多出了"性情"个性义征"性暴烈"。"鳖""鼋鱼"未出"食物"。

"蜥蜴目"义场中"生活处所"出具情况不一致，"巨蜥"和"壁虎"出具了"能力"，其中"壁虎"的"能力"——"能在壁上爬行"或和"壁虎"的理据相关，又因为"在壁上"一定程度上回答了"在哪儿"，所以表格中用"［1］"来加以标注。

"蛇目"义场中"盲蛇"未出具"生活处所"，"响尾蛇""竹叶青"未出具"食物"，"眼镜蛇"强调了"能力"——"毒性很大"。"鳄目"义场中上位义位"鳄"的释义内容比下位义位"扬子鳄"丰富多样，且在释义末尾给出了"其中扬子鳄是我国的特产"。可见，"鳄"义场的释义重心在"鳄"而非"扬子鳄"上。

（4）鸟类

《现汉》第7版中除"鸟"外，共收相关义项115条，具体词目如下：

鸵鸟｜鸸鹋｜无翼鸟｜鹈｜企鹅｜美洲鸵｜鹏鹕｜鹱｜信天翁｜海燕①｜鹈｜鹈鹕｜鲣鸟｜鸬鹚｜鹳｜白鹳｜黑鹳｜鹭｜白鹭｜鹮｜朱鹮｜彩鹮｜火烈鸟｜雁｜鸿雁｜鹅｜天鹅｜鸭｜绿头鸭｜鸳鸯｜隼｜鹰｜老鹰｜雀鹰｜鹞｜苍鹰｜鸶｜雕｜秃鹫｜兀鹫｜鹗｜鹤｜丹顶鹤｜白鹤｜灰鹤｜黑颈鹤｜骨顶鸡｜鸨｜大鸨｜鸻｜燕鸻｜鹬｜鸥｜海鸥｜鸽子｜家鸽｜原鸽｜鹈鸪｜斑鸠｜鹦鹉｜杜鹃｜鸱鸮｜猫头鹰｜鸺鹠｜夜鹰｜金丝燕｜蜂鸟｜翠鸟｜戴胜｜啄木鸟｜雀｜麻雀｜燕雀｜朱雀｜金丝雀｜百灵｜云雀｜燕｜家燕｜鹈鸪｜鹨｜鹡｜白头鹎｜伯劳｜黄鹂｜椋鸟｜欧椋鸟｜八哥｜极乐鸟｜鸦｜乌鸦｜喜鹊｜鸲鹆｜鸫｜歌鸲｜红点颏｜蓝点颏｜鸲｜鹛｜画眉｜莺｜鸲｜鹀｜雉｜鹌鹑｜鹧鸪｜孔雀｜白鹇｜褐马鸡｜田鸡｜锦鸡｜原鸡｜鸡｜火鸡｜鸹

个性义征计量如下：

表4.26 "鸟类"义场个性义征计量情况

个性义征	身体	生活处所	食物	习性	能力	利害	外延	叫声	其他
数量	115	54	77	20	37	21	36	14	4
出具率	100.0%	47.0%	67.0%	17.4%	32.2%	18.3%	31.3%	12.2%	3.5%

可见，鸟类义场中出具率前三的个性义征分别是"身体""食物""生活处所"，其中"身体"的出具率占到100%，"食物""生活处所"占比并不算太高，造成该现象原因或可归纳两方面，一方面是底层释义出具情况不一；另一方面是上下释义重复情况不一。

表 4.27　"鹳形目"义场的三组子义场的"身体""生活处所""食物"出具情况

	词目	身体	生活处所	食物
鹳科	鹳	1	1	1
	白鹳	1	1	
	黑鹳	1		1
鹭科	鹭	1	1	
	白鹭	1	[1]	1
鹮科	鹮	1	1	
	朱鹮	1	1	1
	彩鹮	1	1	1

由表所示，"鹳科"义场中，"黑鹳"未重复出具"生活处所"；"鹮科"义场中，上位义位"鹮"未重复出列"食物"；"鹭"义场中，上位义位"鹭"和"白鹭"分别出具了"生活处所"①和"食物"。上下位重复和同层出具的情况具有一定随意性，上文所举鱼类义场中也有类似现象，只是不如鸟类义场明显，如上位义位"鲚"释义中出具了"生活在海洋中"，下位义位"刀鲚"释义中继承并重复给出了"生活在海洋中"，而"凤鲚"释义则未出具"生活处所"。

"鸟类"中的"能力"主要有"（不）能/善飞、走、游泳"类，

————

① "白鹭"释义中有"能涉水捕食鱼、虾等"，因为"涉水"虽未明确说明生活处所，但一定程度上回答了"在哪里"的问题，为显示区别，本章将其标记为"[1]"，以供参考。

详细度不一，如"鸵鸟"出具"善走"的同时，也给出"不能飞"，"美洲鸵"则只出了"善走"，而未给"不能飞"，"猛禽"类常出的"能力"是"视力强"。"习性"主要分为"迁徙"和"群居"等两类，有些词条也出了"昼伏夜出"等其他类。"利害"方面主要指"对人类/农业/林业有益"，若将"益鸟"也视为"对人类/农业/林业有益"类，则该类义征和"食物"义征的共现关系很强，所在的 15 个相关释义中均出具了"吃昆虫""吃鼠类"等"食物"个性义征。

"叫声"是"鸟类"释义中较为独特的个性义征之一，故而表格中将其设为独立一列。"雀形目"义场出具最多，多是夸赞性的，如"画眉"的"叫的声音很好听"和"莺"的"叫的声音清脆"，也有一些评价略显负面的释义，如"喜鹊"的"叫声嘈杂"。

（5）哺乳动物

《现汉》第 7 版中，除"哺乳动物""灵长目"外，共收义项 140 个，具体词目如下：

鸭嘴兽｜袋鼠｜树鼩｜鼩鼱｜鼹｜刺猬｜蝙蝠｜食蚁兽｜树懒｜犰狳｜穿山甲｜懒猴｜猴｜猕猴｜台湾猴｜山魈｜狒狒｜叶猴｜金丝猴｜猿｜长臂猿｜猩猩｜黑猩猩｜大猩猩｜狼｜狗｜獒｜狐｜赤狐｜貉｜豺｜熊｜黑熊｜棕熊｜北极熊｜大熊猫｜小熊猫｜鼬｜黄鼬｜艾鼬｜水貂｜貂｜青鼬｜紫貂｜貂熊｜狗獾｜猪獾｜鼬獾｜水獭｜海獭｜海狮｜海狗｜海象｜海豹｜灵猫｜花面狸｜獴｜蟹獴｜鬣狗｜豹｜金钱豹｜云豹｜雪豹｜虎｜狮子｜猫｜豹猫｜猞猁｜象｜儒艮｜海牛｜马｜斑马｜野马｜驴｜野驴｜骡子｜貘｜犀｜猪｜野猪｜河马｜骆驼｜野骆驼｜鹿｜白唇鹿｜坡鹿｜梅花鹿｜水鹿｜马鹿｜麋鹿｜黇鹿｜麂｜獐｜驼鹿｜驯鹿｜狍｜麝｜獐狍狓｜长颈鹿｜牛｜野牛｜黄牛｜水牛｜牦牛｜野牦牛｜羚羊｜羊｜山羊｜绵羊｜北山羊｜盘羊｜麝牛｜岩羊｜藏羚｜藏原羚｜鬣羚｜羚牛｜黄羊｜鲸｜蓝鲸｜鳁鲸｜江豚｜白鳖豚｜海豚｜中华白海豚｜松鼠｜鼯鼠｜飞鼠｜旱獭｜河狸｜海狸鼠｜鼠｜鼢鼠｜田

鼠 | 家鼠 | 小家鼠 | 豪猪 | 豚鼠 | 兔

个性义征计量如下：

表 4.28　"哺乳动物"义场个性义征计量情况

个性义征	身体	生活处所	食物	习性	能力	性情	利害	外延	其他
数量	140	85	76	32	56	17	31	24	1
出具率	100.0%	60.7%	54.3%	22.9%	40.0%	12.1%	22.1%	17.1%	0.7%

《现汉》第 7 版中，哺乳动物义场出具率前三的个性义征分别是"身体""生活处所""食物"，其中"身体"个性义征的出具率达到了100%，而"生活处所"和"食物"的出具率稍低，之所以有该现象，除哺乳动物下级义场复杂外，也存在和鸟类义场相近的两点原因，即底层释义出具情况不一；上下位释义重复情况不一。此处不再赘述。

哺乳动物义场中，"能力"出具率较高，类型要比"鸟类"丰富，有"善跳跃""能直立行走""善于掘土"等；"习性"主要以"穴居""昼伏夜出""群居"等类为主，三类约占"习性"总数的78%。"性情"除常见的"性凶猛""性温顺"外，还有"性凶暴""性狡猾多疑""性孤独"等，不过后者数量较少，17 例中仅有 4 例。

"利害"以正面功用类为主，如"马"的"可供拉车、耕地、乘骑等用"、"狗獾"的"脂肪炼的獾油可以用来治疗烫伤等"等；也有少部分负面影响类，如"豪猪"的"常盗食农作物"，"家鼠"的"咬衣物，并能传播鼠疫"。其中正面的"力畜"类和负面的"（疾病）媒介"类在有些释义中也会以次要类义征的形式出现，如"牦牛"的"（是我国青藏高原地区的）主要力畜"，"小家鼠"的"（是传播鼠疫的）媒介"。

"外延"类内容丰富，涉及其他动物名词多在第 7 版中被单独立目。"其他"类指"狮子"的"吼声很大（有兽王之称）"。

3. 其他义场

（1）原索动物

《现汉》第7版中除"原索动物"外，仅收了"文昌鱼"1个底层词条，其释义内容情况如下：

表 4.29 "原索动物"义场个性义征计量情况

	身体	生活处所	食物	外延
原索动物	1			1
文昌鱼	1	1	1	

从表可见，"文昌鱼"的释义结构和基本释义模式基本一致。

（2）古代灭绝动物

《现汉》第7版中，收录了6条古代已经灭绝的动物释义，其释义内容具体如下：

表 4.30 "古代灭绝动物"义场个性义征计量情况

		身体	生活处所	生活时间	能力	外延	其他
A 组	蜓	1	1	1			
	恐龙	1	1	1		1	
	猛犸	1	[1]	1			
	三叶虫	1		1		1	
B 组	鱼石螈	1		1			【1】
	始祖鸟	1		1	1		【1】

古代灭绝动物可以大致分为两组，A 组是"蜓""恐龙""猛犸""三叶虫"，它们的基本释义模式为"身体＋生活处所＋生存时间"，其中"恐龙""三叶虫"出具了"外延"；B 组是"鱼石螈""始祖鸟"，它们的基本释义模式为"身体＋生存时间＋其他"，其中，"始祖鸟"出具了"能力""稍能飞行"，"其他"主要指次要类义征带

来的"是……的过渡 / 中间类型"。可将 B 组视为 A 组的变体形式，变体条件为是否是古代动物中的过渡种类。B 组未出"生活处所"，且"生活时间"详细度低于第一组，或是因为其化石发现较少，提取层上内容本身有限。

古代灭绝动物的模式（主要是 B 组）影响到"鱼类"中的"总鳍鱼"，如"总鳍鱼"的部分释义："最早出现于泥盆纪，是陆生脊椎动物的祖先，为鱼类进化成两栖类的过渡类型，现代仍有残存"。不过与过渡类不同的是，"总鳍鱼"尚未灭绝。

三、《现汉》动物名词释义个性义征选取经验

符淮青（1982）曾提到："相当多的表名物的词，其种差是开放性的，即其种差很难列举周全，说明种差可详可略。"[1] 可见对于名物词而言，"个性义征"的数量具有开放性，如何选取、选取哪些，是汉语语文辞书动物名词释义面对的首要难题，是《现汉》中动物名词释义修订需要考虑的重要问题，也是缓解汉语语文辞书精细化和简明化的主要着手点。《现汉》的编纂和修订工作积累了大量相关经验，学界讨论也较多。我们主要从照应原则和针对原则两个方面来对个性义征的选取经验做简要概述。《现汉》的修订工作还体现出较强的统一规则、准确原则、范畴原则等，由于统一原则对个性义征的影响机制和类义征的大致相同，不再单独论述，相关情况可见下文"侧扁"等修订示例的论述。

（一）照应原则

上文曾将照应原则着眼的照应关系的所在系统，分为微观系统、中观系统和宏观系统。个性义征同样着眼于该三大系统，不过具体情况略有不同，微观系统除类义征和个性义征的照应关系外，还存有个

① 符淮青:《名物词的释义》,《辞书研究》, 1982 年第 3 期。

性义征和个性义征的照应关系；中观系统除类义结构和上下位结构外，还有总分结构中的照应关系；宏观系统上个性义征的照应关系较弱，多集中在表述层上，暂不论述。

1. 微观系统中的个性义征和个性义征的照应关系

除类义征和个性义征外，个性义征和个性义征也常具有照应（组合）关系。不过如潘雪莲（2011）所言，"中心成分居首"的释义模式"语义逻辑关系是：（它是 A）∩（它是 B）∩（它是 C）∩（它是 D）……它的区别限定成分没有数量的限制，表达的逻辑关系简单，语义层次简单"①，《现汉》百科动物释义的个性义征与个性之间组合关系较弱，多为临时组合，对表述层的影响较大，而对选取层的影响较小，如上文在鸟类义场中提到的"食物"和"利害"，便存有一定的因果关系，因此共现关系较强，在修订时基本保持稳定，未有较大变动。正因为这类组合关系联系紧密，有些情况下会对表述序列造成影响，乃至发生诸如上文节肢动物义场中"危害［＋植物］"类的表述杂糅。典型示例如"滴虫"：

【滴虫】原生动物，形状多为椭圆形，有鞭毛。~~有的寄生在人的肠子内或阴道内~~，有的生活在淡水里，<u>有的寄生在人的肠内或阴道内，可引起肠道滴虫病和滴虫性阴道炎</u>。（试用本：第7版）②

由于个性义征与个性义征之间的照应关系，常和其他照应关系共同作用，很少起决定性作用，以第7版"狮"释义中较为独特的"吼声很大，有'兽王'之称"为例，结合其他辞书，可窥见《现汉》微观系统的个性义征选取工作特点：

① 潘雪莲：《词典中名词释义模式的选择》，《辞书研究》，2011年第3期。
② "（试用本：第7版）"中"："前为对比版本A，"："后为对比版本B，释义中字中黑线表相关释义A有B无，释义中字下黑线表相关释义B无A有。

表 4.31　部分语文辞书中"狮子""吼声"相关释义的出具情况

辞书	相关释义
《正字通》	每一吼，百兽辟易
《辞源》（1915）	吼声达数里，群兽闻之，无不慑服，故称兽中之王
《国语辞典》	吼声洪大，有兽王之称
《现汉》试用本	吼声很大，有'兽王'之称
《现汉》第 7 版	吼声很大，有'兽王'之称
《现规》第 3 版	号称"兽中之王"
《新华字典》第 12 版	有兽王之称
《新华词典》第 4 版	无相关释义

　　相关释义内容实际继承于中国古代辞书，最早可见于《正字通》，《辞源》（1915）首先将"吼声很大"和"兽王"联系起来，前后为因果关系，标志词为"故称"，而后《国语辞典》对其进行继承并加以简省。《现汉》或是继承了《国语辞典》的相关释义。由于《国语辞典》的简省，其间组合（因果）关系已然变弱，《现汉》借鉴时也借来了变弱的组合关系，故而在哺乳动物义场释义内容中，出现了较为突兀的"吼声很大"，语义逻辑式从字面上理解有"（狮）吼声很大，（故）（狮）有'兽王'之称""（狮）吼声很大，（狮）有'兽王'之称"两种，前者为因果关系，后者为并列关系，其因果关系的潜隐也就能解释为什么《现规》第 3 版、《新华字典》第 12 版，都只单用"号称'兽中之王'"类而未给出"吼声很大"，《现汉》或可通过为其组合关系来帮助具体修订，若认同二者之间的组合关系，可适当保留。

　　2. 中观系统中个性义征和其他释义的照应关系

　　除类义结构、上下位结构外，个性义征还和整体部分结构中的相关释义产生照应关系。

（1）类义结构和上下位结构中的照应关系

在辞书释义中选取区别性较强的个性义征已经是学界共识，如张志毅、张庆云（2015）："而语文辞书的中心任务就是反映、描写这些价值，提取现代语义学所说的区别性语义特征。"[①]《现汉》的选取工作也充分体现了这一特点：

表 4.32 《现汉》第 7 版和试用本中"硬骨鱼"义场身体（整体外形）出具情况

词条	第 7 版	试用本
鲨鱼	身体纺锤形，稍扁	身体纺锤形，稍扁
鳐	身体扁平，略呈圆形或菱形	身体扁平，略呈圆形或菱形
鲼	身体扁平，呈菱形	身体扁平，呈菱形
蝠鲼	身体扁平，略呈菱形	身体略呈菱形
魟	身体扁平，略呈方形或圆形	身体扁平，略呈方形或圆形

由表可见，"软骨鱼"义场中的 5 个词条，它们的"身体（整体外形）"相互照应，都具有区别性，分别是各成员独有的差异成分，可以借此区分聚合场内其他成员，在释义修订过程中表现也较为稳定。与"身体纺锤形"相对，同级释义中还存在区别性较弱的特征，如大部分鱼类都有的"侧扁"形状，这些具有很强共性的个性义征是否需要给出、如何给出、给出哪些，学界讨论不多，却是辞书实践工作面临的具体问题。

有学者借鉴框架语义学理论，认为辞书中上位词条的诸多个性义征（主要是共性较强的）可以类义征的形式进入作为下位词条，充当背景框架。不过这种操作规则具有理想性，在实际编纂中，仍存有许多需要斟酌的地方，《现汉》系列版本的修订体现了这一情况，荀经纬、袁世旭（2021）在对比《现汉》试用本和第 7 版后发现，即使上

---

① 张志毅、张庆云：《理论词典学》，北京：商务印书馆，2015 年，第 153 页。

位词条已出具"一般身体侧扁",《现汉》修订工作仍有意识地对底层词条的"侧扁"类信息做增补。增补原因或是《现汉》作为一本语文性为主的综合性辞书,要求《现汉》在普及百科知识的同时保持描述性,尽可能让读者在一个词条中找到尽量多的基础信息,以避免多次查阅。可见,"侧扁"类信息的增补体现出的操作规则与借鉴框架语义学的操作规则有些许不同,在这种规则下,虽然有些同级释义中共性关系较强的个性义征在上位义位释义已有概括性出具,但下位义位释义中仍需做出重复选取。对照应关系的具体操作的不同,也体现出了不同辞书的释义特色,如下表:

表 4.33　部分语文辞书中"鳏""鲋"义位释义中"侧扁"类释义内容出具情况

辞书	鱼	鲤	鳏	鲋
《现汉》试用本	有	有	无	无
《现汉》第 7 版	有	有	无	有
《新华字典》第 12 版	有	有	有	无
《新华词典》第 4 版	无	有	有	有

　　"鲤""鳏""鲋"的"身体形状"均为"侧扁",《现汉》修订工作在保留"鲤"释义"侧扁"类释义不变的情况下,对"鲋"释义做了增补,但遗憾的是未能贯彻统一原则,对"鳏"的示例也做出同类增补。《新华字典》第 12 版的选取情况和《现汉》基本类似,在上位释义"鱼"中出具"通常身体侧扁",也在下位义场中做重复选取。《新华词典》第 4 版的操作规则最具特色,仅在大部分下位义场成员,如"鲤""鳏""鲋"中给出了共性关系较强的"侧扁"类信息,而在上位释义中并未做相应的概括性选取。

　　不过也有上位释义出具的概括性义征进入底层释义后作为隐形成分不再出具的现象,如《现汉》第 7 版中"鸟"释义中的"一般的鸟都会飞,也有的两翼退化,不能飞行"。其中"会飞"类释义在《现汉》鸟类义场底层释义中仅作隐形成分，不予给出，只对"善飞""善走""不善飞"等特殊情况做显性说明。可见，《现汉》有着独特的一套操作规则，较好地处理了个性义征与类义结构和上下位结构的照应关系对个性义征的选取影响。

（2）总分结构中的照应关系

总分结构着眼于整体与部分的关系，指称整体和部分的几个词语常在辞书中分别立目，相关释义是否重复，谁详谁略体现出了个性义征不同的描写价值，也是释义内容选取实践的重要问题之一。《现汉》选取工作有时会通过这一照应关系增强部分个性义征的描写价值，如《现汉》试用本中"鹿茸"的释义已体现出其药用信息，但在后续的修订中，仍将试用本本的"梅花鹿"一词的释义"雄鹿有角，初生的角叫鹿茸"增补为"雄鹿有角，初生的角叫鹿茸，可入药"，再次强调角的药用价值。这种照应关系虽然有助于突出强调某一释义内容，增强指称整体的词条和指称部分的词条的照应性，但有时也会造成不统一的现象，如《现汉》原生动物义场的释义情况。

表4.34 《现汉》第7版和试用本"原生动物"义场相关照应关系对比

	词目	第7版	试用本
A组	纤毛虫	无词条	身上有纤毛，是行动和摄取食物的器官
	纤毛	能运动	能运动
	草履虫	靠身体周围的纤毛运动	身体周围有纤毛，是它的运动器官
B组	鞭毛虫	无词条	有一根或几根鞭毛做运动器官的原生生物
	鞭毛	有运动、摄食等作用	是运动器官
	滴虫	有鞭毛	有鞭毛
C组	眼虫	无词条	并有一根细长鞭毛，是运动器官
	变形虫	无词条	靠伪足来运动和捕食
	夜光虫	无词条	有一根鞭毛

　　A组中"草履虫"作为整体释义，释义中的"身体"部分重复了部分义位"纤毛"释义的"功能"，也重复了上位词条"纤毛虫"的"身体"，描写价值较高；而B组中同为原生动物底层词条的"滴虫"作为整体义位，释义中的却未重复部分义位"鞭毛"和上位义位"鞭毛虫"的相关个性义征，描写价值较弱，二者产生了明显冲突。通过C组对照，可以发现，该冲突很早便存在于试用本原生动物义场释义，即使是同为"鞭毛"，重复出现的情况也不尽相同，"夜光虫""滴虫"未有重复，"眼虫"则和"草履虫"一样，采用了重复出具的方法。后期修订虽删去了大量原生动物门相关的底层词条，但并未对保留下的"滴虫""草履虫"释义做出相关调节。由于上位词条"鞭毛虫""纤毛虫"的删除，《现汉》释义工作或应重新认定相关义征的描述价值，若认为其描述价较高，有助于互相照应，是释义内容的重要信息，可将"滴虫"相关释义修订为"靠身体前后鞭毛运动"；若认为其描述价值较低，可有可无，可将"草履虫"的相关释义修订为"有纤毛"，从而避免选取标准的不一致性。

　　（二）针对原则

　　针对原则是章宜华、雍和明（2007）提出的释义原则之一，指"释义要针对不同类型的词典凸显相应的概念特征"[①]，《现汉》个性义征选取工作体现了这一原则，凸显了《现汉》的中型语文辞书性质。

　　对其中型语文辞书性质的凸显除在修订中删除一些艰深的百科性个性义征外，集中体现在对被释词语理据的重视上。王宁（2015）将汉语词汇的结构方式发展分为"原生阶段""孳生阶段"和"合成阶段"。就动物名词而言，人们在前两个阶段中对动物特征的认知常体现在为其词义所造的字形中，如"牛""羊""鹿"都突出了其所指动物的角，而角的不同正是古代人们辨别"牛""羊""鹿"的重要区别

---

① 　章宜华、雍和明：《当代词典学》，北京：商务印书馆，2007年，第235页。

特征。"合成阶段"造词方法是组合两个或多个语素，其选取的语素义及其语素关系，同样展示了人们对动物的认知情况，如"飞鱼"的"飞"便体现出人们对"飞鱼"典型特征的认识是"能跃出水面在空中滑翔"。因此，理据信息蕴含了人们在日常生活中对客观事物的典型认知，在交际中常被使用，如：

【水蚤】节肢动物，身体小，透明，椭圆形，有硬壳。成群生活在水沟和池沼里，是金鱼等的饲料或食饵。也叫鱼虫。（第 7 版）

"水蚤"释义中的"成群生活在水沟和池沼里"对应其正名"水蚤"的造词理据，"是金鱼等的饲料或食饵"对应其别名"鱼虫"的造词理据，二者都揭示了"水蚤"的重要特征。试想，若"水蚤"不常被用做鱼类饲料，那人们也就无所谓为其另起又名"鱼虫"。

理据除反映人类典型认知外，在辞书中还存有帮助读者深入理解被释词意义的功能。尤其是专科词条的释义，有时候概念义对理解命名由来无能为力，由明智也有过相关论述："揭示事物命名的理据，这是语文词典区别于百科词典的特点。"[1]《现汉》的修订工作体现出其对理据信息的重视，如：

【双壳类】软体动物的一类，生活在水中，有两片贝壳，如蚶、蛤、蚌等。（第 7 版）
【瓣鳃类】[2] 软体动物的一类，体形侧扁，有两个壳，鳃呈瓣状，

---

[1] 由明智：《谈〈现代汉语词典〉第 5 版生物类条目释义的改进》，载《〈现代汉语词典〉学术研讨会论文集（二）》，北京：商务印书馆，2009 年，第 400 页。
[2] 双壳类（Bivalvia）、瓣鳃类（Lamellibrachia）、斧足类（Pelecypoda）都源于同一纲动物的不同拉丁名翻译，如《辞海》第 7 版对"双壳纲"的释义为："（Bivalvia），亦称'瓣鳃纲''斧足纲'……。"试用本采用"瓣鳃类"为正名，第 7 版中"双壳类"为正名，还有一种拉丁名 Acephala，中文翻译为"无头类"。

腹部有斧状的足。蚌、蛏子、牡蛎等属于这一类。也叫斧足类。（试用本）

个性义征"有两个壳""鳃呈瓣状""腹部有斧状的足"分别对应于"双壳类""瓣鳃类""斧足类"的造词理据，但"有两个壳"更直观，百科程度较低。《现汉》在选换正条后，删汰了"鳃呈瓣状""腹部有斧状的足"，只保留了"有两片贝壳"，或是因为前者百科性较强且不再具有从构词层面帮助读者理解词义的功能。

不过并非所有的理据都能帮助释义，有些理据滞后于或有误于人们的科学认知，如"章鱼"的"鱼"，所以对理据价的使用需要注意灵活性。《现汉》或可在基于准确性的基础上，对有些释义增补相关理据信息，尤其是又名的理据，因为又名的理据也是语文辞书释义的重要对象，相较于正式学名，有些又名的理据更能体现人们的日常认知，区别性较强，是释义内容的重要来源。如：

【羚牛】哺乳动物，外形像水牛，雌雄都有黑色的短角，肩部比臀部高，尾巴短，毛棕黄色或褐色。生活在高山上，吃青草、树枝、竹笋等。也叫扭角羚。（《现汉》第 7 版）

可见，《现汉》第 7 版中，"羚牛"出具了其又名扭角羚，却未明确显示出"扭角"相关的理据信息。这种现象的原因或是"也叫扭角羚"增补于《现汉》第 1 版，但相应的释义未随之修订。

表 4.35　《现汉》系列版本中"羚牛"又名理据出具情况

		试用本	第 1—7 版
羚牛	相关释义	雌雄都有黑色的短角	雌雄都有黑色的短角
	又名出具情况	无	也叫扭角羚

《现汉》或可参考其他辞书,将"羚牛"的"角"释义修改为"雌雄均具短角,角呈扭曲状"(《辞海》第7版)或"雌雄均有短角,成年羚牛的角粗短并向上向后向内弯转"(《新华词典》第4版)。

第三节 《现汉》动物名词释义特点

一、《现汉》动物名词释义类义征选取特点

《现汉》中百科动物名词释义主要类义征的选取特点是层级性、百科性和描述性,其中层级性表现为主要类义征的结构层级以3层、4层为主,百科性表现为主要类义征多选用百科性类义征,描述性表现为《现汉》修订工作对原先未出具的类义征的释义做相应增补;次要类义征的选取特点是多样性、语文性和灵活性,多样性表现为次要类义征的种类多样、层级性较弱,语文性表现为次要类义征多选用语文性类义征,灵活性表现为新旧义征更替灵活、转化形式灵活。其具体层级数据如下:

表4.36 第7版中百科动物名词释义主要类义征层级结构的层级数汇总

		1层	2层	3层	4层	5层	6层
无脊椎动物	原生动物		2				
	海绵动物		1				
	腔肠动物			4			
	扁形动物		1	1			
	线形动物		4				
	环节动物		3				
	软体动物			24	1		

		1层	2层	3层	4层	5层	6层
无脊椎动物	节肢动物		3	13	52	8	
	棘皮动物			1	1		
	其他无脊椎动物		2（含蠕形动物）				
脊索动物	原索动物		2				
脊椎动物	鱼类			100	3		
	两栖动物			4	4		
	爬行动物			13	1	7	
	鸟类			94	12	2	1
	哺乳动物			97	30	4	
总计		495	0	18	351	104	21	1

在选取经验方面，《现汉》类义征的选取工作充分体现了统一原则、照应原则和区别原则。统一原则表现为同类现象的选取标准和修订方向基本一致。照应原则表现为选取工作重视类义征在微观系统上与个性义征的照应关系，在中观系统上和类义结构、上下位结构中的相关释义照应关系、在宏观系统上和参见系统、选词立目系统的照应关系。区别原则体现在《现汉》类义征的选取工作有时会依据类义征自身的区别性来对统一原则和照应原则做微调。依据以上三个原则，可将相关释义中的主要类义征"寄生虫"按照统一标准修订为各义场的上级百科性类义征。

二、《现汉》动物名词释义个性义征选取特点

《现汉》百科动物名词释义个性义征的选取依据具体义场的不同，具有不同的特点。

表 4.37　第 7 版中百科动物名词释义的各义场释义模式

		释义模式	备注
无脊椎动物	原生动物	<3	
	海绵动物	<3	
	腔肠动物	身体＋生活处所	不含（海蜇）
	扁形动物	<3	
	线形动物	身体＋生活（寄生）处所＋利害	
	环节动物	<3	
	软体动物	身体＋生活处所	
	节肢动物／螯肢动物	身体＋生活处所	不分层
	节肢动物／单肢动物	身体＋食物＋利害	不分层
	节肢动物／甲壳动物	身体＋生活处所	不分层
	棘皮动物	<3	
	蝛虫动物	<3	
脊椎动物	鱼	身体＋生活处所	不分层
	两栖动物	身体＋生活处所	蝾螈层
		身体＋生活处所＋食物＋能力＋利害＋叫声	青蛙层
	爬行动物／龟鳖目	身体＋生活处所＋食物	不分层
	爬行动物／蜥蜴目	身体＋生活处所＋食物	不分层
	爬行动物／蛇目	身体＋生活处所＋食物	不分层

续表

		释义模式	备注
脊椎动物	爬行动物／鳄目	<3	
	鸟类	身体＋食物	不分层
	哺乳动物	身体＋生活处所＋食物	不分层
其他类	原索动物	<3	
	古代灭绝动物	身体＋生存时间＋生存处所	

　　从选取经验来看，《现汉》个性义征的选取工作充分体现了照应原则和针对原则。照应原则表现为选取工作重视个性义征在微观系统上和其他个性义征的照应关系，在中观系统上和类义结构、上下位结构、总分结构中的相关释义照应关系。针对原则表现为对部分百科性较强的个性义征的删除和对理据相关释义的重视上。依据以上两个原则，如在重视正名理据的基础上，可适当补全部分词条中的又名理据。

第五章 动物语素类比喻词释义对比

现代汉语中含有动物语素类比喻词因其特有的比喻义和文化义而成为对外汉语教学中的重难点，一些留学生在使用这类词时经常会出现偏误，如有些学生会造出"许老师帮助我很多，印象最深的是他像笑面虎一样"。这样只看表面义而不理解组合体"笑面虎"比喻义的句子。这类词在现代汉语中很常见，其中既包括诸如"猴儿精、懒虫、蠢猪"这类"动物语素＋凸显属性语素（或凸显属性语素＋动物语素）"的词，也包括"纸老虎、旱鸭子"这类"与动物属性相反的语素＋动物语素（或动物语素＋与动物属性相反的语素）"的词，形成一种正反对比的组合，语义上却强化了与动物属性相反的语素义，弱化了动物本身携带的属性义，因而成为对外汉语教学中的难点问题。且由于长久性组合的规约性，导致含动物语素类比喻词约定俗成性较强，不能随意更换和组合。如"纸老虎"可以表达，"纸豺狼"却不行；"铁公鸡"可以表达，"铁鸭子"却不行，留学生不能根据组合替换原则更改为其他的同聚合词语或语素。除语言约定俗成的影响外，这类词中也体现着深层次的义位组合规律，与民族心理和对动物的整体认知有着密切的联系，不同的民族对同一种动物有着不同的情感经验，这些情感经验也会相应地映射到语言当中，活跃在词汇层面。二语学习中留学生对这类词的习得难点还在于其深层次的比喻义和文化含义上，对比不同民族的认知心理对这类词语进行深层次的剖析，有助于二语学习者的学习。

词典是教学和学习需要借助的重要工具，不同类型的词典面向不同的使用群体。本章研究的对象是含动物语素类的比喻词，行文时为了表述的简洁，有时简称为动物类比喻词。我们将《现汉》第6版和孙全洲主编的《现代汉语学习词典》（以下简称《学习词典》[①]）作为封闭的语料来源，从中穷尽式地统计出该类词。《现汉》是内向型词典编纂的典范，许多词典在编纂过程中都或多或少借鉴《现汉》的成果。《学习词典》是一部优秀的外向型学习词典，在收词和释义上具有自己鲜明的特色，在对外汉语教学中起着重要的作用，基于两部词典在教学和学习中的重要地位，本章从义位组合的角度对动物类比喻词的构词规律进行静态的分析描写，然后对两部词典在收词、释义等方面的内容进行对比，在对比的基础上对两部词典呈现出的特点进行描写，服务于辞书编纂及对外汉语教学。

第一节　动物类比喻词的理据及组合

现代汉语中有很多含有动物类语素的比喻词，他们多含非线性组合的比喻义，因而成为二语学习者的盲点和难点，如"纸老虎""牛马""旱鸭子""豺狼"等，这类词在现代汉语中究竟有多少，构词理据和组合呈现出何种规律，对这类基本问题的探寻有助于解决教学中的实际问题。

我们对《现汉》第6版和《学习词典》中收录的带有动物类语素的比喻词进行了全量式统计，由于数量较多，我们对语料进行了筛选。从意义上主要包括两类，一类是整个词语中的动物类语素含有比喻义，组合的词语不含比喻义，如"鸡冠花""鸡血石""狗尾草"

[①]　此处简称与前文相同，但词典不同，前文中的《学习词典》为内向型学习词典。

等，词的结构多为：动物语素＋动物器官语素＋表类别语素；另一类是动物类语素含有比喻义，且整个词语也含有比喻义，可以用来喻人或喻物，如"牛马""犬马""鹰犬"等，词的结构多为：动物语素＋动物语素/动物属性语素等。除语义外，我们对词形也进行了限定，只研究两部词典中的双音节和三音节动物类比喻词，共选取《现汉》第6版中有效语料265条，《学习词典》中有效语料81条。事实上，四音节成语中含有动物类语素的比喻词数量也十分丰富，如"阿猫阿狗""趋之若鹜""鹦鹉学舌"等，除四音节成语外，也有一些多音节词也属于动物类语素比喻词，如"百足之虫，死而不僵""树倒猢狲散"等，囿于时间和精力，四音节及多音节动物类语素比喻词将作为后续研究。

一、构词的理据

词语的第一次编码在原生阶段大多具有约定俗成性，第二次编码在派生和复合阶段大多具有理据性。不同民族在选择词语所记录的物的特点上有很大的不同，理据的差异性较大，也导致赋予不同动物的情感体验差异较大，蕴含在动物词语和语素上的理性意义和附属意义有很大不同，以至同一词语具有不同的文化义。因此，我们首先从理据的角度展开研究。具体来讲，从相似理据的角度对动物类比喻词展开讨论。

相似理据也叫比喻理据，是基于两种事物的相似之处而联想发生的，是构词方式中常见的一种。人们通过对动物的生理、习性、体态、动作等方面的观察，通过想象，与其他事物联系起来。比如"狗尾草"就是因为这种草的外形长得很像狗尾巴，所以把这种草命名为"狗尾草"。相似理据主要体现在主观想象相似、局部特征相似、整体特征相似、动态相似、静态相似、颜色相似几个方面。

（一）主观想象相似

主观想象相似是指喻体是人们想象出来的，客观上不存在的事物。这类词数量并不多，如以"龙""凤"为构词语素的词。"龙"和"凤"都是古代传说中的动物，"凤"是百鸟之王，象征祥瑞。龙是百鳞之长，象征高贵吉祥。汉民族中"凤"和"龙"都有很好的寓意，所以人们都特别喜欢，经常将龙凤的形象映射到生活中的某些事物上。如"凤尾竹"是一种竹子，叶子细小，柔曲下垂，就像凤尾。"凤尾鱼"是一种尾巴很漂亮，像凤尾的鱼。"龙须面"是一种非常细的面条，像龙的胡须一样。"龙爪槐"是槐树的一种，因为枝条呈盘状，像龙的爪子一样。"龙"和"凤"在现实生活中是不存在的，但人们喜欢利用想象出的形象与生活中相似的事物联系起来。

（二）局部特征相似

特征是事物的特点或者标志，每个事物都有性质、形态、作用、变化和其他方面的特征。王国维说过："俗以名以其物得名之，有取其物之形者……"所以有很多含动物语素的词，是因为动物自身的特征而命名的。如"金钱豹"是因为这种豹子身上的斑点形状像古钱，所以被称为金钱豹。"狮子狗"因为形状长得像狮子，故而得此名。

某类事物和动物的局部特征相似，取动物局部的名称为构词语素，再和这类事物组合在一起，其中心义并不是动物词义。如"马蹄袖"是像马蹄形状的袖子，词的中心义是袖子。这类词有很多，比如"鸡冠花""马蹄莲""马尾松""鸭舌帽""鸡心领"等，这些词都是以动物的身体部分为构词语素和事物的本体语素相组合的。还有一部分词如"驼鹿""鹿寨"，虽然是因为与动物的局部特征相似而命名，但是取动物的整体名称为构词语素。"驼鹿"是因为鼻子长得像骆驼的鼻子而得名，而"鹿寨"是一种军用障碍物，因树干交叉放置的形状如鹿角而得名。

（三）整体特征相似

这里包含两种，一种是动物语素与其某种属性语素的组合。有的动物有自己独有的特征或者凸显的属性。比如"猛虎"，一说起虎就觉得是一种凶猛的动物。像这类的词还有"瘦猴儿""懒虫""猴儿精""蠢猪"等。另一种是某类事物和动物的整体外形相似。如"狼狗"就是一种外形像狼的狗。"蝴蝶结"是像蝴蝶外形的一种打结方式。

（四）动态相似

动态相似指某种事物或者某种动作行为与动物的动态相似。这类词大多是形容一种动作行为，与动物的活动方式相似的。如"鼠窜"，老鼠一般很怕人，总是快速地窜来窜去的，所以"鼠窜"形容像老鼠一样惊慌地逃走。"蛇行"的意思就是像蛇一样蜿蜒前进，表示的是某种事物前进的动作和蛇的前进动作相似。这样的词还有"兔脱""蜂拥""雀跃"等。有些词与动物的饮食习性有关，大千世界，形形色色的动物吃东西的方式各有不同。如，蚕是一点儿一点儿吃掉叶子的，"蚕食"比喻像蚕吃东西一样，逐步地侵略。鲸鱼吃东西的时候就是整个吞下去，所以"鲸吞"形容大量侵占。"蚕食"和"鲸吞"是比较典型两个词，下文还会对这两个词详细阐述。

（五）静态相似

静态与动态相对应，是指某种行为与动物的静态相似。比如"鹄立"指直立的姿势像鹄这种鸟站立的姿势一样，形容站得非常直。"鹄望"指像鹄引领翘望，形容盼望殷切。"蜗居"作动词的时候指"住在狭小的房子里"，居住状态像蜗牛住在自己小小的壳里一样。虽然这三个词都是动词，而我们所说的是静态相似，看似矛盾，但其实相似点是一个状态，如"站立的姿势""翘望的姿势""居住的形态"都是一种静态。

（六）颜色相似

颜色相似是将一种不容易直接描述出的颜色，与动物身上某种颜色因相似而直接比喻。比如斑马全身深浅条纹相间，在别的动物身上很难找到。这是为了适应生存环境，而进化出来的保护色。如"斑马线"，正是因为人行道上的白色线和道路的颜色相间，特别像斑马身上的条纹。如"蛇纹石"，蛇身上有很特别的花纹，尤其是毒蛇身上的花纹更是颜色鲜艳，多种多样，有些石头上的纹路和蛇身上的花纹非常相似。如"鱼肚白"，是形容黎明时东方的天色和鱼肚子的颜色差不多。这反映了人们会用自己熟知的事物来表达无法形容或者难以形容的事物，也体现了比喻构词的经济特点，省去复杂的描述，非常形象地展现出词义。除了赤橙黄绿青蓝紫等基本颜色外，还有很多专业的分色，比如红色系就有粉红、珊瑚红、桃红、玫红、深红、酒红等，还有许多种颜色是普通人分辨不出来或者叫不出名字的。比如"驼色"既不是棕色又不是黄棕色，是一种很难描述出来的颜色。这样的话在日常生活中使用起来就太麻烦了。而在《现汉》中解释为"像骆驼毛那样的浅棕色"，让人一目了然。

二、动物类比喻词的组合研究

　　组合原则中的一条原理是："当感觉元素聚合在一起时，就会形成某种新的事物"，"整体比它的部分的总和多"。[①]动物的义位通过不同的方式组合产生了类似化学的效果，不等于各义位意义的简单相加，而是产生了新的意义。动物类比喻词按照语义组合类型大致分为两类：动物语素与动物语素的组合、动物语素与非动物语素的组合。

　　（一）动物语素与动物语素的组合

　　动物义位的属性陪义不止一个，但在组合的过程中，提取两种动物中一个共同的属性陪义固定下来。如"牛马"的意思并不是简单的"牛"和"马"意义的相加。牛的主要功用是帮助人们进行农耕，马在古时候是重要的交通工具，牛和马最突出的特点是容易被人驱使。"牛"和"马"的属性陪义有多个，但组合的过程中选取它们相似的

共同属性"被驱使",进而"牛马"比喻从事艰苦劳动的人。"豺狼"一词中,"豺"的属性陪义是"凶残","狼"的属性陪义是"凶暴",所以共同属性陪义"凶暴残忍"就被提取出来。"蛇蝎"也是提取了两者的共性,"蛇"的属性陪义是"有毒的""狠辣的","蝎"的属性陪义是"有毒性""有伤害力",所以相同属性陪义"歹毒"被提取出来,由动物生理上的毒性到指狠毒的人,因此专门用来形容一些心肠歹毒的人。

同一动物的义位陪义褒贬不一,比如"虎"的"威武勇猛""有生气"都含褒义,"凶狠""残忍"是贬义,但在"虎狼"一词中,受到狼的贬义陪义的影响,在组合过程中,提取了"虎"的贬义陪义,使两种动物的陪义趋同,从而达到想要表达的效果,"虎狼"用来比喻凶狠残暴的人。

在整体考察完含动物语素的词语后,我们发现从"龙、凤"到"虎、牛、犬",再到"狐、狼",我们民族对其价值、情感上的评价基本上从肯定逐渐走向否定。其中"凤"在组合"凤雏麟子、凤毛麟角、凤冠霞帔、凤鸣朝阳、凤友鸾交、凤靡鸾吪、百鸟朝凤、丹凤朝阳、龙驹凤雏、龙眉凤目、龙章凤姿、龙飞凤舞、龙盘凤逸"等中比喻贤良的人才、不凡的风采、珍稀的事物等;"龙"在组合"龙腾虎跃、龙马精神、望子成龙"等中也多以肯定义出现;"狼"在组合"狼子野心、狼心狗肺、狼狈为奸、狼奔豕突、狼奔鼠窜、豺狼当道、引狼入室、如狼牧羊"等中基本都是否定的。中间的"虎、牛、犬(狗)、羊",包括"狐"都是肯定否定参半,只是倾向于肯定类多一些或否定类多一些的问题。①

这类词产生的过程是人们发挥了丰富的想象力,将两种动物的相似之处进行引申,所以往往动物并列词都有比喻义,而不是单纯地指

---

① 详见郑振峰、袁世旭:《义位组合的对立异化研究》,《语文研究》,2015年第4期。

两种动物。这类词有很明显的语义特点：

1. 词义并不等于语素义的简单相加

"狼狈"，并不是狼和狈，而是有了新的意义"形容困苦或受窘的样子"。以上已经分析，此不赘述。

2. 由物及人

这类词大多用来比喻人，比如蛇、蝎子等，当人们看到这些动物的时候，首先联想到它们是有毒的危险动物，而看到狼、虎、豺等一些动物时，会觉得它们凶残。这些往往和一些人的特性一样，所以组合为"豺狼""蛇蝎"等，都是指称一些凶狠、毒辣的人。

（二）动物语素与非动物语素的组合

1. 动物语素 + 器官 / 身体部分语素（或器官 / 身体部分语素 + 动物语素）

豹子胆|白眼儿狼|斗鸡眼|独眼龙|狗腿子|虎胆|蛇足|乌鸦嘴|蝇头|犬齿|兔唇|马脚|龟足

这类词中，有一部分词反映了义位组合的某种规律，如"豹子胆""狗腿子""蝇头"等。"从意义潜势来看，动物义位的属性陪义有多元化倾向。但在组合过程中，动物义位的某一个（并且只能是一个）特定属性陪义被前景化。"① 也就是说动物义位的属性陪义可能有多个，但是在组合的过程中，只能选择其中的一个属性陪义。如豹子可能有"速度快""凶残""勇猛"等几个陪义，但和"胆"组合过程中，选择的是"勇猛"这个陪义，"豹子胆"表示特别大的胆子，比喻敢冒风险。"狗腿子"凸显"狗"的"容易被驱使"的陪义。"蝇

---

① 于屏方、杜家利：《汉英动物义位组合关系的对比研究》，《语文学刊》（高教·外文版），2006 年第 12 期。

头"则凸显苍蝇的头特别小，形容没什么利益可图。

这既是组合的几个义位间的相互选择，也是经常性组合的义位之间发生的词义流淌、组合感染。流淌性是指相邻的组合义位间发生词义流淌（渗透、感染），词义由 A 单位溢出至 B 单位，使 B 受影响。弗斯有句名言："观其伴，知其义。"这里的"伴"既包括动词、形容词的搭配伙伴，也包括名词的并列伙伴。这个特点在含动物类语素的词语、成语中体现较为明显。例如：

鸣 1：鸡、狐、驴等＋鸣＝否定

鸡鸣狗盗｜狐鸣狗盗｜狐鸣枭噪｜驴鸣狗吠

鸣 2：鸾、凤等＋鸣＝肯定（吉祥、和美）

凤鸣朝阳｜鸾凤和鸣｜龙跃凤鸣

虎 1：虎＋豺、狼＝残忍、凶狠

如狼似虎｜投畀豺虎｜豺狼虎豹｜为虎作伥｜虎入羊群

虎 2：虎＋龙＝威武勇猛

虎踞龙盘｜藏龙卧虎｜如虎添翼｜龙吟虎啸｜龙腾虎跃｜虎略龙韬｜龙行虎步｜龙骧虎步｜龙骧虎视｜虎背熊腰

"虎"与"豺、狼"并用时，"豺、狼"的陪义流淌进"虎"，凸显出"虎"残忍、凶狠的一面；"虎"与"龙"并用时，"龙"的陪义流淌进"虎"，凸显出其威武勇猛、气宇轩昂的雄姿（"龙争虎斗、降龙伏虎"除外）。另外，"虎"与"羊"对举时，用羊的温顺和善良，衬托出虎的残暴，如"羊落虎口、虎入羊群"。[1]

2.动物语素＋凸显属性语素（或凸显属性语素＋动物语素）

---

[1] 详见郑振峰、袁世旭：《义位组合的对立异化研究》，《语文研究》，2015 年第 4 期。

猴儿精丨猴儿急丨狐媚丨狐疑丨懒虫丨蠢猪等

"动物义位的属性陪义通过与之组合的表性质的义位（语素）充分显现；动物义位的属性陪义通过构词的方式，由隐性的、动态的可变意义转化成显性的、静态的固定意义。"[①]动物义位的属性陪义有很多个，但在组合的过程中，选择某一种属性陪义，其他的属性陪义就成为陪衬。"猴子"的属性陪义可能是"像人""行动灵活""机灵"，而"猴儿精"这个词选取了"机灵"这一种属性陪义，"猴子"其他的属性陪义就成为隐形的，"猴儿精"词义便渐渐固定下来，形容人很精明。"狐疑"指怀疑，遇事犹豫不决。"蠢猪"指愚蠢的人。狐狸的生性多疑，猪的愚蠢都是动物自身的属性，动物义位与凸显自身属性的义位组合，在使用的过程中"猴儿精""狐疑""蠢猪"词义渐渐固定下来。

3. 与其矛盾的属性语素 + 动物语素

"纸老虎""旱鸭子""笑面虎""软脚蟹"这类词，动物义位与自身属性相矛盾的义位组合，产生一种奇妙的效果，在强烈的对比下，表示属性评价的语素在语义上占据了主导地位。比如"老虎"是凶猛、力气大的动物，"纸"为像纸一样脆弱无力，这样组合起来，"纸"的属性陪义占主导地位，表示"看似和老虎一样厉害，其实是比较脆弱不中用的"，强调的是不中用。又如"旱鸭子"，"鸭子"是善于游泳的，而"旱"本来是与水无关的，和鸭子根本就联系不上，但是二者奇妙地组合在一起后，"旱"占了主导地位，用来形容不会游泳的人。

义位之间存在明显的对比，使语义强化，达到一定的表达效果。

---

① 于屏方、杜家利：《汉英动物义位组合关系的对比研究》，《语文学刊》（高教·外文版），2006 年第 12 期。

如：纸老虎、旱鸭子、笑面虎、软脚蟹等。"纸"的脆弱和"老虎"的"力气大"形成强烈的对比，想要表达的形象更深入人心，表面上看很强大，其实是外强中干。"旱"和"鸭子善水"形成强烈的对比，使语义强化。

4. 动物语素 + 动作语素（或动物语素 + 动作语素）

蚕食 | 蜂拥 | 蜂聚 | 龟缩 | 鲸吞 | 马趴 | 兔脱 | 猬集 | 蜗居 | 蛇行 | 鼠窜 | 蝉联 | 雀跃 | 鹤立 | 鹤望 等

动物语素与动作语素组合的词多表示一种动作或动态。

"鲸吞"和"蚕食"，"吞"和"食"都表示"吃"的意思，为什么"鲸"和"蚕"选择了不同的动作语素呢？因为鲸鱼和蚕的饮食方式不同，鲸鱼是把一些鱼虾和水直接吞入，再将口中的水排干净，无须咀嚼的，所以常常形容"大量侵占土地、财产"，有一并吞入的特点。蚕是一点点啃食叶子，一般速度比较慢，所以常常形容"逐步侵占"，是有一个慢慢的过程，我们可以看出义位在组合的时候是有选择性的。而这两个词的特殊性在于表面义几乎不再使用，较多使用深层的比喻义，形容领土或者国土被侵占。"蜂"与"聚""拥"的组合，我们可以了解蜂的生活习性，一般都是成群地活动，"蛇行""鼠窜"表示动物非常具有自身特点的活动方式，蛇鼠这两种动物与其他动物有明显区别的活动特点。

综上所述，动物义位在与动作义位组合的过程中呈现了一定的规律，动作义位的选择和动物自身的进食方式、生活方式、动作方式等有关，而这些有的是某种动物自身所特有的。

（三）形状或者外观相似

1. 按照喻体和本体的位置分类

（1）前喻式（喻体为词义附属，本体为词义中心）

鸡心领｜水蛇腰｜鳌山｜斑马线｜长蛇阵｜蜂窝煤｜鸡冠花｜蝴蝶结｜鹅卵石｜马蹄莲｜马蹄袖｜龙须面｜龙爪槐｜马尾松｜马尾草｜狼尾草｜鸭舌帽等

（2）后喻式

蚕蚁｜火龙｜耳蜗｜壁虎｜钱龙｜水龙等

2. 按照动物形状与事物之间的关系分类
（1）以动物身体部分形状来形容其他事物

鸡冠花｜燕尾服｜马蹄莲｜蛇纹石｜马尾辫｜鱼尾纹｜凤尾竹等

（2）以动物之形形容其他事物

蝴蝶结｜长蛇阵｜蛇瓜等

（3）以动物的产出物之形来形容其他事物

鹅卵石｜鹅蛋脸｜鸭蛋青｜鸭蛋圆等

另外还要注意一些在日常生活中很容易理解错的词。

"菜鸟"，鸟是一种体型比较小的动物，给人视觉感受就是比较弱小，所以贬低一个人或者形容人比较弱势的时候，多会想到鸟。而"菜"在《现汉》中有"质量低；水平低；能力差"的义项，所以"菜"和"鸟"组合起来就表示"某些方面技能低下的人"。原来指电脑水平低的人，后来泛指某方面水平低下的人，很多人会忽略最开始的词义。

"色狼"并不是狼好色这种表面义,另有一种说法是"狼"和"郎"是谐音,但在古今文献中并没有对"色郎"一词的记载,所以这种说法自然也是不成立的。"色狼"是好色之性像狼一样贪婪,《史记·项羽本纪》:"猛如虎……贪如狼,强不可使者,皆斩之。"所以狼有贪婪的本性,形容人贪得无厌时会用"狼贪"一词。"色狼"在《现汉》中的释义为"贪色并凶恶地对女性进行性侵犯的坏人",强调贪色之徒像狼一样贪婪。

"拍马屁"用来形容谄媚奉承、讨好别人的行为,源于元朝时蒙古族的一个习惯,人们见面寒暄的时候,会想办法夸赞别人,但不以直接的方式。蒙古族人一般都骑马,他们会拍拍对方的马屁股,然后称赞"好马"。开始产生时,这个词并没有贬义,但后来逐渐就把阿谀奉承别人的行为称为"拍马屁",带有强烈的贬义色彩。

第二节 《现汉》和《学习词典》收词的对比

一、收词数量的统计

经全量统计,《现汉》收录的动物类比喻词共计 265 个,《学习词典》共计收录 81 个,从数量上看,《学习词典》收录量远远少于《现汉》,这与词典规模、词典类型的差异有关。两部词典共同收录了 80 个动物类比喻词,涉及 31 种动物,其中以"狗""虎""龙""牛"为构词语素的词收录得较多,以"狗"为构词语素的词 8 个,以"虎"为构词语素的词 9 个,以"龙"为构词语素的词 6 个,以"牛"为构词语素的词 7 个。狗、虎、龙、牛是十二生肖中的动物,与汉族人的生活息息相关,深受汉族人的喜爱,汉语中以十二生肖动物为构词语素组成的词非常多，词典中对这类词的收录也较多。两部词典收录的具体词目如下：

《现汉》：鳌山｜白眼儿狼｜斑马｜斑马线｜豹猫｜豹子胆｜比翼鸟｜壁虎｜变色龙｜跛脚鸭｜菜鸟｜蚕豆｜蚕食｜蚕蚁｜草鸡｜豺狗｜豺狼｜蝉联｜长龙｜长蛇阵｜鸱尾｜鸱吻｜丑小鸭｜出头鸟｜吹牛｜吹牛皮｜蠢猪｜瓷公鸡｜地头蛇｜电老虎｜貂熊｜蝶泳｜顶牛儿｜斗鸡｜斗鸡眼｜斗牛舞｜独眼龙｜鹅蛋脸｜鹅黄｜鹅卵石｜鹅毛｜鹅掌风｜鹅掌楸｜蛾眉｜蛾眉月｜鳄蜥｜耳蜗｜蜂巢胃｜蜂糕｜蜂聚｜蜂起｜蜂窝煤｜蜂拥｜凤梨｜凤尾鱼｜凤尾竹｜凤眼｜凤眼莲｜鸽派｜狗吃屎｜狗屁｜狗屎堆｜狗腿子｜狗尾草｜狗熊｜狗咬狗｜狗仔队｜龟缩｜龟足｜蛤蟆镜｜哈巴狗｜海马｜海豚泳｜海星｜旱鸭子｜褐马鸡｜鹤嘴镐｜鸿鹄｜鸿毛｜鸿雁｜猴皮筋儿｜猴儿急｜猴儿精｜猴头｜猴戏｜狐臭｜狐狸精｜狐媚｜狐疑｜鹄立｜鹄望｜蝴蝶结｜蝴蝶瓦｜虎彪｜彪虎步｜虎胆｜虎将｜虎劲｜虎口¹｜虎口²｜虎狼｜虎气｜虎生生｜虎实｜虎势｜虎视｜虎威｜虎穴｜虎牙｜黄牛｜黄鱼｜火龙｜鸡冠花｜鸡肋｜鸡心领｜鸡胸｜鸡血石｜鸡眼｜寄生虫｜金钱豹｜金枪鱼｜金丝猴｜金丝雀｜鲸吞｜孔雀石｜拦路虎｜懒虫｜狼狈｜狼狗｜狼尾草｜老鸨｜老狐狸｜老虎凳｜老虎机｜老虎钳｜老虎灶｜老黄牛｜老鼠仓｜龙船｜龙灯｜龙套｜龙头｜龙虾｜龙须面｜龙眼｜龙爪槐｜笼中鸟｜鹿寨｜驴打滚儿｜驴肝肺｜螺钉｜螺丝｜螺纹｜螺旋｜螺旋桨｜螺旋式｜落汤鸡｜落水狗｜马大哈｜马粪纸｜马后炮｜马脚｜马趴｜马屁精｜马蹄表｜马蹄莲｜马蹄袖｜马尾辫｜马尾松｜马仔｜猫步｜猫儿眼｜猫头鹰｜母老虎｜牛鼻子｜牛脖子｜牛角尖｜牛马｜牛毛｜牛皮｜牛皮癣｜牛皮纸｜牛脾气｜牛气｜牛市｜牛蛙｜牛性｜牛饮｜貔虎｜千里马｜钱龙｜禽兽｜秋老虎｜犬马｜犬子｜雀斑｜雀跃｜人蛇｜孺子牛｜软脚蟹｜色狼｜蛇瓜｜蛇头｜蛇纹石｜蛇蝎｜蛇行｜蛇足｜狮子狗｜瘦猴儿｜鼠辈｜鼠窜｜水龙｜水龙头｜水蛇腰｜铁公鸡｜铁马｜兔唇｜替罪羊｜兔脱｜驼

背｜驼鹿｜驼色｜蛙人｜蛙泳｜猬集｜蜗居｜蜗牛｜蜗旋｜乌鸦嘴｜笑面
虎｜蟹青｜熊包｜熊猫｜熊市｜鸭蛋青｜鸭蛋圆｜鸭梨｜鸭舌帽｜鸭嘴
笔｜鸭嘴兽｜雁行｜燕雀｜燕尾服｜羊水｜羊蝎子｜一条龙｜蚁族｜银
鹰｜鹰派｜鹰犬｜鹰隼｜蝇头｜应声虫｜鱼肚白｜鱼贯｜鱼肉｜鱼水｜鱼水
情｜鱼尾纹｜鱼雁｜战鹰｜蜘蛛人｜执牛耳｜纸老虎｜竹马

《学习词典》：蚕豆｜蚕食｜豺狼｜蝉联｜吹牛｜顶牛儿｜蜂拥｜狗
腿子｜狗屎堆｜狗熊｜狗屁｜龟缩｜哈巴狗｜鸿雁｜鸿毛｜猴皮筋儿｜猴
戏｜狐疑｜鹄立｜蝴蝶结｜虎彪彪｜虎口｜虎狼｜虎穴｜虎将｜虎劲｜虎
势｜寄生虫｜鲸吞｜拦路虎｜懒虫｜狼狈｜狼狗｜老狐狸｜老黄牛｜龙
船｜龙灯｜龙虾｜龙头｜龙眼｜落汤鸡｜落水狗｜螺钉｜螺纹｜螺旋｜螺
旋桨｜牛皮｜牛脾气｜千里马｜马脚｜马大哈｜马后炮｜牛马｜蛇蝎｜蛇
足｜雀斑｜雀跃｜狮子狗｜鼠辈｜兔唇｜驼色｜驼背｜蜗牛｜蜗居｜笑面
虎｜熊猫｜熊掌｜鸭蛋青｜鸭梨｜鸭舌帽｜雁行｜一条龙｜鹰犬｜蝇头｜应
声虫｜鱼贯｜鱼肉｜鱼肚白｜鱼水情｜纸老虎｜竹马

两部词典虽然总体收词数量上差距较大，但所收词目基本一致，
《学习词典》收录而《现汉》未收录的动物词只有一个——"熊掌"，
《现汉》中并未收录"熊掌"一词，《学习词典》对"熊掌"的定义是
食品：

【熊掌】〔名〕熊的脚掌，多脂肪，味美，是极珍贵的食品。
〔例〕～很好吃，但一般人都吃不起。(《学习词典》)

古代史料确有记载食用熊掌的情况，但彼时食用熊掌并非只是为
了珍馐美味，而是另有用意。春秋战国时期吃熊掌的本意是为了报复
周王统治，这一行为渊源久远，熊与罴、貔、貅、貙、虎六种兽被远
古祖先奉为部落图腾，楚国祖先族姓芈，正是熊氏，但是因为远离中

原，在当时中原人认为楚国是蛮族，因此用吃熊掌来表达蔑视，后来借吃熊掌表达对核心权威的反抗，至清代熊掌入八珍，吃熊掌也是为了让汉臣一表忠心。"熊掌"作为食品早已成为历史，到现代社会，"熊掌"一词作为词汇在语言生活中仍然存在，但较少以其本义单独使用，而是多出现在固定结构中——鱼与熊掌不可兼得，以体现我们关于取舍的人生哲学。

二、收词的分析和建议

从收词量上看，两部词典差距较大，《学习词典》中有很多词没有收录，在此我们主要讨论《学习词典》的收词问题。参考暨南大学中介语语料库（留学生书面语语料库）及北京语言大学 HSK 动态作文语料库（以下表格中分别简称为暨南语料库和 HSK 语料库），我们对《现汉》收录的动物词词频进行了统计。

表 5.1　语料库中词频的统计

词目	词频（次）		词目	词频（次）	
	暨南语料库	HSK 语料库		暨南语料库	HSK 语料库
豺狼	0	1	长龙	2	1
吹牛	6	0	鹅蛋脸	1	0
蜂拥	1	1	凤梨	1	0
哈巴狗	1	0	海马	3	0
狐狸精	4	0	蝴蝶结	1	0
虎口	2	0	虎穴	0	2
火龙	1	0	龙眼	3	0
鸡胸	1	0	寄生虫	2	2
拦路虎	0	1	懒虫	3	2

词目	词频（次）		词目	词频（次）	
	暨南语料库	HSK 语料库		暨南语料库	HSK 语料库
狼狈	6	1	狼狗	1	0
老虎机	1	0	龙虾	0	1
龙头	10	2	落汤鸡	9	1
马大哈	1	3	马屁精	3	0
猫头鹰	3	0	母老虎	0	1
牛马	0	2	牛皮	0	1
牛脾气	0	3	千里马	0	1
铁公鸡	0	1	犬子	0	4
犬马	0	1	雀跃	4	3
色狼	3	0	狮子狗	1	0
鼠窜	1	0	水龙头	3	2
蜗牛	15	2	熊掌	1	0
熊猫	37	2	一条龙	6	2
蝇头	0	1	鱼肉	0	1
鱼尾纹	3	0	纸老虎	1	0
竹马	10	2			

注：两个语料库中词频均为 0 的未列入表格

　　尽管以上两个语料库不能作为绝对参考标准，但是从表中的数据来看，在一定程度上可以呈现出留学生对这类词的使用情况。《现汉》和《学习词典》共收词 266 个，但实际上在两个语料库中出现过的词仅有 49 个，其中同时在两个语料库中词频均不为 0 的词仅有 14 个：

长龙|蜂拥|寄生虫|懒虫|狼狈|龙头|落汤鸡|马大哈|雀跃|水龙头|蜗牛|熊猫|一条龙|竹马

我们将两个语料库的词频结果相加，对这 14 个词的词频情况进行了整合统计，以 1—10、11—20、21 及以上三个数值段为区间，结果如下：

1—10：长龙|蜂拥|寄生虫|懒虫|狼狈|落汤鸡|马大哈|雀跃|水龙头|一条龙
11—20：龙头|蜗牛|竹马
21 及以上：熊猫

从语料库的数据来看，"熊猫"的使用频率最高。熊猫是我国特有的保护动物，被誉为"国宝"，憨态可掬的形象不仅深受国人的喜爱，也吸引了诸多外籍人士，渴望一睹其"芳容"，《现汉》和《学习词典》均收录了"熊猫"。以上各词中《学习词典》没有收录的是"长龙"和"水龙头"，"长龙"的比喻义已凝固成稳定的义位，且在口语中使用频率较高，"水龙头"虽然在两个语料库中出现的词频不高，但在日常生活中常见，建议《学习词典》酌情收录。

除"长龙""水龙头"2 个词外，以上 49 个词中，《学习词典》还有 15 个词未收录：

海马|猫头鹰|鹅蛋脸|鸡胸|鱼尾纹|鼠窜|狐狸精|母老虎|色狼|铁公鸡|犬子|犬马|老虎机|凤梨|火龙

"海马""猫头鹰"既含有动物语素，同时整体也用作动物词，属于基本词。"鹅蛋脸""鸡胸""鱼尾纹"可用来描述人的外貌，生动形象，"鼠窜"形容人像老鼠一样惊慌逃走，这些词均富有表现力。"狐狸精""母老虎""色狼""铁公鸡"词义中保留或提取了动物语素的部分有代表性的义点，且词义均带有不同程度的负面义特征。"犬子""犬马"有共同的构词语素"犬"，汉民族对狗的认识与西方民族有差异，这也体现在语言当中，大多数带有语素"狗"或"犬"的词带有贬义，而"犬子""犬马"为谦辞。"老虎机"和"凤梨"也具有一定的使用频率，"凤梨"因尖端的绿叶似凤尾而得名。以上各词，《学习词典》可酌情考虑收录。此外，"火龙"一词在《学习词典》中也没有收录，从语料库检索的结果来看，使用频率也不是很高，不予收录有一定的合理性。

第三节 《现汉》与《学习词典》释义的对比

释义是一部词典的灵魂，一部词典的好坏主要取决于其释义的科学性、实用性以及系统性。本节从释义方式、释义内容两方面对两部词典的释义进行了对比研究，在研究中分析个中优缺。

一、释义方式

基于不同的研究目的和研究视角，学界关于词典的释义方式的分类不同。其中较具代表性的是汪耀楠的观点，他提出："释义方式较多，如语词式、说明式、描写式、定义式、插图式、综合式等等。概言之，不外乎对译和解说两种。对译式就是语词式。"[①]汪先生是在二分法"对译"和"解说"的基础上，再分出小类，分类清晰且详细。词典的释义方式有很多种，不同的释义方式适用于不同的词类或语义

---

① 汪耀楠：《词典释义的两个层次》，《辞书研究》，1991 年第 1 期。

场，释义的时候要选择合适的释义方式，才能达到事半功倍的效果。

我们对《现汉》和《学习词典》中动物类比喻词的释义进行了全面研究，总体来看对于同一词语，两部词典采用了大体一致的释义方式，主要包括词语式释义、定义式释义、描述式释义等类型。

（一）词语式

词语式，又叫语词式，是一种以词对释的方式，用大家熟悉的词来代替要解释的词。词语式的优点是简单明了，节省篇幅。《现汉》中采用词语式释义的包括："蜂巢胃""凤梨""丹凤""猴皮筋儿""鸡冠石"，但《学习词典》并未收录这几个词。《学习词典》中"懒虫"采用词语式释义，而《现汉》采用了定义式释义。

【蜂巢胃】名 网胃。

【凤梨】名 菠萝。

【丹凤】名 丹凤眼。

【猴皮筋儿】〈口〉名 橡皮筋。

【鸡冠石】名 雄黄。（《现汉》）

《现汉》中对一些词采取以词对释的方式，"凤梨""丹凤""猴皮筋儿"，这些词在解释的时候都用了我们熟悉的词语代替，一目了然，简洁经济，容易理解，又节省了全文的篇幅。

【懒虫】〈口〉名 称懒惰的人（骂人或含诙谐意味的话）。（《现汉》）

【懒虫】〔名〕〈贬〉懒汉。（《学习词典》）

在《学习词典》中对"懒虫"的解释就是"懒汉"，我们认为可以借鉴《现汉》的释义方式。对于一本学习词典来说，尽量避免以词对释这一释义原则，"懒虫"是比喻懒惰的人，所以应该解释出懒虫和懒惰的人的相似点，也就是释义的理据，这样才能更容易理解。尤其是对外国留学生来说，由于民族心理和认知思维的不同，学习起来有一定的难度，所以学习词典的解释应尽可能有利于学习者理解。

（二）定义式

定义式是一种揭示概念内涵的释义方式，其实是要把词的含义说清楚，此处所研究的词，大多是有比喻义的，常用来喻人或者状物，所以很大一部分词都采取这种释义方式。定义式的公式为：被定义概念＝种差＋属。如：

【豺狼】名 豺和狼，比喻凶恶残忍的人：～当道｜～成性。（《现汉》）

【豺狼】〔名〕〈贬〉豺和狼都是凶恶的野兽，比喻凶狠残忍的人。（《学习词典》）

【老狐狸】名 比喻非常狡猾的人。（《现汉》）

【老狐狸】〔名〕〈贬〉比喻非常狡猾的人。（《学习词典》）

两部词典中都用相同的句型"……的人"来解释这类词，"种差"就是指各种不同类型人的描述，"属"就是指人。这类词还有"狗堆屎""狗熊""寄生虫""蛇足""老狐狸""老黄牛""豺狼""落水狗""马大哈""牛马""鼠辈""千里马"等，都大致采用了这种解释方式。

在感情色彩的标注上，我们发现《学习词典》对"豺狼""老狐狸"等进行了标注〈贬〉，《现汉》并未标注，对于留学生来说，标注出汉语语言共同体对词语的民族评价、褒贬是有利于语言学习的。

【蛇蝎】名 蛇和蝎子，比喻狠毒的人：～心肠。（《现汉》）

【蛇蝎】〔名〕〈贬〉比喻人心狠毒。（《学习词典》）

【落汤鸡】名 掉在热水里的鸡，用来比喻人浑身湿透的狼狈相。（《现汉》）

【落汤鸡】〔名〕掉在热水里的鸡，常比喻浑身湿透的人。（《学习词典》）

"蛇蝎""落汤鸡"在两部词典中的解释稍有不同。"蛇蝎"在《现汉》中被解释为"……的人"，《学习词典》并没有明确界定蛇蝎比喻的对象，实指某类人，以形容性的定义解释名词性的词语。《学习词典》应当借鉴《现汉》的释义。

"落汤鸡"在两部词典中均给出了字面义，这是可取的。在《学习词典》中解释为"……的人"，《现汉》中释义的类属词却变成了"狼狈相"。我们认为，理想的释义应该是"掉在热水里的鸡，用来比喻浑身湿透的狼狈的人"。"蛇蝎"和"落汤鸡"属于一类词，在同一部词典中的处理方式却不一样，同类词的释义方式应该一致，建议采用"同场同模式"的理念进行释义。

（三）描述式

描述式是通过描摹性状、说明习性和介绍知识来解释词义的方式。定义式的最大优点是简洁、清晰，但有一部分词是单一的"定义式"解释不清楚的，所以很多词采取描述式，描述的内容包括所属的门类、外在形态、生活习性、使用价值、分布区域等。如：

【寄生虫】名❶ 寄生在别的动物或植物体内或体表的动物，如跳蚤、虱子、蛔虫、姜片虫、小麦线虫。（《现汉》）

【寄生虫】〔名〕❶ 寄生在人或动植物体内外的害虫，如跳蚤、虱子、蛔虫、血吸虫、姜片虫等。（《学习词典》）

【狼狗】名 狗的一个品种，外形像狼，性凶猛，嗅觉敏锐。（《现汉》）

【狼狗】〔名〕狗的一个品种，形状和狼相似，性凶猛，嗅觉敏锐。(《学习词典》)

【龙虾】名 节肢动物，身体圆柱形而略扁，长约 30 厘米，色彩鲜艳，常有美丽斑纹。生活在海底。我国南海和东海南部都有出产。(《现汉》)

【龙虾】〔名〕最大的一种虾，体长可达一尺，肉味鲜美。(《学习词典》)

两部词典的释义基本上相同，但是提供的语义特征有些区别，在具体内容的处理上体现出差异来。冯海霞、卢东民（2011）指出："类义征是名词范畴词条的释义中对被释义的词目起归属作用的释义成分，是相对于义征（区别义素／个性区别特征）而提出的。动物典型群聚合中的词语隶属于一个封闭的具有层级性的场，其类义征往往采用上位词。"[①]类义征的选择其实就是上位词、类义素的选择问题，也是定义式中"属"的选择问题。"寄生虫"在《现汉》中的上位词选择的是"动物"，而在《学习词典》中选择的是"害虫"，动物的概念范围较广，"寄生虫"的上位词选择"害虫"更为合理一些，我们认为《学习词典》在处理上更为合理。"龙虾"的上位词《现汉》为"节肢动物"，《学习词典》为"虾的一种"，《现汉》从系统性的角度出发，为其选择上位词，带有一定的学科性；《学习词典》具有一定的因词而异的特点，但较为接近外国留学生的认知，带有语文性。

通过对释义方式的比较，两部词典的释义方式大多采用词语式、定义式、描述式三种方式，在释义方式上并没有什么本质上的不同，只是在语义特征的提取上体现出一定的差异。

---

① 冯海霞、卢东民：《语文词典中动物词条系统释义的考察及释义模式的优化》，《辞书研究》，2011 年第 6 期。

二、释义内容

（一）义项的对比研究

1. 义项的分合

（1）本义和比喻义都常用的，分别立项

【狗熊】名❶黑熊。❷称怯懦无能的人：谁英雄，谁～，咱比比！（《现汉》）

【狗熊】〔名〕❶黑熊。〔例〕～会游泳，能爬树。（"名"句1）/～的熊掌是珍贵食品。（"名"句7）❷用来比喻没有作为，没有出息的人。（《学习词典》）

【虎穴】名老虎的窝，比喻危险的境地：龙潭～｜不入～，焉得虎子？（《现汉》）

【虎穴】〔名〕原指老虎的洞穴，比喻危险的地方。〔例〕李班长穿过敌人的封锁线，深入～，侦察地形。（《学习词典》）

【哈巴狗】（～儿）名❶一种体小、毛长、腿短的狗。供玩赏。也叫狮子狗或巴儿狗。❷比喻驯顺的奴才。（《现汉》）

【哈巴狗】〔名〕❶一种供人玩赏的长毛短腿的狗。〔例〕这条～真好玩。（"名"句1）❷〈贬〉比喻为驯服的奴才。（《学习词典》）

"狗熊""虎穴""哈巴狗"这三个词的原义都作为独立义项出现在两本词典中。"狗熊""虎穴""哈巴狗"的本义较为常用，所以本义作为单独义项列出。这类词的义项在两部词典中的处理方式是相同且比较合理的。

（2）本义不常用的，将本义和比喻义合并在一个义项中

【鸿毛】名 鸿雁的毛，比喻轻微或不足道的事物：死有重于泰山，有轻于～。(《现汉》)

【鸿毛】〔名〕〈书〉鸿雁的羽毛，比喻微不足道的事物。(《学习词典》)

"鸿毛"的本义在现代汉语中并不常用，多用"鸿毛"的比喻义，所以合并在一个义项里，两部词典对"鸿毛"的义项处理是比较合理的。

2. 义项的多寡

（1）与《现汉》相比，《学习词典》义项数量少

表5.2　两部词典义项数量差异

词典＼词目	顶牛（个）	鸿雁（个）	虎将（个）	龙头（个）	竹马（个）
《现汉》	2	2	1	4	2
《学习词典》	1	1	2	2	1

【顶牛儿】动❶ 比喻争持不下或互相冲突：他们两人一谈就顶起牛儿来了｜这两节课排得～了。❷ 骨牌的一种玩法，两家或几家轮流出牌，点数相同的一头互相衔接，接不上的人从手里选一张牌扣下，以终局不扣牌或所扣点数最小者为胜。也叫接龙。(《现汉》)

【顶牛】〔动〕（不及物）比喻争持不下或互相冲突。［例］他俩经常～。("动"句1) / 他们一谈就顶起牛来。(《学习词典》)

【蜗居】〈书〉❶名 比喻窄小的住所（常谦称自己的居所）。❷动 指居住在窄小的住所：～斗室｜在亭子间～了两年。(《现汉》)

【蜗居】〔名〕〈书〉比喻窄小的住所。［例］先生终日蛰伏～，足不出户。("名"句2)(《学习词典》)

《学习词典》中，"顶牛"缺少"骨牌的一种玩法"这个义项。"蜗居"缺少作为动词的义项。《学习词典》中缺失义项的原因主要是考虑到它的使用对象包括学汉语的外国人，所以化繁为简，只收录常用的义项。但是"蜗居"作为动词也经常在生活中使用，所以建议把"蜗居"作为动词的义项也收录进来。

（2）与《学习词典》相比，《现汉》的义项数量少

【虎将】名 勇猛善战的将领。（《现汉》）

【虎将】〔名〕❶ 指勇猛的将领。［例］这位老首长当年曾是威震东南的一名～。（"名"句1）❷ 比喻单位里的得力的一员～，办事雷厉风行。（《学习词典》）

"虎将"不仅指善战的将领，现在更多的是形容一些得力的人，所以建议《现汉》收录这一义项。《现汉》具有实用性特点，因为《学习词典》中的第二个义项才是常用的义项，而《现汉》没有收录这一常用的义项，应该是编纂者的疏忽，建议《现汉》将此义项收录进去。

（二）条目的对比研究

对于一些同音同形的词，但在语义距离上比较远的，《现汉》采取了分立条目，这也是很多词典采取的方法。但是对于同音同形词分条目处理的方式，是有争议的，因为涉及词义演变的问题，受到编纂者主观的影响，语义距离远近的把握存在很大的灵活性和不一致性。而《学习词典》并没有分条目，这也是很合理的，减少外国人的疑惑，可能对于他们来说，更感兴趣的应该是这两个词的联系，这样更容易理解和记忆。

【虎口】¹ 名 比喻危险的境地：～脱险 | 逃离～。

【虎口】² 名 大拇指和食指相连的部分。(《现汉》)

【虎口】〔名〕❶ 人手上大拇指和食指相连的部分。[例] 他用尽气力一斧头砍下去，连～都震裂了。("名"句1) ❷ 比喻极危险的地方。(《学习词典》)

《现汉》对"虎口"分立条目，是因为虎口的两个语义距离较远，一个指人手上的某一位置，另一个意思是危险的境地。而《学习词典》对"虎口"合并条目，对于汉语作为第二语言的学习者，如果分立条目，感觉要多学一个词，增加学习任务，他们更喜欢分析这两个语义之间有什么联系，为什么能比喻成危险的地方，会激发学习者的学习兴趣。

（三）陪义信息的标注

"陪义是义位的附属意义、附属语义特征、附属义值、补充义值。"① 作为附属义，比起基义虽然处于次要位置，但可以协助语言表达，具有丰富语义的功能。两部词典在释义时除了词的基本意义外，也标注了词的陪义，主要是情态陪义及语体陪义。

1. 情态陪义

情态陪义主要有"褒义、贬义、敬辞、谦辞、委婉避讳、喜爱、亲昵、厌恶憎恶、讥讽嘲笑、戏谑、斥责、詈骂"等十几种，用以表达人的某种感情和态度。

【狗腿子】〈口〉名 指给有势力的坏人奔走帮凶的人（骂人的话）。(《现汉》)

【狗腿子】〔名〕〈口〉帮凶：走狗。[例]～往往比他的主人还要

---

① 张志毅、张庆云：《词汇语义学》（第三版），北京：商务印书馆，2012年，第36页。

厉害。（"名"句 1）（《学习词典》）

　　动物本是客观存在的，无好坏之分，但与人类生活联系紧密，人类常常以自身的利益为参考，会对动物产生喜爱、讨厌、亲昵等不同的感情。而同一种动物在不同的国家，由于文化不同，人们对于它的感情也不一样。在汉语中，"狗"多用来骂人，而在一些西方国家，他们是非常喜爱狗的，总是赋予"狗"忠诚、勇敢等形象。"狗腿子"在《现汉》中明确标注了是"骂人的话"，《学习词典》中并没有标注出来，作为一部外向型词典来说，更应该标注出来，文化本就是二语学习者在学习道路上的拦路虎，而这类词大多含文化义，标注出褒贬陪义，有助于学习者的理解。

　　《现汉》对情态陪义的分类还是很细化的，如"旱鸭子"（含诙谐意），"瘦猴儿"（含戏谑意），"狗吃屎"（含嘲笑意），"犬子"（谦辞），"鼠辈"（骂人的话）等，情态陪义的细化有助于对词的理解以及词的准确应用。《学习词典》除了对词进行褒贬陪义的标注外，并没有对其他类型的情态陪义进行标注，建议《学习词典》进一步细化陪义的标注类型。

　　2. 语体陪义

　　语体包括口头语、书面语、方言土语、文言古语等。

　　【蜗居】〈书〉❶ 名 比喻窄小的住所（常谦称自己的居所）。❷ 动 指居住在窄小的住所：～斗室 | 在亭子间～了两年。（《现汉》）

　　【蜗居】［名］〈书〉比喻窄小的住所。［例］先生终日蛰伏～，足不出户。（"名"句 2）（《学习词典》）

　　【猴皮筋儿】〈口〉 名 橡皮筋。（《现汉》）

　　【猴皮筋儿】［名］〈口〉指用来结扎东西的橡皮圈。又作橡皮筋儿：猴儿筋。［例］这些铅笔都用～扎起来。（"名"句 8）/ 那个小姑

娘用～扎着两条羊角小辫子。("名"句8)(《学习词典》)

《现汉》和《学习词典》语体标注一致，且两部词典的标注都比较规范。书面语一般用于写作，口语一般用于日常交流，标名语体有助于提高学生使用的规范性。

三、《现汉》和《学习词典》存在的几个问题

（一）《现汉》存在的问题

1. 部分词在释义时上位词使用失当

生物分类系统的类别从大到小分别是界、门、纲、目、科、属、种。如"豹猫"是动物界，脊椎动物门，哺乳纲，食肉目，猫科，豹猫属，豹猫种。有的动物本身就是科名、属名或者种名。《现汉》在解释词义的时候选择了不同级别的上位词，在此将这部分词整理出来。

表5.3 《现汉》释义使用的上位词统计表

序号	词	上位词描述	生物分类级别
1	豹猫	哺乳动物	纲
2	斑马	哺乳动物	纲
3	壁虎	爬行动物	纲
4	变色龙	爬行动物	纲
5	貂熊	哺乳动物	纲
6	鳄蜥	爬行动物	纲
7	凤尾鱼	鲚的一种	种
8	凤尾竹	竹的一种	种
9	狗尾草	草本植物	
10	鸡冠花	草本植物	
11	龟足	甲壳类动物	纲

序号	词	上位词描述	生物分类级别
12	海马	鱼	纲
13	金枪鱼	鱼	纲
14	哈巴狗	狗	种
15	海星	棘皮动物	门
16	褐马鸡	鸟	纲
17	猴头	真菌的一种	门
18	寄生虫	动物	界
19	鸿鹄	天鹅	属
20	鸿雁	鸟	纲
21	黄牛	牛的一种	种
22	狼狗	狗的一个品种	种
23	金钱豹	豹的一种	种
24	金丝猴	哺乳动物	纲
25	金丝雀	鸟	纲
26	龙虾	节肢动物	门
27	龙眼	常绿乔木	
28	猫头鹰	鸟	纲
29	驼鹿	哺乳动物	纲
30	蜗牛	软体动物	门
31	鸭嘴兽	哺乳动物	纲
32	衣鱼	昆虫	纲
33	龙爪槐	槐树的一个变种	种
34	马蹄莲	草本植物	

序号	词	上位词描述	生物分类级别
35	马尾松	常绿乔木	
36	牛蛙	蛙的一种	种
37	蛇瓜	草本植物	
38	鸭梨	梨的一个品种	种

从逻辑上来讲，上位词应该选择最小的或较小的生物分类级别，将意义限定在较小的范围内，更容易理解，同一类词应该选择同一级别的上位词。生物分类级别虽然很详细，但词典在操作的时候并没有严格按照这个规律，从我们整理的结果来看，对动物词的释义和植物词的释义思路不同。对动物词的释义基本按照生物分类级别确定上位词，使用较多的是"纲"这一级别，如豹猫、变色龙、貂熊、鳄蜥、褐马鸡、猫头鹰、驼鹿、鸭嘴兽、衣鱼等词。也有各别词使用了更高级别的"门"，如海星、蜗牛、龙虾等词，海星是棘皮动物中典型的一类，蜗牛是陆地上最常见的软体动物，龙虾是甲壳纲十足目龙虾科4个属19种龙虾的通称，用"门"这一生物分类级别作为上位词便于理解。《现汉》对植物词的释义上位词的选择并非按照植物学科的分类单元，而是普遍采用了"草本植物""乔木"等。我们依据植物茎的性质对植物的分类认识更贴近生活经验，便于认识和理解词义。

《现汉》在上位词的选择上也存在失当的地方，如"鸿鹄"和"鸿雁"两词结构相同，且有相同的构词语素，但《现汉》在释义时选择了不同级别的上位词，"鸿鹄"使用了"属"这一级别的"天鹅"，而"鸿雁"则直接用了"纲"这一级别的"鸟"，且《现汉》中对"雁"的释义是"鸟，外形略像鹅，颈和翼较长，足和尾较短，羽毛淡紫褐色。善于游泳和飞行。常见的有鸿雁、白额雁等"。从释义的信息来看，鸿雁、白额雁是雁的一种，由于《现汉》中没有收录

"白额雁"一词，无法进行更小的语义场内的释义对比，但从逻辑上讲，对"鸿雁"进行释义时上位词选择"雁"即可。再如两个水果词"鸭梨"和"龙眼"，"鸭梨"使用了"种"这一级别的"梨"，而"龙眼"则使用了非生物类别"乔木"，同为水果类词汇，两者在上位词级别的选用上差别是很大的。

2. 本义和比喻义之间缺少联系

根据比喻义的特点，本体、喻体、相似性是三个必要条件，本义＋喻义＋理据是比喻义释义的基本模式，但《现汉》有些词的处理上，本义和比喻义之间的相似点没有描述出来，容易使读者迷惑。

【豺狼】名豺和狼，比喻凶恶残忍的人：～当道｜～成性。（《现汉》）

《现汉》中对"豺狼"的解释有点欠缺理据，少了相似性这一描述，用"豺狼"比喻凶恶残忍的人，提取的是"豺狼"凶恶的特点，《现汉》中只释出了"豺狼"的实际所指"豺和狼"，语义信息欠缺，这一点上《学习词典》处理得比较好。

【豺狼】〔名〕〈贬〉豺和狼都是凶恶的野兽，比喻凶狠残忍的人。［例］～当道（比喻坏人掌了大权。）/ 这一帮子坏蛋简直是～。（《学习词典》）

再如"虎狼"一词：

【虎狼】名比喻凶狠残暴的人：～之辈。（《现汉》）

《现汉》直接给出了比喻义，如果说我们对"狼"这一动物在构词时提取的语义特征基本一致——只提取其负面义特征，但"虎"并非如此，汉语中有许多带有"虎"这一语素的词带有积极的正面义，虎啸龙吟、生龙活虎、虎虎生威、卧虎藏龙、龙腾虎跃、虎头虎脑、虎虎生风、虎父无犬子等，适当描述出本义与比喻义之间的理据、联系是有必要的。

（二）《学习词典》存在的问题

1. 外向型词典的特点不突出

通过对这类词释义的对比研究，发现《学习词典》在词语的解释上大多照搬《现汉》，外向型词典的特点不够突出。有的虽然稍微修改过，但是修改过后会出现一些问题。如"狗屁"一词，除了指人说的话不可取，也可指文章写得不好，但《学习词典》的释义中并没有指出可以形容文章，仅在配例中给出了相应的句例，配例确实对释义有补充说明的作用，但并不能取代释义，主要的词义信息应当出现在释义中。外向型词典在编纂时一定要有针对性，二语学习者相比母语学习者来说缺少语感，一些我们觉得理所应当的下意识的东西，对于二语学习者来说可能是更难的。所以《学习词典》一定要考虑到二语学习者自身的状况，要有外向型的特点，不可一味地照搬《现汉》。

2. 陪义的标注不够全面、细化

《学习词典》只是标注了部分词的陪义，存在着漏标的情况：

【狗屎堆】名 比喻令人深恶痛绝的人（骂人的话）。（《现汉》）

【狗屎堆】〔名〕比喻令人深恶痛绝的人。（《学习词典》）

【狗腿子】〈口〉名 指给有势力的坏人奔走帮凶的人（骂人的话）。（《现汉》）

【狗腿子】〔名〕〈口〉帮凶，走狗。（《学习词典》）

"狗屎堆""狗腿子"在汉语中属于詈骂语，有非常强的贬性意味，但《学习词典》仅释出了基本义，并未标注陪义。除漏标的词外，《学习词典》对部分词陪义的标注也不够细化，基本上只标注了褒贬陪义，人是感情复杂的动物，表达自身感情的时候也是多种多样的，除了基本的喜爱、讨厌外，还有戏谑、斥责、嘲笑等复杂的感情，细化陪义的标注可以更好地帮助二语学习者理解和应用。除此之外，《学习词典》对部分词情态陪义标注的程度也不够准确，如：

【吹牛】动 说大话；夸口。(《现汉》)

【吹牛】〔动〕（不及物）〈贬〉说大话。(《学习词典》)

【懒虫】〈口〉称懒惰的人（骂人或含诙谐意味的话）。(《现汉》)

【懒虫】〔名〕〈贬〉懒汉。(《学习词典》)

宽泛地说，"吹牛"和"懒虫"两个词可以看作贬义词，但在实际的使用中，两个词的贬性程度并不深，尤其是"懒虫"一词，还带有诙谐的意味，《学习词典》标注的陪义程度过深了。

除以上论述的《现汉》和《学习词典》各自存在的问题外，两部词典还有一些共性问题，如各别词的释义违背了同场同模式的原则、解释词和被释词词性不一致等问题，此不赘述。

第四节　对外汉语动物类比喻词教学

对外汉语教学的实践和理论，为编写词典提供了强有力的依据，为词典的编纂和修订提供了取之不尽的源泉。反过来词典的编纂和研究，直接促进对外汉语教学的发展。本节通过对《学习词典》的研究分析，结合对外汉语教学的特点，针对本书所研究的动物类比喻词，以及留学生的使用偏误，为《学习词典》的释义提出一些建议。

一、动物类比喻词的使用偏误及其原因

我们利用 HSK 动态作文语料库，收集了一些比较典型的动物类比喻词的使用偏误，基于本书的研究，只搜集留学生的语义偏误，通过对偏误的分析，总结产生偏误的原因。希望能够对留学生习得动物类比喻词提供帮助，也希望对外汉语教师在教授这类词时，能有一些参考价值。

※ 例 1："老师帮助我很多，印象最深的是他像**笑面虎**一样。"

这样的句子让人啼笑皆非，"笑面虎"在汉语中指外貌装得善良而心地凶狠的人，学生可能想要表达的是老师经常微笑，对老师很感激，但是没有掌握好这个词的比喻义，只是自己对字面义的揣测。

※ 例 2：那天很大雨，他没有雨伞，到家的时候成了"**落水狗**"。
※ 例 3：不至于那么差吧，你又**吹牛**。

例 2、例 3 属于词的褒贬色彩没有弄清楚。例 2 "落水狗"改为"落汤鸡"更好，"落水狗"比喻失去势力的坏人，明显地带贬义色彩，而"落汤鸡"用来比喻浑身湿透的狼狈相，无褒贬含义之分。造成这种偏误的原因可能是文化差异的影响，"狗"这个词带有强烈的贬义色彩，以"狗"为构词语素的词大多表示不好的意思，可以说大多用来骂人，如"狗屁""狗腿子""狗咬狗"等。相信如果这个学生充分了解的话，就不会用"落水狗"来形容自己了。例 3 "吹牛"是把不好的说成好的或者在原有的基础上夸大，而这里表达的意思是把好的说成不好的，意思相反，这类偏误有时会影响交际，造成误会。

※例4：所以现在我呢，孤独、**钻牛脑筋**的时候常常听流行歌曲。

※例5：不管我及不及格教孩子，我都还会让他拜一个中国人为师，那时我才会松一口气，**家犬**将会有很光明的前途，因为有名师，必有高徒。

※例6：我很想当一个音乐老师，但是考试的时候得了**鸭子蛋**。

例4、例5、例6属于理解词义但是没有掌握词形，属于我们常说的生造词一类。例4"牛脑筋"应为"牛角尖"，"钻牛角尖"的意思是费力研究不值得的事物。造成这样的偏误可能是学生没有掌握好这个词。例5"家犬"改为"犬子"，"家犬"指家里养的狗，只有这一个义项，不能指人，而"犬子"是父亲对自己儿子的谦称。例6"鸭子蛋"应为"鸭蛋"，因为试卷上的零分形状像鸭蛋，所以我们常将学生得零分说成得了个鸭蛋。"鸭蛋"词义是逐渐固化下来的，不能说成"鸭子蛋"。

造成偏误的原因大致有以下几点：

（一）文化的差异

语言是文化的载体，文化通过语言传播，语言和文化有着紧密的联系。文化差异表现在语言的各个方面，尤其是体现在词汇上。由于风俗习惯、地理文化、历史背景等方面存在着差异，所以不同的民族会有不同的思维，不同的联想赋予了词汇不同的含义。留学生对于动物类比喻词使用产生的偏误，主要体现在对其褒贬义分辨不清。比如上述的例子中，本该用"落汤鸡"却误用"落水狗"，狗在西方国家一般被看成人类忠实的朋友，甚至被当作家人来对待，但在汉语中，含"狗"动物语素的词多含贬义，如"狗腿子""狗咬狗""狗吃屎"等，大多用来骂人，不同的民族对同一种动物有着不同的感情，二语习得时会受到母语的影响，同样会受到自己国家文化的干扰，这也是产生偏误的主要原因。所以了解一个国家的文化，减少这种偏误有助于词汇的习得，文化的习得也是一个循序渐进的过程，词汇量的不断加大，就会对文化的认识越来越深刻，同样对于一个国家文化的深刻认识会帮助理解词义。

同一种动物承载着不同的文化蕴意，褒贬陪义的不同是其重要的一方面，加之有的动物存在着空缺的情况，加大了理解的难度。文化差异对词义理解造成很大的干扰。

（二）片面的掌握词义

含动物语素类的比喻词，大多蕴含深层次的意义，母语为汉语的学习者在学习和掌握上可能有时候也不是很容易，更不要说汉语作为二语的学习者，他们常常因为不知道词的深层含义，就会以字面义理解，造成语义的偏误。如例 1 中的"笑面虎"并不是表面的字义，不能看到语素"笑"就以为是个褒义词，要想掌握好这个词就要理解其深层含义。在不知道词义的时候，留学生容易用表面语素义来猜测词义，其实我们在学习时都会犯这样的错，不认识字的时候会读半边，有时候会确实能推断出正确读音。但是有些词只看表面义是不能推断词义的，如"铁公鸡"就不能用表面义来推断本义。本研究中的大多数词都是用来喻人或状物的，可以说都有深层次的比喻义，二语学习者在理解上可能比较吃力。

二、对外汉语动物类比喻词教学建议

在对外汉语教学中，对于动物类比喻词，我们认为应该梳理出本义和比喻义的关系，注意不同民族背景下文化的差异，注意不同语言中词语的对应性，根据动物类比喻词的构词规律进行教学。

（一）梳理出本义和比喻义的关系

如"犬马"的本义是狗和马，在《现汉》中的解释为"古时臣下对君主自比为犬马，表示愿供驱使"，为什么会有此比喻呢，这就是要讲授的重点。"狗"本身就是容易被驱使的动物，而马在古代多为交通工具，为人们所驱使，所以这两种动物组合在一起，不单单指两种动物，更多的是比喻义。再如"虎狼"比喻"凶狠残暴的人"，由于虎和狼都有凶狠残暴的属性，所以组合在一起，来表现某类人的某些特性。类似的词还有牛马、鹰犬、蛇蝎、豺狼等。教师在课堂教授的时候，不但要讲清楚本义和比喻义，更要讲清楚它们之间的联系。

（二）注意不同文化的差异

语言是文化的载体，不同的语言也反映不同的文化，文化因素对于培养学生的言语交际能力也是非常重要的。不同的民族之间存在很大的文化差异，同样的动物类比喻词在不同的文化背景下意义可能不同。每一种动物都承载着人们对它的感情和评价，不同的民族对同一种动物的评价和感情可能是不同的。想要学习这类动物类比喻词，必须了解这些动物附带的文化义。

以猫头鹰为例，猫头鹰通常在夜间活动，叫声不好听，所以我们经常把它的叫声和人的去世联系在一起。将猫头鹰凄厉的叫声与"报丧"或"勾魂"的意义相关联，故称"猫头鹰叫孝"，所以人们觉得猫头鹰是一种不吉祥的鸟。而在英语中，猫头鹰被赋予智慧的形象，雅典城守护女神雅典娜的象征就是猫头鹰，她被称为智慧女神。在战争中，如果有猫头鹰飞过头顶，就是胜利的象征。

（三）注意不同语言中词语的对应性

不同语言的编码差异较大，在对外汉语教学中，应当注意不同语言间词语上的对应性。学习一门外语，必然会受到母语的影响。汉语作为第二语言的学习者，在学习的时候，肯定会求助于母语，找出母语相对应的词，这样更简便，更容易理解。所以我们在教学中，可以总结一些不同语言中有对应意义的动物类比喻词，使得教学效果更好，学生们也更容易接受。以汉英对比为例：

和"狗咬狗"构词结构和意义差不多的有"dog eat dog（互相残杀）"。汉英文化中动物的属性或者特征一致的，如"the fox and the dog（喻指恶棍和强盗）";"an old fox（老狐狸）";"a fox's sleep（装睡，漠不关心）";"play the fox（耍滑头；骗人）";"as sly as a fox（像狐狸一样狡猾）";"as arrogant as a cock（骄傲得像只公鸡）";"as meek as a lamb（驯服像绵羊）";"as busy as bees（像蜜蜂一样忙）";"as strong as a horse（像马一样壮）";"as greedy as a wolf（像狼一样贪婪）";"as patient as an ox（像公牛一样有耐力）"。"stupid ass（蠢驴）"与"蠢猪"相似，虽然动物不一样，但是所表达的意思相同。"猴"和"monkey"的文化义差别不大，多与"机灵，活泼，搞怪"这类形容词相关。如"monkey around/about（捣蛋鬼）";"monkey tricks（胡闹）";"monkeyshine（恶作剧）"。

（四）根据构词规律教学

学生掌握了一些基本词以后，在中高级阶段，就可以以构词法为主来推动教学，适当地讲讲构词规律。比如牛在中国农耕社会具有重要的地位，"牛气"形容自大骄傲，"牛脾气"形容脾气大，这跟牛的社会地位有关。"牛劲"形容力气大，"牛饮"形容像牛一样大口地喝水，这和牛自身的属性有关。"牛马""老黄牛"等词大多与牛易于被驱使、勤勤恳恳干活有关。以上是从义位聚合角度来看。也可以从组合的角度，给学生讲为什么是"牛马"而不是"牛鸡"，适当地讲解动物义位的组合规律。

虽然教材里涉及的动物类比喻词很少，但是教师的讲解不能停留在"牛""羊""猪""狗"等的简单介绍，重点是含动物语素合成词的学习，根据学生的程度不同，适当地加大词汇量。动物义位在组合的过程中，词义产生新的变化，但往往又与动物本身携带的文化义有关，这也是学习和研究过程中的有趣之处。

第六章　颜色词释义对比

　　语言是文化的重要载体，二者有着密不可分的关系，因此语言的文化意义也备受关注。

　　词汇是语言中的一大要素，对于外国学习者来说，要能够做到正确使用汉语词汇，实现交际的目的，了解词汇中内在的民族文化是必不可少的。文化词汇是词汇中的特殊群体，和社会的变化密切相关，具有着鲜明的文化特征，受汉民族文化演变、发展的影响，作为文化词汇的颜色词，每一个都具有丰富的文化内涵，研究汉语的颜色词对汉语学习者正确掌握汉语颜色词，了解汉民族文化的深刻内涵，起着积极的促进作用。

　　目前关于颜色词的研究以颜色词的本体研究为主，国内最初颜色词的研究多从传统训诂学的角度，对颜色词进行初步分析，且研究较少。20世纪80年代开始，汉语颜色词的研究逐渐增多，受西方柏林和凯提出的"语言普遍说"以及西方现代语义学理论的影响较大。学者们从传统训诂学、现代语义学、语用学、修辞学、跨文化对比等角度对颜色词的起源、构成、发展、某类颜色词的词义系统、颜色词的文化意义等方面进行了深入的研究。以往的研究大多数基于内向型普通汉语词典，而针对外向型学习词典中颜色词的研究少之又少，本章主要就《现汉》第6版与《学汉语词典》中收录的颜色词进行对比，并重点分析对外汉语学习词典中对颜色词文化意义的处理，进而针对对外汉语学习词典中颜色词的处理提出合理化的建议。

第一节　现代汉语颜色词的界定、类型与文化内涵

一、现代汉语颜色词的界定

关于现代汉语颜色词的名称，较为常用的有"颜色词""色彩词"，除此之外还有很多，诸如"颜色词语、色彩词语、颜色字、色彩字"等等。这些称谓表示的内涵是一致的，大体上都是表示事物的颜色。

关于颜色词的定义，古人没有对颜色词进行过明确的界定，直至现代，颜色词受到越来越多的关注，人们开始尝试从不同角度对颜色词进行定义。颜色词究竟是什么？下表是学界已有的代表性观点。

表 6.1　颜色词定义合集

学者	主要观点	相关论著
朱泳燚	"所谓颜色词，就是指颜色来表示物体性状的词。"①	《鲁迅作品中色彩词的运用》
谭德姿	"色彩是构成自然美的要素，反映到语言里，提供色彩信息的就是色彩词。"②	《色彩词与语言美》
张旺熹	"色彩词语，就是通过表达相应的色彩概念而把客体、色彩、主体三方面联系在一起的词语。"③	《色彩词语联想意义初论》
刘云泉	"作为社会科学的语言学对色彩的研究，主要研究具有色彩意义的词汇。"④	《语言的色彩美》

---

① 朱泳燚：《鲁迅作品中色彩词的运用》，《中国语文》，1959 年第 10 期。

② 谭德姿：《色彩词与语言美》，《山东师范大学学报》（人文社会科学版），1984 年第 2 期。

③ 张旺熹：《色彩词语联想意义初论》，《语言教学与研究》，1988 年第 3 期。

④ 刘云泉：《语言的色彩美》，合肥：安徽教育出版社，1990 年，第 5 页。

续表

学者	主要观点	相关论著
叶军	"色彩词是指那些反应自然界中客观存在的真实色彩以及人们主观意识中后天形成的抽象色彩印象的词。"①	《现代汉语色彩词研究》
骆峰	"色彩词是人类用来标记色彩的语词号。"②	《汉语色彩词的文化审视》
李红印	"人类的色彩感知用自然语言表达和固定下来的就是自然语言中的各类颜色词语。"③	《现代汉语颜色词语义分析》

虽然各位学者对颜色词名称及界定的观点有所不同，但在本质上还是相似的。要想定义颜色词，首先应该从生理学和物理学的角度去分析颜色，颜色是"由物体发射、反射或透过的光波通过视觉所产生的印象"④，也就是在色谱上能反映的具体颜色。其次还应该从心理学和语言学的角度去分析颜色词，通过感觉和知觉获得的具体颜色感知，被人们用语言对其进行了"编码"，就形成了我们现在所说的颜色词。因此本研究参考李红印的观点，将颜色词定义为："用自然语言表达和固定下来的表现人类的色彩感知的词语"⑤。

二、现代汉语颜色词的分类

现代汉语颜色词可以分为基本颜色词和普通颜色词两大类。

（一）基本颜色词

所谓基本颜色词，就是"对各个不同色域进行概括的，表示最基

---

① 叶军：《现代汉语色彩词研究》，呼和浩特：内蒙古人民出版社，2001年，第34—35页。
② 骆峰：《汉语色彩词的文化审视》，上海：上海辞书出版社，2004年，第5页。
③ 李红印：《现代汉语颜色词语义分析》，北京：商务印书馆，2007年，第8页。
④ 中国社会科学院语言研究所词典编辑室：《现代汉语词典》（第6版），北京：商务印书馆，2012年，第1508页。
⑤ 李红印：《现代汉语颜色词语义分析》，北京：商务印书馆，2007年，第8页。

本的色彩概念的词"①。基本颜色词是颜色词的基础，大多数普通颜色词都是由基础颜色词派生而成。

要对基本颜色词进行分类，首先要探讨颜色词的起源。自然界中存在着丰富的色彩，人类也有着天生的辨色能力，从出生之日开始，看到的就是一个五彩斑斓的世界。而人类所具有的思维能力使得人们在面对绚丽多彩的世界时，将颜色从所附着的具体事物中抽离出来，并进行概括，便形成了意识领域中的基本色彩概念。如汉语中表示基本颜色的词，在最初都有对应的具体事物。以基本颜色词"蓝"为例，《说文解字》解释为"染青草也"，也就是能提炼出青色的一种植物，到唐代才演变成专指蓝色。且人类并不仅仅满足于"看到的"的颜色，在认识和改造世界的过程中，人们进行了大量和颜色有关的实践活动，创造出越来越多的色彩，这些实践活动就是产生颜色词的源泉。

对于现代汉语基本颜色词的研究，大多受到柏林和凯提出的基本颜色词理论的影响，其中代表性观点列表如下。

表 6.2　颜色词分类合集

学者	基本颜色词	数量（个）	主要观点
姚小平	黑、白、红、黄、绿、蓝、紫、灰、橙、棕（褐）	10	"'橙'在现代汉语中才获得抽象的颜色意义，这一意义可能是从欧洲语言借译过来的；'棕'的颜色用法在明清文献中还不多见，现代汉语中广泛地用作棕褐色的通名；'褐'仍泛指棕褐色，但在口语中似不如'棕'常用。"②

① 叶军：《现代汉语色彩词研究》，呼和浩特：内蒙古人民出版社，2001年，第35页。
② 姚小平：《基本颜色调理论述评——兼论汉语基本颜色词的演变史》，《外语教学与研究》，1988年第1期。

续表

学者	基本颜色词	数量（个）	主要观点
刘丹青	白、黑、红、黄、绿、蓝、灰、紫	8	"参照柏林和凯界定基本颜色词的标准，只有单音词符合标准，这样的词在现代汉语中共有九个：白、黑、红、黄、绿、蓝、青、灰、紫；'青'在现代汉语中被包括在'绿'和'蓝'中，且所指事物很有限，已不属基本词。"[①]
刘云泉	红、黄、青、绿、白、蓝、黑、灰、紫、褐	10	确定基本色彩词的标准有两个："一是不是某种个别的颜色，而是表示概括的类别意义，如现代汉语中'红'泛指一切的红；二是有极强的孳生力，能不断产生新词，如'红'的复合词有'黑红、潮红、猩红、红橙、红黄、红棕'等。"[②]
詹人凤	红、黄、绿、蓝、白、黑	6	基本颜色词应当符合下列标准："一是专门性，专门用来表示颜色的词，不能由别的实物词兼表；二是概括性，能够把相关的颜色概括在内且不被别的颜色词概括，也不能是过渡色；三是非派生性，不能由别的词构成。符合标准的只有红、黄、绿、蓝、白、黑。"[③]
叶军	红、黄、蓝、白、黑、绿、紫、灰	8	"有些词在古代汉语中曾用来表示基本色、但在现代汉语中则是不能独立成词的色彩词素，只有与表示类概念的"色"配合使用，才能成为表基本色的词。如在古代'褐'能表示'黄黑'混合的基本色，但在现代则要与'色'配合使用才能够表示'基本色'。"[④]

① 刘丹青：《现代汉语基本颜色词的数量及序列》，《南京师大学报》（社会科学版），1990年第3期。
② 刘云泉：《语言的色彩美》，合肥：安徽教育出版社，1990年，第159页。
③ 詹人凤：《现代汉语语义学》，北京：商务印书馆，1997年，第175页。
④ 叶军：《现代汉语色彩词研究》，呼和浩特：内蒙古人民出版社，2001年，第39页。

续表

学者	基本颜色词	数量（个）	主要观点
李红印	红、黄、蓝、绿、紫、褐、黑、白、灰	9（8+1）	"'灰'虽然产生较晚，但具有很强的构词能力，特别是构成描绘色彩性状的词，如'灰突突、灰不叽叽'等；'褐'在现代汉语颜色词系统中表示一类色调，且有一定的构词能力，故把'褐'确定为发展中的准基本颜色词。"[①]

总结上述观点，将现代汉语基本颜色词的标准确定如下：

从词的结构来说，是单音节词。

从词的意义来说，是表示确切的、独立的颜色的词。

从构词和组合能力来说，是具有较强构词能力的词。

我们采用李红印教授的观点，即"在现代汉语颜色词中，有八个基本颜色词'红、黄、蓝、绿、紫、褐、黑、白、灰'和一个准基本颜色词'褐'"[②]。

2. 普通颜色词

普通颜色词是指除了基本颜色词之外的其他颜色词，这个概念是相对于基本颜色词而言的。普通颜色词"大多数是用基本颜色词做词根，复合或派生出一系列的合成词，因此可以将这些普通颜色词视为以基本颜色词为核心的同族词群"[③]。

从语义聚合的角度来看，可以把普通颜色词进行如下分类：

（1）表示红色调的颜色词词群。

（2）表示黄色调的颜色词词群。

（3）表示绿色调的颜色词词群。

（4）表示蓝色调的颜色词词群。

---

① 李红印：《现代汉语颜色词语义分析》，北京：商务印书馆，2007年，第49页。

② 同上。

③ 同上。

（5）表示紫色调的颜色词词群。

（6）表示黑色调的颜色词词群。

（7）表示白色调的颜色词词群。

（8）表示灰色调的颜色词词群。

（9）表示褐色调的颜色词词群。

从语义组合的角度来看，可以把普通颜色词进行如下分类：

（1）表色语素＋表色语素，如灰白、紫红、绛紫等。

（2）表色语素＋"色"，如红色、黄色、绿色等。

（3）表物语素＋表色语素，如豆绿、橘红、湖蓝等。

（4）表物语素＋"色"，如桃色、肉色、米色等。

（5）形容语素＋表色语素，如大红、明黄、嫩绿等。

（6）表色语素＋后缀，如绿油油、金灿灿、红不棱登等。

需要补充的是，现代汉语颜色词是一个以八个基本颜色词和一个准基本颜色词为核心的系统。"从认知层面来说，汉民族认知层面的发展经历了'辨色''指色''描色'三个阶段。"[①] 其中"辨色"阶段是指人们从大自然中分辨出不同的色彩范畴，如"红""黄""蓝"等；"指色"阶段是指人们对已经分辨出的色彩范畴进行进一步的区分，对这些词的名称进行具体的指称，如"枣红""天蓝""草绿"等；"描色"阶段是指人们在分辨指称的基础上，开始试图从不同的角度描述色彩的状态，如"黑"，形容天色暗叫"黑沉沉"，形容皮肤黑叫"黑黢黢"，形容黑得发亮叫"黑油油"等。

因此，"从认知的角度来看，还可以把现代汉语颜色词分为辨色词、指色词、描色词三大类"[②]。基本颜色词可以称为"辨色词"，而普通颜色词则可以根据其特点分为"指色词"和"描色词"。

---

① 李红印：《颜色词的收词、释义和词性标注》，《语言文字应用》，2003 年第 2 期。

② 李红印：《现代汉语颜色词语义分析》，北京：商务印书馆，2007 年，第 77 页。

综上所述，将现代汉语颜色词分类如下：

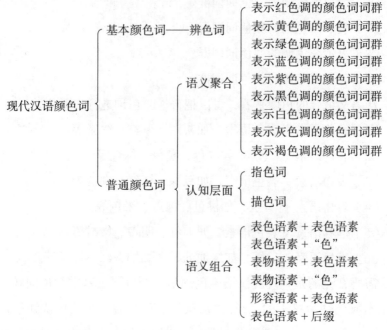

图 6.1　现代汉语颜色词分类图示

三、现代汉语颜色词的文化内涵

（一）"红"的文化内涵

在早期人类的原始岩画中，发现了红色的矿物颜料或动物鲜血的痕迹，这说明红色是人类最早使用的色彩之一。除了"红"以外，能表示红色的词还有"赤、朱、丹"等。"赤"是指火红色，在上古时期属正色，在当时使用范围较广。"朱"是指大红，比"赤"的颜色深，常用来形容物体，如建筑、车舆等。而"红"产生较晚，且最初指"浅红色"。如《论语·乡党》："君子不以绀緅饰，红紫不以为亵服"；《楚辞·招魂》："红壁沙版，玄玉梁些"。[①]许慎《说文解字》中

---

① 吴泽炎、黄秋耘、刘叶秋主编：《辞源》，北京：商务印书馆，1998 年，第 2395 页。

将"红"解释为"帛赤白色也"。赤白色，就是指浅红。直至汉代，"红"开始泛指各种红色，如《史记·司马相如列传》："红杳渺以眩愍兮，焱风涌而云浮"；司马贞《史记索隐》："红，赤色貌"。[①]到了唐代，"红"已经成为表示一切"红色"的基本色彩词，被广泛使用。如唐代白居易《忆江南》："江南好，风景旧曾谙，日出江花红胜火，春来江水绿如蓝，能不忆江南。"

在五行中"红"对应的是"火"，是象征南方的正色。在古代，"红"是特权阶级专属的颜色，很多宫殿以及大户人家的建筑物上都会用红色的颜料进行涂抹，象征着显赫的权势。如王公贵族家的门一般漆成红色，也就是所谓的"朱门"，杜甫有诗云："朱门酒肉臭，路有冻死骨"，这里的"朱门"就代指着这些富裕显赫的人家。"红"还运用到了许多和官府相关的事物上，以示庄重。如皇帝用朱砂批阅奏章，即"朱批"；印章的颜色也通常都是红色；盖上官府红印的契约叫"红契"等。在现代汉语中还引申出"提醒、警告"的意思，如"红牌、红色预警、红灯"等。在古代服饰文化中，朱红、紫色都是贵族或高官才能使用。能穿上这类颜色的衣服，就象征着成功、得势、顺利，如"大红大紫、红人、走红、红运、红极一时"等词。在此基础上还能引申出"羡慕、嫉妒"之意，如"眼红、红眼病"等词。

红色是火光的颜色，让人产生温暖、热烈之感，同时也象征顺利和受欢迎。在中国文化中，常常用"红"来象征一些吉祥、喜庆的事。如春节时贴红窗花、红对联，放红纸包裹的鞭炮；办喜事时发红喜帖，挂红灯笼，新郎新娘披红挂彩，新房贴红喜字，燃红蜡烛；商家开张时，总是张灯结彩，挂红灯笼，铺红地毯，生意好叫"开门红"，人们的祝福也往往用"红红火火"这样的词。

---

① 吴泽炎、黄秋耘、刘叶秋主编：《辞源》，北京：商务印书馆，1998 年，第 2395 页。

　　自然界中的花儿多为红色，汉语里的"红"可以代指花木。如"绿肥红瘦、万紫千红"等词。红花还会让人不禁联想到娇艳的容颜，因此"红"还可以代指年轻女性。在古代"朱颜"多指女子美好的容颜。如南唐李煜《虞美人》词中："雕栏玉砌应犹在，只是朱颜改。"这里的"朱颜"就是指美好的容颜。古代女子也多偏爱用红色的脂粉化妆，"红颜、红装、红粉"等词皆由此而来。

　　红色还能让人联想到鲜血和战火，在近代随着共产主义的思想传入中国，"红"开始有了象征流血和牺牲的革命意义。尤其是新中国成立之后，"红"更是被赋予深刻的内涵，如"红领巾""红色资源""传承红色基因""赓续红色血脉"等。

　　综上所述，总结"红"的语源以及派生、引申意义如下：

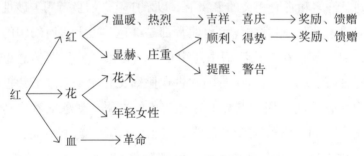

图 6.2　"红"的词义派生关系图

表 6.3　"红"文化内涵表

语义内涵	语例
红色	红糖、红木、红润
吉祥、喜庆	红灯笼、红蛋、红事
奖励、馈赠	红包、红利、分红
顺利、得势	红运、红红火火、红极一时
提醒、警告	红牌、红色预警、红灯

续表

语义内涵	语例
羡慕、嫉妒	眼红、红眼病
花木	万紫千红、绿肥红瘦、落红
年轻女性	红妆、红颜、红粉
革命	红色政权、红军、红区

（二）"黄"的文化内涵

在中国传统文化中，"黄"具有重要的象征意义。郭沫若《金文从考》："黄即佩玉……后假为黄白字，卒至假借义行而本义废，乃造珩若璜以代之，或更假用衡字。"[①] 意思是"黄"指戴玉佩的人，后来废弃了本义，取了假借义，专指颜色。张清常也曾考证："黄，本来象玉佩之形……不知经历了多少岁月，再从黄色玉石又扩大为泛指黄色。"[②]《易·坤》："天玄而地黄。"《说文》："黄，地之色也。"[③] 也就是说"黄"指大地的颜色。至唐代，贾至《春思》："草色青青柳色黄，桃花历乱李花香。""黄"已经成为使用广泛的基本颜色词，它也像其他基本颜色词一样，可以用来指代一些含"黄"的事物。《汉书·平准书》："虞夏之币，金为三品，或黄，或白，或赤。"司马贞索隐："黄，黄金也。"这里的"黄"代指的就是黄金；"黄"还在借代中获得了专有名称"黄河"等。

《朱熹集传》："黄，中央土之正色。"[④] 按古人五行之说，"土"位于五行中央，"黄"又是大地的本色，因此古人以此为尊，如上古时期

---

① 汉语大字典编辑委员会：《汉语大字典》，成都：四川辞书出版社，1986年，第4596页。

② 张清常：《汉语的颜色词（大纲）》，《语言教学与研究》，1991年第3期。

③ 汉语大字典编辑委员会：《汉语大字典》，成都：四川辞书出版社，1986年，第4596页。

④ 吴泽炎、黄秋耘、刘叶秋主编：《辞源》，北京：商务印书馆，1998年，第3566页。

的最高统治者被称为黄帝。汉武帝时期，为了使阴阳五行学说的解读更能符合"君权神授"的思想，作为土地象征色的黄色开始为帝王所采纳，象征着皇权和尊严。直至唐朝，黄色成为帝王专用，禁止百姓通用。由此黄色开始成为帝王之色，皇帝的衣服是"黄袍"，皇帝乘的车舆叫"黄屋"，朝廷颁布的历书叫"黄历"，等等，黄色与皇权的联系日益紧密，让人心生敬畏。故而黄色有"高贵、尊贵"之意，还能引申出"辉煌、得志"之意。如成语"飞黄腾达"。

"黄"除了作名词用，指称颜色，还可以作动词用，表示"变黄"。《诗经·小雅·何草不黄》："何草不黄，何日不行。"朱熹注："草衰则黄。"《礼记·月令》："（季秋之月）草木黄落。"此两处"黄"都作"枯萎"之解。黄色由于其波长短，本身就不容易分辨，尤其是在日照之下，给人轻薄、失色之感，如落叶和夕阳，都会让人联想到衰落、颓废，并且还引申出"落空"之意。如《红楼梦》第八十回："薛蟠听了这话，又怕闹黄了宝蟾之事，忙又赶来骂香菱。"此处"黄"就是事情落空之意。还有"人老珠黄、面黄肌瘦"等词，也都含有衰败之意。除此之外，有些果实作物变黄即为成熟，因此"黄"还有"成熟"之意。如北周庾信《奉和夏日应令》："麦随风里熟，梅逐雨中黄。"这里的"黄"就表示成熟，成熟也象征着生命的长久，如"黄发"就象征着高寿。同时在古代户役制度中"黄"可以指婴儿或三岁以下的幼儿，"隋代谓男女三岁以下为黄，唐制民始生为黄"。因此"黄"也含"不成熟"之意，如"黄口小儿"等。

在欧美，"黄色"有着"劣质、低俗"的含义。这一用法进入我国后，还表示"腐化""色情"的意义。

综上所述，总结"黄"的语源以及派生、引申意义如下：

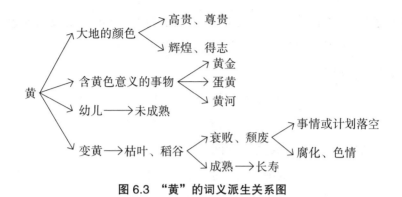

图 6.3 "黄"的词义派生关系图

表 6.4 "黄"文化内涵表

语义内涵	语例
黄色	土黄、黄花菜、黄牛
高贵、尊贵	黄袍加身、黄榜
富贵、得志	飞黄腾达
黄金	黄白之物
蛋黄	双黄蛋
黄河	黄河
未成熟	黄口小儿、黄毛小子
衰败、颓废	人老珠黄、面黄肌瘦
事情或计划落空	计划黄了
腐化、色情	黄色小说、黄色电影、扫黄
成熟	稻子黄了
长寿	黄发垂髫

（三）"绿"的文化内涵

"绿"在最初是染料的名字，还可以代指一种草的名字，通"菉"。《诗经·小雅·采绿》："终朝采绿，不盈一掬。"[①] 这里的"绿"

---

① 吴泽炎、黄秋耘、刘叶秋主编：《辞源》，北京：商务印书馆，1998年，第2447页。

即"荩草",这种草可以制成染料,故而"绿"逐渐演变成指颜色的词。《说文》:"绿,帛青黄色。"[①]蓝色和黄色混合即成绿色,因此古时解释为"青黄色"。

《礼记·玉藻》:"衣正色,裳间色。"皇氏云:"正谓青、赤、黄、白、黑,五方正色也。不正,谓五方间色也,绿、红、碧、紫、骝黄是也。青是东方正,绿是东方间。东为木,木色青,木克土,土色黄,并以所克为间,故绿色青黄也。"[②]古时候以"黄"为正色,"绿"为间色,以正色为衣,间色为裳。相比之下,"绿"的地位不如五色高。《诗经·邶风·绿衣》:"绿兮衣兮,绿衣黄裹。"序:"绿衣,卫庄姜伤己也。妾上僭,夫人失位而作是诗也。"这里的"绿"就象征着卑微,这句话的意思是,间色为贱却为衣,正色为贵反为里,是借此隐喻妾上僭而夫人失位,尊卑贵贱颠倒失序。绿色还是中下层官吏的标志颜色。唐制:"官三品以上服紫,四五品以上服排,六七品服绿,八九品服青。"因此在唐朝常用"绿衫"表示官位卑微。如唐代白居易《忆微之》:"分手各抛沧海畔,折腰俱老绿衫中。"其中"绿衫"表示的就是低微的官位。"绿"亦可指卑下者穿的祭服,汉扬雄《法言·吾子》:"绿衣三百,色如之何?"注:"色杂不可入宗庙。"意思就是穿绿衣的人不能进宗庙参加祭祀。在汉代,绿色是卑微者的服色。古时仆役穿的服饰叫"绿帻",发展到唐代,"绿帻"甚至发展出"辱罚"之意。唐封演《封氏闻见记》:"李封为延陵令,吏民有罪,不加杖罚,但责令裹碧头巾以示辱。"这里的"碧头巾"就是指"绿帻",也就是绿头巾。到元明,娼妓及乐人家男子着青碧头巾。明郎瑛《七修类稿》:"吴人称人妻有淫行者为绿头巾。"从而引申出指妻子和他人有不正当关系的人,也就是所谓的"绿帽子",含"嘲讽、厌恶"

---

① 汉语大字典编辑委员会:《汉语大字典》,成都:四川辞书出版社,1986 年,第 3421 页。

② 许嘉璐:《说"正色"——〈说文〉颜色词考察》,《古汉语研究》,1994 年增刊。

之意。

　　除了"绿"之外,"青"也可以用来表示绿色。《释名·释采帛》云:"青,生也,象物生时色也。"这里的"青"指的是像青草一样的嫩绿色。《说文》:"青,东方色也。"青在五行中对应着木,春天草木茂盛,青可以说是春天的颜色,象征着希望和生机。因此"绿"同样也有这样的内涵。而绿色象征着和平的意义是源于基督教文化,西方基督教将鸽子和橄榄枝视为和平、希望的象征,这一意义传入中国后,得到了进一步的强化。如军队的服装以绿色为主,象征着军人是以保护人民的和平生活为使命的。邮政部门的颜色也是以绿色为主,无论是邮递员的服装还是邮筒、邮车都是绿色,邮递员亦被称为"绿衣使者"。沿用到交通部门,有"绿色通道""绿灯"等词,这时绿色由"和平、希望"引申出"畅通、快捷"之意。直至20世纪,地球上人口剧增,引发了人们对环境保护的思考。"绿色"是自然的颜色,此时绿色"自然、环保"的内涵开始深入人心。如"绿色食品、绿色家园、绿色长城"等词。

　　综上所述,总结"绿"的语源以及派生、引申意义如下:

图 6.4 "绿"的词义派生关系图

表 6.5 "绿"文化内涵表

语义内涵	语例
绿色	青山绿水、绿油油、花红柳绿
低微、卑贱	绿衫
厌恶、讽刺	绿帽子

语义内涵	语例
希望、生机	绿意盎然
畅通、快捷	绿灯、绿色通道、绿衣使者
自然、环保	绿色食品、绿色家园、绿色能源

（四）"蓝"的文化内涵

"蓝"和"绿"类似，原本也是指一种植物——蓝草，也就是我们现在所说的"蓼蓝"。它的叶子可以制成蓝色染料，即靛青。《诗经·小雅·采绿》："终朝采蓝，不盈一襜。"[①]《说文》："蓝，染青草也。"[②]"蓝"指的就是蓝草。《荀子·劝学》："青取之于蓝而青于蓝。"这里的"青"，指的就是由蓝草加工出靛青而染成的蓝色。蓝发展成为颜色词的时间可能较晚，唐代韦应物《送秦系赴润州诗》："近作新婚镊白髯，长怀旧卷映蓝衫。"可见此时"蓝"已经开始表示颜色。唐宋以来，"蓝"常用来描写水色和天色。唐代白居易《秋思》："夕照红于烧，晴空碧胜蓝。"宋代韩驹《夜泊宁陵》："茫然不悟身何处，水色天光共蔚蓝。""蔚蓝"开始用来描写天光水色。自此以后，"蓝"逐渐代替了"青"，表示天光水色。明代沈德符《敝帚轩剩语·录旧文》："科场帖括，蹈袭成风，即前辈名家垂世者，亦闲有蓝本。"此处"蓝本"指的是写作或绘画的底本，因其多用蓝色印刷，故称"蓝本"。

由于蓝、绿色差较小，古时的"青"除了可以表示绿色之外还常常用来表示蓝色，因此可以推测白居易《琵琶行》"座中泣下谁最多，江州司马青衫湿"中的"青"也是"蓝色"之意。因此"蓝"也有了

---

① 吴泽炎、黄秋耘、刘叶秋主编：《辞源》，北京：商务印书馆，1998 年，第 2726 页。
② 汉语大字典编委会：《汉语大字典》，成都：四川辞书出版社，1986 年，第 3311 页。

"青"的语义内涵。"青"可以指代晴朗的天空，"青天"指清官，"青云"指高官厚禄，都有令人心生向往之意。发展到现代汉语中，"蓝图、蓝色文学"等词都给人以向往遐想之感。蓝色在中国文化中内涵较少，但在西方文化中象征意义十分丰富，这些内涵也传入了中国，产生了一定的影响。如在西方，圣母玛利亚的外衣就是用蓝色来装饰的，由此引申出蓝色具有"宁静、忠诚"之义，且由于蓝色还能让人联想到大海，大海的深蓝和静谧会让有些人有压迫感，从而引申出"沉稳、忧郁"的内涵，如辛苦劳作的工人阶级被称为"蓝领"，略带忧郁的音乐被称为"蓝调"等。

综上所述，总结"蓝"的语源以及派生、引申意义如下：

图 6.5　"蓝"的词义派生关系图

表 6.6　"蓝"文化内涵表

语义内涵	语例
蓝色	蓝天、青出于蓝、海蓝
向往、遐想	蓝图
沉稳、忧郁	蓝调、蓝色文学、蓝领

（五）"紫"的文化内涵

《说文》："帛，青赤色。"紫色是青色和红色合成的颜色，是由染料而来。《论语·阳货》："恶紫之夺朱也。"[1] 何晏集注："孔曰：朱，正色；紫，间色之好者。恶其邪好而夺正色。"《释名·释采帛》："紫，

---

① 汉语大字典编辑委员会：《汉语大字典》，成都：四川辞书出版社，1986年，第3392页。

疵也，非正色，五色之疵瑕，以惑人者也。"按五行之说，朱为正色，紫为间色，紫色本是卑贱之色，然而却受到了古人甚至是统治者的亲睐。《韩非子·外储说左上》："齐桓公好服紫，一国尽服紫。当是时也，五素不得一紫。"作为统治者的齐桓公都如此偏爱紫色，百姓更是随之效仿。于是紫色摇身一变成了一种尊贵的颜色。《左传·哀公十七年》："良夫乘衷甸两牡，紫衣狐裘……数之以三罪而杀之。"杜预注："紫衣，君服。三罪，紫衣、袒裘、带剑。"[1]故事里的主人公因服紫被杀，可见此时已经以紫衣为贵。南北朝以来，紫衣为贵官公服，隋代五品以上才能服紫，至唐代更是三品以上高官才有权穿紫衣。唐代白居易《秦中吟·歌舞》："雪中退朝者，朱紫尽公侯。"自此，紫衣成为高官显贵的象征。因而有了"高贵、显赫"之意，如"大红大紫、红得发紫"等词。

紫色还是僧人袈裟的颜色。唐代武则天时期有僧人法朗等，因重译《大云经》得到了紫衣作为赏赐，此为僧人着紫色袈裟的开端。除此之外，道教对紫色也颇为推崇，道教信奉的天帝住在紫微宫，因而也用来代指帝王的宫室，皇宫为"禁中"，冠上"紫"，故被称为"紫禁城"。因此，紫色逐渐成为祥瑞的颜色，如"紫气东来"的"紫气"指的就是祥瑞之光。直至今日，紫色依旧被人们视作一种高贵、典雅的颜色。

综上所述，总结"紫"的语源以及派生、引申意义如下：

图 6.6 "紫"的词义派生关系图

---

① 吴泽炎、黄秋耘、刘叶秋主编：《辞源》，北京：商务印书馆，1998年，第2417页。

表 6.7　"紫"文化内涵表

语义内涵	语例
紫色	紫菜、紫红、紫竹
高贵	红得发紫
祥瑞	紫气东来、紫禁城

（六）"黑"的文化内涵

《说文》："黑，火所熏之色也，从炎上出囱。囱古窗字。"王筠释例："囱为囱窗之古文。"[①]"黑"原本指的是下面烧着火时，烟囱上挂着的附着物，后来就用来指称烟火熏烤后的颜色。

在上古时期，"黑"曾是尊贵之色。《周礼·染人》："凡染，春暴练、夏纁玄。"郑玄注："玄纁者，天地之色，以为祭服。"孔疏："玄是天色，古为正。"可见当时作为正色的"黑"极为尊贵。《礼记·檀弓》："夏后氏尚黑。"《史记·秦始皇本纪》："始皇推终始五德之传……方今水德之始。"秦始皇认为自己得水德，又因为水对应黑色，所以当时"衣服旄旌节旗皆尚黑"，如当时的卿大夫着缁衣。因此"黑"引申出了"庄重、肃穆"之意。如正装多为黑色，还有现在的学位服和学位帽都是黑色，也都象征着此意。

黑色作为"正色"之一，对应的是五行中的北方和水，北方的黑色代表着冬天，也就象征着终结和归宿，因此"黑"在古代多象征贬义。如"黑"象征着贫贱。《孟子·梁惠王上》："黎民不饥不寒。"朱熹注："黎，黑也。黎民，黑发之人，犹秦言黔首也。"《史记·秦始皇本纪》："二十六年，……更民名曰'黔首'。""黔首""黎民"在古代指的都是贫民百姓。古代还有一种叫"墨刑"的刑罚，指的是在罪人的脸上或者额头上刺字，再染上黑墨，作为区别常人的标志。这种

---

① 汉语大字典编辑委员会：《汉语大字典》，成都：四川辞书出版社，1986 年，第 4743 页。

标志是一种耻辱，因此"黑"也有了"不光彩"之意，如"抹黑"一词。在现代汉语中，还由此引申出了"非法、不公开"的意义。如社会上暗中进行犯罪活动的"黑社会"，他们结成的帮派叫"黑帮"，开的店叫"黑店"，用来联络的话叫"黑话"。在"文革"时期，作为"红"的对立面，"黑"更是表示"反动、落后"之意，如成分不好的、反革命分子的子女叫作"黑五类"。

黑色会让人联想到黑夜，因此"黑"一方面让人感到神秘，如"黑箱、黑匣子"，还引申出了表示"出乎意料"的"黑马"一词。更重要的是另一方面，我国古代传说中的阴曹地府也是暗无天日的，"黑"和"白"同样都象征着死亡、不祥，如传说中的"黑白无常"，黑色的乌鸦也往往被视作不祥等。由此"黑"还有了"恶毒、阴险"之意，如"黑心肠、黑白不分、黑手"等词。

综上所述，总结"黑"的语源以及派生、引申意义如下：

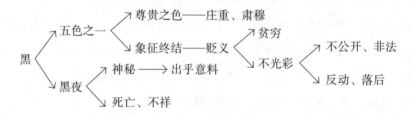

图 6.7 "黑"的词义派生关系图

表 6.8 "黑"文化内涵表

语义内涵	语例
黑色	黑暗、黑漆漆、黑灯瞎火
庄重、肃穆	黑脸大汉
贫穷	黔首、黎民
不公开、非法	黑社会、黑店、黑色收入

语义内涵	语例
反动、落后	黑名单、黑暗势力、黑暗统治
黑夜	起早摸黑
神秘	黑箱、黑匣子
出乎意料	黑马
死亡、不祥	黑袖章
恶毒、阴险	黑心、黑白不分、黑手

（七）"白"的文化内涵

"白"是一个会意字，参看其甲骨文、金文的字形，看起来都像是"日"的变形。"白"最初指的就是日光的颜色，古人通过观察认为日光最耀眼的时候颜色为白色，因而抽象出"白"的颜色意义。由此"白"有了"明亮、光亮"的含义。如《礼记·曾子问》："当室之白，尊于东房，是谓阳厌。"郑玄注："当室之白，谓西北隅得户明也。"①此处"白"就是"明亮"之意。宋代苏轼《经进东坡文集事略·前赤壁赋》："相与枕藉乎舟中，不知东方之既白。"②此处"东方之既白"表示的就是"天亮"的意思。在光亮、明亮中，能让人看得一清二楚，因此还能引申出"白"的"清楚、明白"之意。《玉篇·白部》："白，明也。"此处的"明"指的不是"明亮"而是"明白"。《荀子·王霸》："三者，明主之所谨择也，仁人之所务白也。"杨倞注："白，明白也。"把这一意义用作动词，即为"表明、陈述"之意。《楚辞·九章·惜诵》："情沈抑而不达兮，又蔽而莫之白也。"朱熹注："白，明辩也。"戏曲中的"说白"，也是此意。"说白"也叫

---

① 汉语大字典编辑委员会：《汉语大字典》，成都：四川辞书出版社，1986年，第2642页。

② 吴泽炎、黄秋耘、刘叶秋主编：《辞源》，北京：商务印书馆，1998年，第2155页。

"宾白"，明代徐渭《南词叙录》："唱为主，白为宾，故曰宾白。言其明白晓畅也。"

在古代"素色"为"白"，可见"白"是不经渲染、最纯粹的颜色。因此"白"有"纯正、无添加"之意，如"白开水""白饭""白粥"等词。还能引申为"透明"之意，如"白酒、白醋、白茶"等词。但更重要的是有"空白、一无所有"的意义。《新唐书·苗晋卿传》："爽持纸终日，笔不下，人谓之'曳白'。""曳白"指的就是纸上空无一字。由此引申出了"徒劳、无效果"之意。如唐代李白《越女词五首》其四："相看月未堕，白地断肝肠。"清代曹雪芹《红楼梦》第二十八回："谁知我是白操了这番心，有冤无处诉。"再如"白费心机、白费力气、白跑一趟"等词。还可以引申出"无代价、无报偿"之意。宋代欧阳修《乞放行牛皮胶鳔》："更不支得价钱，令人户白纳。"再如"白吃白喝、空手套白狼、打白条"等词。除此之外，"白"还有"无功名、无官职"的意思。唐代刘禹锡《陋室铭》："谈笑有鸿儒，往来无白丁。"《洛阳伽蓝记·永宁寺》："三品以上，赠三公。五品以上，赠令仆。七品以上，赠州牧。白民赠郡镇。"周祖谟校释："身无官爵，谓之白民。"[1] 在古代，"白丁""白民"指的都是没有官职的人。由此"白"有了轻视、鄙视的象征意义，如"白眼、小白脸"一词。除此之外，古代的错别字叫"别字"，清代顾炎武《日知录·别字》："近鄙者，犹今俗用之字；别字者，本当为此字而误为彼也。今天谓之白字，乃别音之转。"当"别字"被说成"白字"，和"白"一无所有的内涵相结合，"白"也因此衍生出"错误"之意。

"白"还能让人联想到霜雪、玉石的洁白。因此，"白"就有了

---

① 汉语大字典编辑委员会：《汉语大字典》，成都：四川辞书出版社，1986年，第2642页。

"纯洁、纯净"之意。《周易·说卦》:"巽为木,为风……为白,为长……"孔疏:"为白,取其风吹去尘,故絜白也。"此处"白"就作"洁净"解。在现代汉语中,"白"的"纯洁"意也极为常用。如在西方"白"就是"纯洁"之意,和中国传统文化中的"白"相结合后,人们也开始在婚礼时穿白色婚纱。再如"白衣天使、白衣战士、白雪公主"等词也都有着"纯洁"的内涵。由此还能引申出"清白"之意。如《楚辞·离骚》:"伏清白以死直兮,固前圣之所厚。"明代于谦《石灰吟》:"粉身碎骨浑不怕,要留清白在人间。"除此之外,"白"和"黑"相对,还有积极、正确的象征意义,如"黑白不分、颠倒黑白、白色收入"等词。

《说文》:"白,西方色也。""白"作为五色之一,对应的是金和西方。西方是日落的方向,让人不免有萧条之感,同时西方也象征着秋天,万物开始衰败、死亡,如"一命归西"一词中,"西"就象征着死亡。因此,"白"有了和上述"清楚""纯洁"等截然相反的象征意义——凶杀。《周礼·春官·保章氏》:"以五云之物,辨吉凶、水旱降、丰荒之祲象。"郑玄注引郑司农云:"青为虫,白为丧,赤为兵荒,黑为水,黄为丰。"在古代人们穿的丧服就是白色的,后来丧事就被称为"白事",因此白色在当时也是喜庆场合所忌讳的颜色。发展到现代,"白"和"红"相对,在政治领域上有了"反动、落后"的内涵。前文讲"红"的文化内涵时提到,"红"象征着革命。作为"红"的对立面"白"也就象征着反革命。如"白色恐怖、白区、白匪"等词。还有在京剧脸谱中,"白"象征着奸诈、阴险,于是有了"唱白脸、白脸奸臣"等词。

综上所述,总结"白"的语源以及派生、引申意义如下:

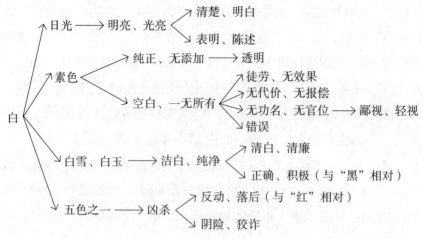

图 6.8 "白"的词义派生关系图

表 6.9 "白"文化内涵表

语义内涵	语例
白色	白皑皑、白云、雪白
明亮、光亮	白天、白昼、白日梦
清楚、明白	真相大白、不白之冤、大白话
表明、陈述	辩白、表白、独白
纯正、无添加	白开水、白粥、白饭
透明	白茶、白酒、白醋
空白、一无所有	白卷、白地、白手起家
徒劳、无效果	白费力气、白忙、白跑
无代价、无报偿	白吃白喝、打白条、空手套白狼
无功名、无官位	白丁、白身、白民
鄙视、轻视	白眼、小白脸
洁白、纯净	白衣天使、白衣战士、白雪公主
清白、清廉	清白、一清二白、清清白白

续表

语义内涵	语例
正确、积极	黑白不分、颠倒黑白、白色收入
凶杀	白事
反动、落后	白色恐怖、白区、白匪
阴险、狡诈	唱白脸、白脸奸臣

（八）"灰"的文化内涵

"灰"原本指的就是物质经过燃烧后剩下的粉末状的东西。《说文》："灰，死火余烬也。"《周礼·地官·掌炭》："掌灰物炭物之征令，以时入之。"其中的"灰"指的就是草木灰，后抽象成为指黑色和白色之间的颜色。《晋书·郭璞传》："时有物大如水牛，灰色卑脚，脚类象。"[①] 此处"灰色"指的就是颜色。在"灰"成为颜色词以后，也开始代指一些灰色的事物，如"石灰、灰尘"。

"灰"的语义内涵相较其他基本颜色词来说显得很少。看到火灭后燃烧剩下的"灰"，不免有人走茶凉的失落之感，"灰"还能让我们想到灰蒙蒙的天，布满灰尘的地，都会很容易和消极、沉闷等词联系在一起，因此"灰"就有了"消极、沮丧"的象征意义。如宋代陆游《舟中偶书》："四方本是丈夫事，白首自怜心未灰。"再如"心灰意冷、灰头土脸、万念俱灰"等词，都表达了这一意义。除此之外，前面提到了黑色表示"阴险恶毒"，白色表示"积极正确"，作为黑色和白色的中间色，"灰"更多表示的是好与坏中和的意义，即介于好与坏之间，合法与不合法之间，同时也有不明朗的内涵，如"灰色收入、灰色地带"等词。

综上所述，总结"灰"的语源以及派生、引申意义如下：

---

① 汉语大字典编辑委员会：《汉语大字典》，成都：四川辞书出版社，1986年，第2188页。

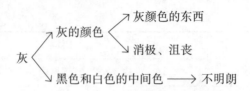

图 6.9 "灰"的词义派生关系图

表 6.10 "灰"文化内涵表

语义内涵	语例
灰色	灰扑扑、灰白、灰蒙蒙
灰颜色的东西	灰尘、烟灰、石灰
消极、沮丧	灰心、心灰意冷、万念俱灰
不明朗	灰色收入、灰色市场

（九）"褐"的文化内涵

《说文》："褐，编枲袜。"段玉裁注："取未绩之麻，编之为足衣，如今草鞵之类。"意思是说"褐"本来指的是由粗麻编织而成的袜子，后来才抽象成代指颜色的词。除此之外，"褐"在古时还能指粗麻或兽毛制成的衣服。《诗·豳风·七月》："无衣无褐，何以卒岁。"郑玄笺："褐，毛布也。"由于粗麻制成的衣物质地较差，所以一般是穷苦百姓或者身份低下的人才穿。如《史记·廉颇蔺相如列传》："从者衣褐。"因而"褐"还能代指卑贱之人。《左传·哀公十三年》："余与褐之父睨之。"杜预注："褐，寒贱之人。"但在现代汉语中"褐"较为特殊，是一个专指颜色而没有文化内涵的颜色词。

综上所述，总结"褐"的语源以及派生、引申意义如下：

褐 —→ 粗布制成的衣物 —→ 卑贱之人

图 6.10 "褐"的词义派生关系图

表 6.11　"褐"文化内涵表

语义内涵	语例
褐色	褐铁矿、褐煤、茶褐色
粗布制成的衣物	短褐、剪发被褐、被褐怀玉
卑贱之人	褐夫、褐衣、褐衫

第二节　《现汉》与《学汉语词典》颜色词对比分析

一、《现汉》颜色词收词、释义、用例分析

《现汉》是一本内向型的中型单语词典，是为推广普通话、促进汉语规范化服务的。《现汉》具有较强的权威性，对人们学习汉语、推动汉语教学有着重要意义。

（一）《现汉》颜色词收词情况

现代汉语中颜色词数量极为丰富，据李红印统计，"在现代汉语中通用的颜色词共计 880 个"[1]。但《现汉》是一本综合性的词典，在选词立目上针对的是整个现代汉语词汇系统，不可能收录所有的颜色词，据我们人工统计在《现汉》第 6 版中，收录颜色词 206 个。

从语义聚合的角度来统计，《现汉》中表示红色调的颜色词有41 个：

赤|粉|红|绛|酡|潮红|橙红|赤红|大红|飞红|绯红|粉红|红不棱登|红光满面（或满面红光）|红扑扑|红润|红色|红通通|红彤彤|红艳艳|红晕|火红|橘红|嫩红|品红|肉红|水红|桃红|桃色|通

---

[1]　李红印：《现代汉语颜色词语义分析》，北京：商务印书馆，2007 年，第 43 页。

红|鲜红|猩红|血红|殷红|胭红|嫣红|洋红|银红|枣红|朱红|紫红

表示黄色调的颜色词有 27 个：

橙|黄|金|苍黄|茶褐色|橙黄|鹅黄|黄灿灿|黄澄澄|黄色|昏黄|姜黄|焦黄|金灿灿|金黄|金煌煌（或金晃晃）|橘黄|枯黄|蜡黄|米色|明黄|嫩黄|肉色|乳黄|土黄|杏红|杏黄

表示绿色调的颜色词有 34 个：

葱|翠|绿|青①|碧绿|菜青|苍翠|草绿|茶青|葱茏|葱绿（或葱心儿绿）|翠绿|蛋青|豆绿（或豆青）|橄榄绿|果绿|湖绿|绿茸茸|绿色|绿生生|绿茵茵|绿莹莹|绿油油|墨绿|嫩绿|品绿|苹果绿|青葱|青翠|青绿|水绿|新绿|鸭蛋青|油绿

表示蓝色调的颜色词有 20 个：

蓝|青|宝蓝|碧蓝|葱白|翠蓝|淡青|靛青|海蓝|湖蓝|蓝晶晶|蓝莹莹（或蓝盈盈）|品蓝|天蓝|瓦蓝|蔚蓝|月白|藏蓝|藏青|湛蓝

表示紫色调的颜色词有 8 个：

紫|绛紫|酱紫|玫瑰紫（或玫瑰红）|藕荷|葡萄紫|青莲色|雪青

---

① 《现汉》中颜色词"青"分别有"绿色""蓝色""黑色"三个意义，因此在这三个色调中都计入了"青"。

表示黑色调的颜色词有 30 个：

黑｜黳｜墨｜青｜乌｜黯黑｜绀青（或绀紫）｜黑沉沉｜黑洞洞｜黑乎乎（或黑糊糊）｜黑茫茫｜黑蒙蒙｜黑漆漆｜黑黢黢｜黑色｜黑魆魆｜黑压压（黑鸦鸦）｜黑黝黝（黑油油）｜焦黑｜黧黑（黎黑）｜麻麻黑｜墨黑｜漆黑｜黢黑｜天青｜铁青｜乌黑｜玄青｜黝黑｜紫磄

表示白色调的颜色词有 26 个：

白｜皓｜银｜皅皅｜白皅皅｜白不呲咧｜白花花｜白晃晃｜白净｜白茫茫｜白蒙蒙｜白嫩｜白润｜白色｜斑白（或班白、颁白）｜惨白｜苍白｜粹白｜洁白｜蜡白｜米黄｜乳白｜煞白｜雪白｜银白｜鱼肚白

表示灰色调的颜色词有 15 个：

灰｜草灰｜灰暗｜灰白｜灰不溜丢｜灰沉沉｜灰溜溜｜灰蒙蒙｜灰色｜藕灰｜藕色｜铁灰｜瓦灰｜蟹青｜银灰

表示褐色调的颜色词有 7 个：

褐｜棕｜茶色｜古铜色｜咖啡色｜栗色｜烟色

从认知层面来看，《现汉》中完整收录了作为辨色词的 8 个基本颜色词"红、黄、绿、蓝、紫、黑、白、灰"和 1 个准基本颜色词"褐"。还收录了"赤""青""黳"等古代汉语中沿用下来的颜色词。

对于指色词的收录，可以分两个方面来讲。一方面，与基本颜色词等义的、结构为"表色语素＋色"的指色词"红色、黄色、绿色、蓝色、紫色、黑色、白色、灰色、褐色"，《现汉》中只收录了"红色、黄色、绿色、黑色、白色、灰色"，而"蓝色、紫色、褐色"三词则未收录。另一方面，结构为"表物语素＋色""表物语素＋表色语素""表色语素＋表色语素"的指色词，《现汉》中收录了其中较为通用的。以表示黄色调的颜色词为例，《现汉》中收录了"苍黄、茶褐色、橙黄、鹅黄、姜黄、焦黄、金黄、橘黄、蜡黄、米色、肉色、乳黄、土黄、杏红、杏黄"。且收词以双音节词为主，三音节词虽然也收录了一部分但是不够完整，如收录了"橄榄绿、鸭蛋青、玫瑰紫"等，但没有收录"柠檬黄、苹果绿、孔雀蓝"等较为常用的三音节颜色词。

对于描色词的收录，《现汉》也是收录了较为通用的。以表示白色调的颜色词为例，《现汉》中收录了"白皑皑、白不呲咧、白花花、白晃晃、白净、白茫茫、白蒙蒙、白嫩、白润、斑白、惨白、苍白、粹白、洁白、煞白、雪白"。由此可见《现汉》收词不仅收录了双音节描色词，同时兼顾了三音节和四音节的描色词。但也存在和指色词收词相似的情况，就是常用颜色词收录得不够完整，还有像"灰扑扑、银闪闪、黑不溜秋"等这类口语和方言中常用的颜色词没有收录。

（二）《现汉》颜色词释义情况

1.《现汉》颜色词基本义释义情况

《现汉》对颜色词基本义的释义主要采用准定义式释义方法、定义式释义方法、"（适用对象）＋性状的说明描写"式释义方法以及"形容……"式释义方法。下面针对辨色词、指色词、描色词分别进行说明。

（1）辨色词

表 6.12 《现汉》辨色词释义情况表

辨色词	词典释义
红	像鲜血的颜色
黄	像丝瓜花或向日葵花的颜色
绿	像草和树叶茂盛时的颜色，由蓝和黄混合而成
蓝	像晴天天空的颜色
紫	红和蓝合成的颜色
黑	像煤或墨的颜色（跟"白"相对）
白	像霜或雪的颜色（跟"黑"相对）
灰	像草木灰的颜色，介于黑色和白色之间
褐	像栗子皮的颜色

从上表可以看出，辨色词主要采用准定义式释义方法，以及"像……的颜色"的释义模式（除"紫"以外）。

符淮青教授将准定义式释义定义为"用准上位词作类词语加上种差说明意义的释义方法"[①]。因为"颜色"是名词，而"红、黄、绿"等是形容词，此类不同，故而不能把"颜色"视作这些辨色词真正的上位词。参考符淮青教授的观点，应该把这些辨色词都看作"颜色"的准下位词。

采用"像……的颜色"的释义方法，借助一种或两种实物来再现具体色彩，有助于形象描述颜色词的词义内容。有些颜色的释义还进行了补充，如"绿"补充了"红和蓝合成的颜色"，体现了其"合成"色的特性。再如"灰"补充了"介于黑色和白色之间"，更有助于人们认识到"灰"是"黑""白"的"过渡"色的特点。

---

① 符淮青：《词义的分析和描写》，北京：外语教学与研究出版社，2006 年，第 122—123 页。

（2）指色词

表 6.13 《现汉》指色词释义情况表 1

指色词	词典释义
红色	红的颜色
黄色	黄的颜色
绿色	绿的颜色
黑色	黑的颜色
白色	白的颜色
灰色	灰的颜色

对于"表色语素＋色"结构的指色词，《现汉》中将它们的词性都标注为名词，因此也都采用了定义式释义方法，以及"……的颜色"的释义模式。由于这些词都是由基本颜色词发展而来的，与基本颜色词可以说是等义的，因此这种释义方法是适宜的。

表 6.14 《现汉》指色词释义情况表 2

指色词	词典释义
鹅黄	像小鹅绒毛那样的黄色；嫩黄
乳黄	像奶油那样的淡黄色
土黄	像黄土那样的黄色
米色	米黄色
明黄	纯正鲜亮的黄色
苍黄	黄而发青；灰暗的黄色
昏黄	黄而暗淡模糊（用于天色、灯光等）
橙黄	像橙子那样黄里带红的颜色
杏红	黄中带红，比杏黄稍红的颜色
肉色	像皮肤那样浅黄带红的颜色

以上是《现汉》中收录的部分表示黄色调的结构为"表物语素＋表色语素""表色语素＋色""表色语素＋表色语素"的指色词，基本采用定义式释义方法，颜色是它们的上位词。大致可以分为三类，第一类是"像……的颜色"的释义模式，如"鹅黄、乳黄、土黄"等，它们是通过与某种实物相比，来指代色彩的指色词。要注意的是这一释义模式和前面所说的"表色语素＋色"结构的指色词的释义模式是不同的，本类指色词对具体颜色是有所限制的；第二类是"……的（黄）色／颜色"的释义模式，如"明黄、苍黄、昏黄"等，它们是和"黄"相比，程度上有变化的指色词；第三类是"（黄）带……／（黄）而发……"的释义模式，如"橙黄、杏红、肉色"等，它们是除了和某种实物相比较，还要和另一种色彩相比较的指色词。

（3）描色词

表 6.15　《现汉》描色词释义情况表

描色词	词典释义
白润	白而润泽
白净	白而洁净
白晃晃	状态词。白而亮
白茫茫	状态词。形容一望无边的白（用于云、雾、雪、大水等）
白皑皑	状态词。形容霜、雪等洁白
白蒙蒙	状态词。形容烟、雾、蒸气等白茫茫一片，模糊不清
洁白	没有被其他颜色染污的白色
雪白	状态词。像雪那样的洁白

以上是《现汉》中收录的部分表示白色调的描色词，由于描色词是描写颜色词性状的词，故而大多数描色词前都标有"状态词"，以示其不能再受程度副词的修饰。描色词也可分为两类，一类是采用"（适用对象）＋性状的说明描写"式释义方法，其释义模式主要为

"（白）而……"，如"白润、白净、白晃晃"等，它们的特点是既含有色彩信息，又含有非色彩信息，如"白润"的释义是"白而润泽"，"白"体现了这个词的色彩信息，"润泽"表示的是"白"的一种状态，是非色彩信息；另一类是采用"形容……"式释义方法，其释义模式主要为"形容……"，如"白茫茫、白皑皑、白蒙蒙"等，它们的特点是只含有色彩信息，反映的是色彩的某种性状。描色词除了以上两种释义模式以外，还有其他模式，如采用定义式释义法"像……的（白）色"等。这是为了使释义更加准确，因为描色词是描绘色彩状态的词，本身具有很大的主观性和模糊性，故而释义模式也比较灵活。

2.《现汉》颜色词非基本义释义情况

颜色词属于文化词汇，因此颜色词的非基本义大多数都是文化象征义。其中含有文化象征义的颜色词以基本颜色词和"表色语素＋色"结构的颜色词为主，其他大多数颜色词都只有一个表示颜色的基本义。《现汉》收录的 206 个颜色词中，有 14 个词的非基本义是有文化内涵的。

需要说明的是，由于汉语中的颜色词多由具体的事物演变而来，且有些在成为颜色词之后，也会代指一些含有某种色彩的事物，关于这些事物的义项不在我们的讨论之列。关于颜色词非基本义的释义情况，此处只论述其中有文化象征义的义项。

（1）基本颜色词

表 6.16　基本颜色词释义情况表 1

颜色词	词典释义
红	❷ 象征喜庆的红布 ❸ 象征顺利、成功或受人重视、欢迎 ❹ 象征革命和政治觉悟高 ❺ 红利

续表

颜色词	词典释义
黄	❹ 事情失败或计划不能实现 ❺ 指内容色情的
黑	❹ 隐秘的；非法的 ❺ 坏；狠毒
白	❸ 光亮；明亮 ❹ 清楚；明白；弄明白 ❺ 没有加上什么东西的；空白 ❻ 没有效果；徒然 ❼ 无代价；无报偿 ❽ 象征反动 ❾ 指丧事 ❿ 用白眼珠看人，表示轻视或不满
灰	❺ 消沉；失望
赤	❸ 象征革命，表示用鲜血争取自由 ❹ 忠诚

需要加以说明的是，"赤"在古时曾是基本颜色词，表示的是"红"的色彩，因此它也具有"红"的文化内涵，故而将其列入表内。

关于基本颜色词的非基本义释义也分为两类，一类是义项本身就是文化象征义，这类义项的释义模式主要为："象征……"，如"象征喜庆的红布""象征反动"等；另一类是义项含有文化义，此类义项没有固定的释义方法，且释义模式较为灵活，有的义项是作形容词用时的释义，还有的义项是作动词用时的释义。义项作形容词用时一般采用"（适用对象）+性状的说明描写"以及"……的"释义方法，这类义项的释义模式有："（适用对象）+对性状具体说明描写"（如"坏；狠毒"）、"（适用对象）+否定表述"（如"无代价；无报偿"）以及"……的"（如"指内容色情的"）等。

（2）"表色语素＋色"结构的颜色词

表 6.17　基本颜色词释义情况表 2

颜色词	词典释义
红色	❷ 属性词。象征革命或政治觉悟高的
黄色	❷ 属性词。指内容色情的
绿色	❷ 属性词。指符合环保要求，无公害、无污染的
黑色	❷ 属性词。隐秘的；非法的
白色	❷ 属性词。象征反动的
灰色	❷ 属性词。颓废和失望的 ❸ 属性词。不明朗的；不正规的

《现汉》中此类结构的颜色词非基本义的释义模式基本一致，因为这类颜色词一般只能作修饰语，所以都是采用了"……的"式的释义方法，其释义模式可以概括为"（象征）/（指）……的"。且《现汉》还在这类词的释义中标注了"属性词"，以示其用法。

（3）其他结构的颜色词

表 6.18　其他结构颜色词释义情况表

颜色词	词典释义
火红	❷ 形容旺盛或热烈
桃色	❷ 属性词，跟不正当的男女关系有关的

其他结构的颜色词含有非基本义义项的较少，因此很难归纳说明其释义模式。实际上，"火红"的这一义项是由"红"的文化内涵引申而来的，"桃色"的这一义项也是由"桃花"的文化内涵引申而来的。

3.《现汉》颜色词用例情况

为了了解《现汉》中颜色词用例的情况，我们对搜集的颜色词用例进行了统计分析。在《现汉》的 206 个颜色词中，有 81 个颜色词是没有例证的，约占 39%；有 125 个颜色词是有例证的，约占 61%。
其中有例证的颜色词统计结果如下：

表 6.19 《现汉》颜色词用例统计表

	颜色词	义项	词例	词组例	句例	义项平均用例
数量（个）	125	148	68	123	64	1.72

需要加以说明的是，对于有文化内涵的颜色词，词典中的义项不
止一个。但其中"青"较为特殊，因其可以表示"绿""蓝""黑"三
种色彩，故而也有 2 个义项。

《现汉》中颜色词义项平均用例约为 2 个，且以词例和词组例为
主，共计 191 个，约占 75%，句例有 64 个，约占 25%。其中辨色词
的例证以词例为主，如"绿"的用例：～叶｜嫩～｜浓～｜桃红柳～｜青
山～水。指色词大多数是没有例证的，部分有例证的也是以词组例
为主，如"苍翠"的用例：林木～｜～的山峦。再如"蔚蓝"的用
例：～的天空｜～的海洋。描色词的例证以句例为主，部分是词组例 +
句例，让读者能在特定的语境中体会该词描写的颜色的状态。如"红不
棱登"的用例：这件蓝布上衣染得不好，太阳一晒变得～的。再如"枯
黄"的用例：～的禾苗｜过了中秋，树叶逐渐～。

二、《学汉语词典》颜色词收词、释义、用例分析

《学汉语词典》是一本外向型的小型单语词典，适用对象是具有
中级汉语水平的外国人，初级汉语水平的学生也可以尝试练习使用该
词典。"词典中收录了字条约 2400 多个，词条约 10000 个，这些字条
和词条主要以《大纲》中的甲、乙两级的字和词为基础，同时参考了
中国和外国的初级和中级约十几种汉语教材。"[①] 这是第一部专门为外

---

① 吕文华、鲁健骥：《商务馆学汉语词典》，北京：商务印书馆，2006 年，第 4 页。

国人编写的汉语原文词典，编写者都是长期进行对外汉语教学实践的有经验的教师，对于学汉语的外国人以及汉语教学的教师都有一定的参考价值。

1.《学汉语词典》颜色词收词情况

《学汉语词典》中收录颜色词约 42 个，以单音节词和双音节词为主，还有少量三音节词。单音节词有 15 个，双音节词有 23 个，三音节词有 4 个。

从语义聚合的角度来统计，《学汉语词典》中表示红色调的颜色词有 4 个：

粉｜红｜粉红｜红色

表示黄色调的颜色词有 7 个：

橙｜黄｜金｜橙色｜黄色｜金灿灿｜金色

表示绿色调的颜色词有 5 个：

翠｜绿｜青｜翠绿｜绿色

表示蓝色调的颜色词有 4 个：

蓝｜青｜蓝色｜蔚蓝

表示紫色调的颜色词有 2 个：

紫｜紫色

表示黑色调的颜色词有 8 个：

黑│青│乌│黑色│黑黝黝│黑压压│漆黑│乌黑

表示白色调的颜色词有 8 个：

白│白色│惨白│苍白│洁白│米色│煞白│雪白

表示灰色调的颜色词有 2 个：

灰│灰色

表示褐色调的颜色词有 4 个：

褐│褐色│咖啡色│棕色

从认知层面来看，《学汉语词典》同样完整收录了作为辨色词的 8 个基本颜色词"红、黄、绿、蓝、紫、黑、白、灰"和 1 个准基本颜色词"褐"。还收录了一些不属于现代汉语中的基本颜色词但常用的单音节颜色词，如"橙、翠、青"等。

对于与基本颜色词等义的、结构为"表色语素＋色"的指色词"红色、黄色、绿色、蓝色、紫色、黑色、白色、灰色、褐色"，《学汉语词典》中都完整收录了。并且还收录了相同结构且常用的如"橙色、金色、棕色"等指色词。结构为"表物语素＋色""表物语素＋表色语素""表色语素＋表色语素"的指色词，《学汉语词典》中收录较少。如表示红色调的颜色词中只收录了"粉红"，表示黄色调的颜色词中没有收录此类指色词，表示绿色调的颜色词中只收录了"翠绿"等。且收录的指色词以双音节词为主，只有一个三音节词指色词"咖啡色"。

对于描色词的收录，《学汉语词典》中也收录得很少，且收录不太均衡，收录的描色词多集中在表示黑色调和表示白色调的颜色词中。在统计的颜色词中，描色词只有 10 个，其中表示红色调、表示绿色调、表示蓝色调、表示紫色调、表示灰色调、表示褐色调的颜色词中都没有收录描色词，表示黄色调的描色词收录了 1 个，表示黑色调的描色词收录了 4 个，表示白色调的描色词收录了 5 个。

（二）《学汉语词典》颜色词释义情况

1.《学汉语词典》颜色词基本义释义情况

《学汉语词典》对颜色词基本义的释义主要采用准定义式释义方法、定义式释义方法以及"形容……"式释义方法。下面针对辨色词、指色词、描色词分别进行说明。

（1）辨色词

表 6.20 《学汉语词典》辨色词释义情况表

辨色词	词典释义
红	像鲜血那样的颜色
黄	像金子那样的颜色
绿	像春天、夏天的树叶或草的颜色
蓝	像晴天时天空的颜色
紫	由红色和蓝色合成的颜色
黑	像煤那样的颜色（和"白"相对）
白	像雪那样的颜色（和"黑"相对）
灰	像木块、纸等烧成的灰那样的黑和白之间的颜色
褐	（素）褐色

从上表可以看出，辨色词主要采用准定义式释义方法，以及"像……的颜色"的释义模式（除"紫""褐"以外）。

《学汉语词典》和《现汉》一样主要采用了"像……的颜色"的释义方法，借助实物来形象再现颜色词的词义内容。"紫"由于本身就是由合成染料发展而来的颜色词，故而《现汉》和《学汉语词典》都将其解释为"红和蓝合成的颜色"。需要特别说明的是"褐"这个准基本颜色词，由于"褐"不能单独成词，《学汉语词典》中将其视为一个语素而不是一个词，故而解释"褐色"，而在《学汉语词典》中"褐色"的释义是"像生栗子皮那样的颜色"。这样有助于学习者将"褐"与其他辨色词区分开，减少偏误。

（2）指色词

表 6.21 《学汉语词典》指色词释义情况表 1

指色词	词典释义
红色	红颜色，常用来象征革命
黄色	黄颜色
绿色	绿颜色
蓝色	蓝颜色
紫色	紫颜色
黑色	黑颜色（和"白色"相对）
白色	白颜色（和"黑色"相对）
灰色	灰颜色
褐色	像生栗子皮那样的颜色

对于"表色语素＋色"结构的指色词，《学汉语词典》主要采用了定义式释义方法，以及"……颜色"的释义模式（除"褐色"以外）。和《现汉》不同的是，《学汉语词典》中省略了"的"字，由于表色语素"红、黄、蓝"等和"颜色"的关系较为紧密，省略"的"

字可以显得更简洁。还有"红色"补充的"常用来象征革命"这一文化义,《学汉语词典》将其与"红颜色"的解释并列,最好将文化义单独列为义项,和基本义区分开,显得更为清楚。

表 6.22 《学汉语词典》指色词释义情况表 2

指色词	词典释义
粉红	红和白合成的颜色
橙色	像橙子那样的颜色;红和黄合成的颜色
金色	像金子一样闪亮的黄颜色
蔚蓝	像天晴时天空的颜色
米色	像米一样的颜色,白而稍微带点儿黄
棕色	深褐色。也叫咖啡色
咖啡色	像咖啡的颜色,即深棕色

以上是《学汉语词典》中收录的结构为"表物语素＋表色语素""表物语素＋色""表色语素＋表色语素"的指色词,由于《学汉语词典》收录的指色词较少,收录的指色词基本都采用定义式释义方法,颜色是它们的上位词。它们都是"像……的颜色"的释义模式,通过与某种实物相比,来指代色彩,只有"米色"还采用了"(白)带……"的释义模式。而"棕色"则是被视作和"咖啡色"等义,故而只解释为"深褐色"

(3)描色词

表 6.23 《学汉语词典》描色词释义情况表

描色词	词典释义
金灿灿	金光闪闪
黑黝黝	黑得发出亮光

描色词	词典释义
黑压压	形容人或其他东西密集在一起
漆黑	形容非常黑，没有一点儿光亮
乌黑	深黑色
惨白	指人的面容的一种不健康的白
苍白	灰白
洁白	很纯的白
煞白	（脸色）特别白
雪白	颜色像雪一样白

以上是《现汉》中收录的所有描色词，《学汉语词典》中对于描色词的释义方法和《现汉》类似，不像辨色词和指色词那样有较为固定的释义模式，且由于收词较少，很难说明其释义模式。但大体上也可以说是采用了"（适用对象）＋性状的说明描写"式（如"金灿灿、黑黝黝、煞白"）、"形容……"式（如"黑压压、漆黑"）以及定义式释义方法（如"惨白、洁白、雪白"等）。

2.《学汉语词典》颜色词非基本义释义情况

由于《学汉语词典》收录的颜色词本身就较少，一共只有42个，其中非基本义有文化象征义的只有5个，将这5个词的释义列表如下：

表6.24 《学汉语词典》颜色词非基本义释义情况表

颜色词	词典释义
红	❷象征成功或受人欢迎 ❸（素）红利
黄色	❷跟色情有关的
绿色	❷与环境保护有关的，符合环境保护要求的

颜色词	词典释义
黑	❸（素）不公开的，非法的
白	❷ 写错或念错的 ❸（素）清楚 ❹ 没有效果的

这 5 个词中基本颜色词有 3 个，其他 2 个都是"表色语素 + 色"结构的颜色词。《学汉语词典》对这 5 个词大致采用的都是"（适用对象）+ 性状的说明描写"式（如"象征成功或受人欢迎""清楚"）以及"……的"式（如"跟色情有关的""写错或念错的"）的释义方法。

实际上对于一本对外汉语学习词典来说，《学汉语词典》中收录的颜色词中包含文化象征义的义项还是过少，对于一些常用的文化象征义，教材上多数没有注释，内向型词典也不会过多解释，但对外汉语学习词典的目标群体是二语学习者，应该酌情收录。

3.《学汉语词典》颜色词用例情况

在《学汉语词典》的 42 个颜色词中，基本都是有例证且例证较多。只有不能单独成词的语素"橙、金、翠、褐"没有例证。对其中有例证的颜色词统计结果如下：

表 6.25 《学汉语词典》颜色词用例情况表

	颜色词	义项	词例	词组例	句例	义项平均用例
数量（个）	38	48	6	58	91	3.23

需要加以说明的是，《学汉语词典》中同样是"青"较为特殊，有 3 个义项，以及除了有文化内涵的 5 个颜色词，其余基本都是一个颜色词一个义项。

通过统计结果我们可以发现，《学汉语词典》中颜色词义项平均用例约为 3 个，且以词组例和句例为主，共计 149 个，约占 96%，词例有 6 个，约占 4%。实际上，虽然义项平均用例是 3 个左右，但除了少量词的用例为 1—2 个词组例或句例，其余颜色词的词例一般都在 5 个左右。词例一般是出现在辨色词中，如"红"的用例：～布｜～衣服｜鲜～｜大～｜～～的｜深～｜浅～｜～得像火｜姑娘爱穿～颜色的衣服｜只要喝一点儿酒，我的脸就发～。实际上无论是辨色词、指色词还是描色词，《学汉语词典》都尽可能地使用句例或者词组例搭配句例，尽量体现该颜色词的功能、用法和使用场景。如"绿"的用例：～～的树叶｜～颜色｜小草～了｜湖水很～｜在中国北方，树叶春天是～的，到秋天一般就变黄了。不仅展示了"绿"作定语修饰"树叶"，还体现了"绿"作宾语，"绿"作动词用时表示"变绿"，以及的字短语"绿的"的用法。

三、《现汉》《学汉语词典》颜色词对比分析

（一）《现汉》《学汉语词典》颜色词收录情况对比

1.《现汉》《学汉语词典》中共有的颜色词

《现汉》和《学汉语词典》中共有的颜色词共计 36 个，而前面也提到了《学汉语词典》中收录的颜色词为 42 个，可以说《学汉语词典》中收录的颜色词，《现汉》中基本都收录了。现将两本词典中共同收录的颜色词总结于下表：

表 6.26　《现汉》《学汉语词典》共有颜色词统计表

	颜色词	数量（个）
辨色词	粉、红、橙、黄、金、翠、绿、青、蓝、紫、黑、乌、白、灰、褐	15
指色词	粉红、红色、黄色、翠绿、绿色、蔚蓝、黑色、白色、灰色、咖啡色、米色	11
描色词	金灿灿、黑黝黝、黑压压、漆黑、乌黑、惨白、苍白、洁白、煞白、雪白	10

两本词典中共同收录的颜色词以辨色词居多，指色词其次，描色词最少，这是由于《学汉语词典》中收录的指色词和描色词本身就不多。

2.《现汉》中有《学汉语词典》中没有的颜色词

由于《现汉》是一本中型词典，而《学汉语词典》是一本小型词典且使用对象是外国人，因此《现汉》中收录的颜色词要远远多于《学汉语词典》中收录的颜色词。《现汉》第6版共收录颜色词206个，《学汉语词典》共收录颜色词42个，《现汉》中收录而《学汉语词典》中未收录的颜色词共有170个，其中辨色词9个，指色词95个，描色词66个。

《现汉》中有而《学汉语词典》中没有的颜色词多为指色词，表示黑色调的和表示白色调的颜色词中多为描色词。这是因为在现代汉语颜色词中，指色词数量原本就多于描色词。但"黑""白"较为特殊，这两个色调的颜色词多用来描写颜色的状态，故而这两个色调描色词居多。

虽然《学汉语词典》是一本小型词典，限于篇幅无法收录较为完整的颜色词，但考虑到使用对象是汉语中级水平的学习者，对于使用较为频繁的指色词和描色词，应酌情收录。

3.《学汉语词典》中有《现汉》中没有的颜色词

橙色、金色、蓝色、紫色、褐色、棕色6个指色词，《学汉语词典》中收录了而《现汉》未收录，均是"表色语素＋色"结构的指色词。由于这类指色词是由基本颜色词发展而来的，且使用较为广泛，因此应该是需要完整收录的。如"橙""金""褐""棕"在表示色彩时很少单用，收录"橙色""金色""褐色""棕色"有助于学习者掌握这些词的用法。还有"蓝色"和"紫色"，虽然相较于"红色""黄色""绿色"等来说，其引申的文化内涵不那么丰富，但考虑到整体性和使用频率，也是应该收录的。

（二）《现汉》与《学汉语词典》颜色词释义对比

上面已经统计了《现汉》《学汉语词典》中共有的颜色词共 36 个。其中辨色词共 15 个，指色词共 11 个，描色词共 10 个。考虑到这三类词的释义方法和释义模式有所不同，故分别进行对比分析。且由于大多数颜色词都只有一个表示颜色的基本义，这些基本义的释义大同小异，因此我们主要针对其中有文化象征义的颜色词进行对比，对于部分基本义释义的不同也有所提及。

1.《现汉》《学汉语词典》共有的辨色词

两本词典都收录了 8 个基本颜色词和 1 个准基本颜色词，除此之外还收录了一些常用的单音节颜色词。这些词基本义的释义大同小异，基本都采用准定义式释义方法，以及"像……的颜色"的释义模式，主要不同的是含有文化象征义的义项。其中需要加以说明的有以下几个词。

（1）红

【红】❶ 像鲜血的颜色。❷ 象征喜庆的红布。❸ 象征顺利、成功或受人重视、欢迎。❹ 象征革命和政治觉悟高。❺ 红利。（《现汉》）

【红】❶ 像鲜血那样的颜色。❷ 象征成功或受人欢迎。❸（素）红利。（《学汉语词典》）

首先，在义项的选取上，《现汉》收录了"红"的 5 个义项，而《学汉语词典》中只收录了其中的 3 个，没有收录"象征喜庆的红布"和"象征革命和政治觉悟高"这 2 个义项。"红"象征"喜庆"这一文化内涵是极富中国文化特色的，如喜事被称为"红事"，办喜事时的各种物件都是红色的，作为对外汉语学习词典的《学汉语词典》应该要对这一内涵进行释义。还有"红"象征革命和政治觉悟高，《学汉语词典》中虽然未将其列为"红"的义项，但在"红色"的释义中有所体现。鉴于"红"单独使用时也具有这一文化内涵，且这一文化内涵在现代汉语中使用频率较高、比较重要，建议《学汉语词典》增加这一义项。

其次，《现汉》中"象征顺利、成功或受人重视、欢迎"这一义项，《学汉语词典》中将其简化为"象征成功或受人欢迎"，省略了"象征顺利"和"受人重视"。考虑到《学汉语词典》是一本对外汉语词典，语言要尽量简明易懂，"象征顺利"和"象征成功"，"受人欢迎"和"受人重视"，在"红"的释义上可以说是等义，删去其中之一也不影响理解，故而《学汉语词典》的处理是合理的。

（2）橙

【橙】红和黄合成的颜色。（《现汉》）

【橙】（素）橙色。（《学汉语词典》）

《学汉语词典》的前言中提到，"汉语中的字，有的同时也是词，可以单独使用；有的却是语素，不能单独使用"[1]。颜色词中有些单音节颜色词也是如此，例如"橙、金、棕、褐"等。《学汉语词典》对这些词进行了区分，因此对这些颜色词也没有采取和其他辨色词一样的释义模式，而是采用了"……色"的释义模式，用指色词来解释这些不能单独使用的辨色词。这样有利于使用者区分"语素"和"词"，同时也能了解这些颜色词和其他颜色词在用法上是有不同的。

（3）黄

【黄】❶像丝瓜花或向日葵花的颜色。❹事情失败或计划不能实现。❺指内容色情的。（《现汉》）

---

① 吕文华、鲁健骥：《商务馆学汉语词典》，北京：商务印书馆，2006年，第4页。

【黄】像金子那样的颜色。(《学汉语词典》)

首先,《现汉》和《学汉语词典》的基本义义项在选择再现色彩的实物时有所不同,《现汉》用的是"丝瓜花或向日葵花",《学汉语词典》用的是"金子"。其实二者都能直观反映"黄"的词义内容,但是《现汉》选用的两个实物都是植物,显得有些重复累赘;《学汉语词典》选用的实物"金子"是一种金属,体现了"黄"也可以是有质感的"黄",却也略显单调。可以考虑二者各选其一,如"黄,像丝瓜花或金子的颜色",这样解释既能清楚反映"黄"的词义内容,又更具有包容性。

其次,关于"黄"的文化内涵,"事情失败或计划不能实现"这一内涵对于中级水平的外国人来说可能接触不多,因此《学汉语词典》中没有收录。对于"指内容色情",《学汉语词典》同样是在"黄色"一词的释义中收录了,但"黄"的这一内涵也是可以单独使用的,如"扫黄""黄赌毒"等,所以也应考虑添加这一义项。

再次,"黄"在中国文化里还有很重要的一个文化内涵就是"象征尊贵的、辉煌的",这一文化义在《现汉》和《学汉语词典》中均没收录。虽然这一文化内涵在现代不如"内容色情的"使用广泛,但仍然有一些和此内涵相关的词,如"飞黄腾达"等,这一义项作为对外汉语学习词典的《学汉语词典》也应该考虑收录。

(4)金

【金】❺ 用于比喻尊贵、贵重。❻ 像金子的颜色。(《现汉》)
【金】❹ (素)金色。(《学汉语词典》)

《现汉》中对"金"的释义相较《学汉语词典》而言,多了"用于比喻尊贵、贵重"这一义项，这一文化内涵是由"黄"演变而来的，由于"金"和"黄"颜色接近，且"金"又主要指"黄金"，因此也有了表示"尊贵、贵重"的内涵。这一内涵在《学汉语词典》的"黄"的释义中没有体现，在"金"的释义中也同样没有体现。对于这一文化义项，《学汉语词典》应该进行补充。

（5）绿

【绿】像草和树叶茂盛时的颜色，由蓝和黄混合而成。（《现汉》）
【绿】像春天、夏天的树叶或草的颜色。（《学汉语词典》）

《学汉语词典》对"绿"的基本义释义省去了《现汉》中"由蓝和黄混合而成"的解释。"绿"这个颜色词的本源是指可以制成染料的"荩草"，后来指的是染料的名字，慢慢才发展为专指颜色。实际上，从"荩草"中提取出的颜色不是绿色而是黄色，"绿"所指的染料也是"黄和蓝混合而成"的颜色。除此之外，由于草木的颜色会因地域、品种等不同而不同，因此只解释为"像春天、夏天的树叶或草的颜色"是不够的，像《现汉》一样，补充解释"由蓝色和黄色合成"会使得语义内容更加清晰。

《现汉》和《学汉语词典》都没有收录"绿"的文化义，一是因为"绿"在现代汉语常用的"象征环保"时一般不单用，而是用"绿色"表示；二是"绿"的其他文化内涵在现代汉语中的词不多。

（6）青

【青】❶蓝色或绿色。❷黑色。（《现汉》）
【青】❶绿色。❷蓝色。❸黑色。（《学汉语词典》）

《现汉》和《学汉语词典》对于"青"的释义不同在于义项的划

分，在《现汉》中"青"有2个义项，在《学汉语词典》中则有3个义项。"青"可以表示蓝色、绿色和黑色三种颜色，"蓝色"和"绿色"在色谱上颜色较为接近，但并不能因此就不区分蓝色和绿色。《现汉》的第一个义项是"蓝色或绿色"，将这两项释义并列，容易导致混淆。因此《学汉语词典》对"青"的处理是较为恰当的。

（7）黑

【黑】❶像煤或墨的颜色（跟"白"相对）。❹隐秘的；非法的。❺坏；狠毒。(《现汉》)

【黑】❶像煤那样的颜色（和"白"相对）。❸（素）不公开的，非法的。(《学汉语词典》)

首先，在义项的数量上，《现汉》有3个义项，《学汉语词典》只有2个，没有收录"坏、狠毒"这一义项。但实际上这一义项的使用也较为广泛，如"黑心、近墨者黑"等，如果省略这一义项，使用者可能会将其归类为"非法的"，造成理解上的偏差。

其次，在"黑"的基本义释义上，《学汉语词典》省略了"像墨的颜色"，这也是出于小型学习词典释义应该简洁的考虑，煤和墨颜色相同，删除其中一个更为简明。还有《学汉语词典》"黑"的第二个义项"不公开的，非法的"，将《现汉》中"隐秘的"替换为"不公开的"，不仅统一了释义模式，而且"不公开"这个词也比"隐秘"更容易被外国学习者所理解。

再次，"黑"还有一个文化义是"象征反动、落后"，《现汉》和《学汉语词典》中都没有收录。但这一文化义在现代汉语中也常有体现，如"黑名单"等，如果没有这项释义，外国学习者容易误以为"黑名单"中的"黑"是"非法的"，将其理解为"非法的名单"。因此《学汉语词典》中应该考虑收录这一义项。

（8）白

【白】❶像霜或雪的颜色（跟"黑"相对）。❸光亮；明亮。❹清楚；明白；弄明白。❺没有加上什么东西的；空白。❻没有效果；徒然。❼无代价；无报偿。❽象征反动。❾指丧事。❿用白眼珠看人，表示轻视或不满。(《现汉》)

【白】❶像雪那样的颜色（和"黑"相对）。❷写错或念错的。❸（素）清楚。④没有效果的。(《学汉语词典》)

《现汉》中关于"白"的义项有很多，其中和颜色有关的义项有 9个，《学汉语词典》中收录了其中的 3 个，并增添了一个《现汉》中没有的义项"写错或念错的"。"光亮"这个义项主要是用于表示天亮，如"白天、白日"等。《学汉语词典》中收录了"白天"这个词，但把"白天"列在"像雪那样的颜色"这一义项的后面，词义显得不太对等，不能说"白天"是"白色的天"。且后面的"清楚、明白"的义项也是由此引申而来的，因此应该加上这个义项。还有"没有加上什么东西的；空白"的义项，在生活中也是常用的，如"空白、白卷"等，后面的"无代价"和"没有效果"都是由这个义项引申而来的，这个义项也不应该省略。以及"指丧事"这一义项，在中国文化中是十分重要的，这种包含着文化内涵的义项，在对外汉语学习词典中也应该酌情收录。

（9）灰

【灰】❹像草木灰的颜色，介于黑色和白色之间。❺消沉；失望。(《现汉》)

【灰】❸像木块、纸等烧成的灰那样的黑和白之间的颜色。❹（素）灰心。(《学汉语词典》)

"灰"的基本义释义同样也是选择再现色彩的实物的不同,《学汉语词典》是一本面向汉语水平为中级的外国学习者的词典,因此释义时也尽量要平白、通俗。"草木灰"一词对于外国人来说可能不那么容易理解,换成"木块、纸等烧成的灰",显得更加通俗、具体,更便于理解,对外汉语学习词典的释义都应注意这一点。

还有"灰"的第二个含有文化内涵的义项,《现汉》解释为"消沉;失望",《学汉语词典》解释为"灰心",二者可以说是对等的关系,《学汉语词典》只是换了一个更容易理解的词,因此也是恰当的。

2.《现汉》《学汉语词典》共有的指色词

两本词典中共同收录的指色词,以"表色语素 + 色"结构的指色词为主,其基本义释义都采用了定义式释义方法,以及"……(的)颜色"的释义模式。其中需要加以说明的有以下 5 个词。

(1)红色

【红色】❶ 红的颜色。❷ 属性词。象征革命或政治觉悟高的。(《现汉》)

【红色】红颜色,常用来象征革命。(《学汉语词典》)

在《学汉语词典》中对"红色"的释义不仅说明了"红色"的基本义是"红颜色",还解释了"红色"的文化陪义是"象征革命"。通过上文我们可以知道,颜色词实际上有很丰富的文化内涵,这些文化内涵在词典中尤其是对外汉语学习词典中应该要有所体现。《现汉》和《学汉语词典》都注意到了这一点,《现汉》对此的处理是将常用的文化内涵在不同义项中体现。《学汉语词典》中大多数也是这样处理,将文化象征义单独列为义项,但只有"红色"将 2 个义项合二为一。从词典释义的规范性来考虑,应该采用统一的释义模式,将"红色"的释义也分为 2 个义项,像《现汉》释义的那样,一个义项是基

本义"红颜色",一个义项是文化义"象征革命"。且《学汉语词典》
对此类收录得不够完整,只收录了"红色、黄色、绿色"这三个颜色
的文化义项,对于常用的"黑色、白色、灰色"却没有收录。对这类
常用颜色词的文化义义项,应考虑统一收录。

(2)黑色

【黑色】❶黑的颜色。❷属性词。隐秘的;非法的。(《现汉》)
【黑色】黑颜色(和"白色"相对)。(《学汉语词典》)

《学汉语词典》只收录了"黑颜色"这个基本义,没有收录《现
汉》的第二个表文化象征义的义项。虽然《学汉语词典》在"黑"的
释义中就有"不公开的,非法的"这一义项,但是"黑色"同样有这
样的文化内涵,如"黑色收入",所以也应该收录这个义项。

(3)白色

【白色】❶白的颜色。❷属性词。象征反动的。(《现汉》)
【白色】白颜色(和"黑色"相对)。(《学汉语词典》)

《学汉语词典》中没有收录《现汉》中"象征反动的"这一包含
文化内涵的义项,并且"白"的释义中也没有收录。"白色"的这一
文化内涵是相对于"红色"而形成的,都是革命时期的产物,在现代
并不常用,可能出于此考虑《学汉语词典》没有收录这一文化内涵的
义项,这也是合情合理的。

(4)灰色

【灰色】❶灰的颜色。❷属性词。颓废和失望的。❸属性词。不
明朗的;不正规的。(《现汉》)

【灰色】灰颜色。(《学汉语词典》)

《现汉》中"灰色"的义项有 3 个，其中 2 个都是文化象征义，《学汉语词典》中均没收录。"灰色"的文化内涵较少，但不代表其使用也不频繁，灰色代表"颓废和失望"，如"灰色心情"；代表"不明朗的或不正规的"，如"灰色收入"，都是日常生活中常用的义项。对于中级水平的外国人来说，掌握颜色词的文化义义项有利于促进他们对中国文化的了解，因此作为对外汉语学习词典的《学汉语词典》应该要考虑收录这些常用的文化义义项。

（5）米色

【米色】米黄色。(《现汉》)
【米色】像米一样的颜色，白而稍微带点儿黄。(《学汉语词典》)

两本词典中对于"米色"色调的划分有所区别，《现汉》中的释义"米黄色"，是把"米色"划入表示黄色调的颜色词当中，而《学汉语词典》中"白而稍微带点儿黄"是将其划入表示白色调的颜色词当中。后者的描述更为准确一些，大米的颜色偏白，应该是属于白色调的颜色，李红印教授也将其归类为表示白色调的颜色词中，因此《学汉语词典》的解释更为恰当。

3.《现汉》《学汉语词典》共有的描色词

两本词典中共有的描色词共有 10 个，且基本分布在表示黑色调和表示白色调的颜色词当中，主要采用了"（适用对象）+ 性状的说明描写"式、"形容……"式以及定义式释义方法。其中需要加以说明的有以下几个词。

（1）漆黑

【漆黑】状态词。❶ 颜色非常黑。❷ 非常暗，没有光亮。(《现汉》)

【漆黑】形容非常黑，没有一点儿光亮。(《学汉语词典》)

在现代汉语中漆黑的用法实际上分为两种，一种是形容事物漆黑，如漆黑的眼睛，漆黑的头发；另一种是形容环境漆黑，如四周漆黑一片，漆黑的夜晚。《学汉语词典》中将"漆黑"的义项合二为一了，这样可能会导致学习者使用时将"非常黑"只理解为环境黑，而不知道还能用来形容事物，所以最好还是分为 2 个义项。

（2）惨白

【惨白】状态词。❶（景色）暗淡而发白。❷（面容）苍白。(《现汉》)
【惨白】指人的面容的一种不健康的白。(《学汉语词典》)

对于"惨白"的释义，《学汉语词典》将《现汉》中的"苍白"替换为"一种不健康的白"，避免了以词释词，造成使用者的阅读负担，同时也使得"不健康的"这一要素更为突出。但是《学汉语词典》忽略了"惨白"还可以用来形容景色，这两个方面应该是要分别说明的。

（3）洁白

【洁白】没有被其他颜色染污的白色。(《现汉》)
【洁白】很纯的白。(《学汉语词典》)

《现汉》和《学汉语词典》对"洁白"的释义都采用了"……的白（色）"的释义模式，不同的是一个称其为"没有被染污的白"，一个解释为"很纯的白"。"纯"的释义是"纯净，不含杂质"，也就包含了"没有被污染过"这一内涵，将"洁白"解释为"很纯的白"显得更为简洁明了。

（4）煞白

【煞白】状态词。由于恐惧、愤怒或某些疾病等原因，面色极白，没有血色。(《现汉》)

【煞白】(脸色)特别白。(《学汉语词典》)

对于"煞白"的解释，两本词典不同的地方在于，《现汉》对"面色白"进行了限定，是"由于恐惧、愤怒或某些疾病等原因"。实际上，虽然《学汉语词典》没有进行相同的限定，但在给的例证中也体现了这一点，《学汉语词典》中"煞白"的用例为：吓得脸色～|他突然肚子疼，一会儿脸色就变得～|最近他脸色～，可能生病了|爷爷气得脸色～，连话也说不出来。第一个句例是由于害怕，第二、三个句例是由于某些疾病，第四个句例是由于愤怒。通过句例来补充说明释义，不仅使释义更为简明，还能形象展现词语的用法。

4.《现汉》《学汉语词典》中共有颜色词的用例对比

《学汉语词典》是一本对外汉语学习词典，在用例数量上要多于《现汉》。《现汉》共收录颜色词206个，其中116个是有例证的，义项平均用例约2个；《学汉语词典》共收录颜色词42个，其中38个是有例证的，义项平均用例约3个。在用例类型上，《学汉语词典》为了尽量体现词的用法和使用的情景，以词组例搭配句例为主，而《现汉》是以词组例为主。

《学汉语词典》和《现汉》中均配有例证的词：

粉|红|金灿灿|绿|青|翠绿|蓝|蔚蓝|紫|黑|乌|黑黝黝|黑压压|漆黑|乌黑|惨白|苍白|洁白|雪白|灰

《学汉语词典》和《现汉》中均没有配例证的词：

橙

《学汉语词典》中有例证，《现汉》中没有例证的词：

粉红 | 红色 | 黄 | 黄色 | 绿色 | 黑色 | 白 | 白色 | 煞白 | 灰色 | 咖啡色 | 米色

《学汉语词典》中没有例证，《现汉》中配有例证的词：

金 | 翠 | 褐

《学汉语词典》中有例证，《现汉》中没有例证的颜色词共 12 个，主要以"表色语素＋色"结构的颜色词为主。《现汉》中有例证，《学汉语词典》中没有例证的颜色词共 3 个，这些颜色词基本都不单独使用，《学汉语词典》将其视作语素，故而不列例证。《学汉语词典》和《现汉》中都有例证的有 20 个，以辨色词和描色词为主，这两类颜色词的例证有助于补充说明其释义。《学汉语词典》和《现汉》中都没有例证的有 1 个，就是颜色词"橙"，一方面这个词基本不单独使用，另一方面该字表示颜色含义的义项不是主要义项，故而两本词典都没有列例证。其中需要加以说明的是《学汉语词典》和《现汉》中都有例证的以下几个颜色词。

（1）粉

【粉】～色 | ～牡丹 | 这块绸子是～的。（《现汉》）
【粉】她穿的上衣是粉的 | 这女孩子穿粉的比穿红的好看。（《学汉语词典》）

对于"粉"的释例，《学汉语词典》中只列了两个句例，且两个句例中"粉"的用法是一致的，都是的字短语"粉的"的用法。除了"粉的"这一用法，"粉色"一词也较为常用，可以考虑加上这一词例。

（2）绿

【绿】～叶｜嫩～｜浓～｜桃红柳～｜青山～水。(《现汉》)

【绿】绿绿的树叶｜绿颜色｜小草绿了｜湖水很绿｜在中国北方，树叶春天是绿的，到秋天一般就变黄了。(《学汉语词典》)

在《学汉语词典》对"绿"的释例中，有"绿颜色"这一例证，虽然"绿颜色"在搭配上没有问题，但在生活中我们很少用"绿颜色"这个说法，改为"绿色"更为贴切，或者为了说明"绿"可以表示"绿的颜色"，也可以像《现汉》一样列词例"嫩绿、浅绿"等。

（3）漆黑

【漆黑】～的头发。(《现汉》)

【漆黑】窗外漆黑一片，什么都看不见｜那是一个漆黑的夜晚，他一个人走在山间小路上｜你带上手电吧，外面漆黑漆黑的。(《学汉语词典》)

《学汉语词典》中"漆黑"的例证，都是围绕"漆黑"表示"没有一点儿光亮"的释义而举例的，但"漆黑"还可以解释为"非常黑"，"非常黑"不仅能形容环境，还能形容事物，如"漆黑的头发""漆黑的眼睛"等。因此《学汉语词典》的释例和释义就显得有点不完全匹配，应该加上"非常黑"的用法的例证。

第三节 《学汉语词典》颜色词处理分析结果

一、《学汉语词典》颜色词处理的优势和不足

（一）《学汉语词典》颜色词处理的优势

首先，从颜色词的收录来看，和《现汉》相比，《学汉语词典》中只收录了其中使用频率较高的义项。虽然《学汉语词典》收录的颜色词数量较少，但对于使用频率较高的 8 个基本颜色词和 1 个准基本颜色词以及"表色语素＋色"结构的颜色词，包括在现代汉语中不属于基本颜色词但常用的"橙、翠"等，还有文化内涵不那么丰富的"蓝色、紫色"等，都完整收录了。而对于中级水平的外国学习者使用频率较低的颜色词如"潮红、赤红"等均未收录。

其次，从颜色词的释义来看，出于使用对象是外国人的考虑，《学汉语词典》中都尽量采用具体的描述让释义通俗易懂。如"灰"，《现汉》释义为"草木灰的颜色"，《学汉语词典》则释义为"像木块、纸等烧成的灰那样的颜色"，将"草木灰"这一对外国人来说接触不多的词替换为"像木块、纸等烧成的灰"，更易于理解。还有比较特别的一点是，对于不能单独使用的颜色词，《学汉语词典》中都将其标示为"（素）"，有助于学习者加以区分。

最后，从颜色词的用例来看，《学汉语词典》中大部分颜色词的用例都在 5 个左右，举例十分丰富。且例证以词组例和句例为主，结合外国学习者的生活和交际的需要，形象地展现了颜色词的不同用法以及常用搭配。

（二）《学汉语词典》颜色词处理的不足

首先，在颜色词的收录上，《学汉语词典》中收录的颜色词主要

是以基本颜色词为主的辨色词以及"表色语素 + 色"结构的指色词，对于其他结构的指色词以及描色词收录得很少，且不够完整。实际上，其中有些颜色词使用频率也不低。如《学汉语词典》中收录了"金灿灿""雪白"等，却没有收录"绿油油""金黄"等同样使用频率较高的颜色词。对于这些颜色词，《学汉语词典》应当酌情收录。

其次，在颜色词的释义上，《学汉语词典》收录的义项多为颜色词的基本义，对于有文化象征义的义项收录得很少。但颜色词实际上有很丰富的文化内涵，这些内涵在课本上可能不会体现，但在日常交际中可能经常会接触到。如"红"的"嫉妒、羡慕"的文化义，虽然表示这一文化内涵的词不多，常用的只有"眼红""红眼病"，却是很多外国学生在使用中容易出错的，且大多数是由于对文化内涵不了解而出现的偏误。因此作为对外汉语学习词典的《学汉语词典》，对于颜色词常用的文化义，应该要进行完善。

最后，在颜色词的用例上，《学汉语词典》中的语素一般是不举例的。但由于颜色词属于文化词汇的特殊性，对于有文化内涵的但却标记为语素的义项，如"黑❸：（素）不公开的，非法的""白❸：（素）清楚"等，如果不进行举例的话，学习者可能很难理解该语素的文化内涵。应该考虑提供例证，以示这一文化内涵的具体用法。

二、对《学汉语词典》颜色词处理的建议

通过对比分析《现汉》和《学汉语词典》对颜色词的处理，以及《学汉语词典》颜色词处理的优势和不足，我们从三个方面对对外汉语学习词典颜色词处理的一般原则进行了总结，具体如下：

1.颜色词收录原则——考虑使用者的学习水平和实际需要，兼顾颜色词的系统性

"考虑使用者的学习水平和实际需要"不仅仅是针对颜色词收录而言的，在对外汉语学习词典选词立目时也同样需要遵循。对外汉

学习词典的使用对象是外国人，因而应该考虑使用者的汉语水平。以《学汉语词典》为例，使用对象是中级汉语水平的外国人，因此收录的颜色词也应是这个水平的学习者所学习、接触的词。且考虑到外国人学习汉语的交际需要，收录的颜色词不能局限于书本，还应结合生活，收录日常生活中常用的颜色词。

除此之外，由于现代汉语颜色词是一个以基本颜色词为核心的颜色词系统，收词时也应该兼顾颜色词的系统性。首先，作为核心的基本颜色词应该统一收录，一方面大部分普通颜色词都是由基本颜色词复合或派生而来的；另一方面基本颜色词多为辨色词，对学习者了解和分辨现代汉语中颜色词起到了重要作用，因此基本颜色词的收录是必须的，且收录必须是完整的。其次，对于指色词和描色词也应合理收录，辨色词固然重要，但指色词和描色词在实际生活中使用频率也很高。为了让学习者对颜色词能有一个完整而系统的认识，应根据使用者的相应汉语水平，酌情收录其使用频率高的指色词和描色词。

2. 颜色词释义原则

（1）语言尽量平白通俗，浅显易懂

同样是考虑到使用对象是外国人，他们的汉语水平有限，因此释词用语应当尽量做到平白、通俗，更容易为外国学习者所接受和理解。尽量避免同义词释义和定义式释义，用更浅显的语言来解释词语。如"黑"的一个义项，《现汉》释义为"隐秘的；非法的"，《学汉语词典》释义为"不公开的，非法的"，用"不公开的"替换"隐秘的"，更容易被理解。

（2）基本义释义尽量具体准确

这一原则是针对颜色词具有模糊性而提出的，由于人们成长生活的环境不同，对色彩的认识会有所偏差，对颜色词的释义难免也会具有主观性。尤其是对于和我们不同民族的外国人来说，清楚具体地反映颜色词的色彩信息显得更为重要。词典中固有的"以物释色""以色释色"等颜色词释义方法，可能会由于再现色彩的具体实物的变化而变得不准确。因此可以考虑采取辅助的方法再现颜色词的词义内容，如叶军教授提过的对具体颜色词（包括辨色词和指色词）进行"插图释义"，即"用插图辅助文字释义，显得更为具体准确"[①]。除此之外，对于不能直接用插图反映颜色的描色词，也可以先用文字释义营造一个使用描色词的语境，再通过对插图颜色的直观感受强化对抽象的色彩的理解。

（3）重视文化义义项

如果对于颜色词的释义只描述其和色彩有关的语义信息，就会显得片面。颜色词尤其是基本颜色词中蕴含着丰富的文化内涵，对于这些颜色词的文化象征义，如果不进行释义的话，很容易造成跨文化交际的障碍。因此作为对外汉语学习词典，更应该凸显文化义的义项。对于其中常用的文化象征义，应该考虑单独列为义项。以"红"为例，在《学汉语词典》中的基本义义项是"像鲜血那样的颜色"，而文化义义项只有"象征成功或受人欢迎"，这显然是不够的。在中国文化中，"红"还有很重要的一个文化内涵就是象征吉祥、喜庆，"红利"这个词也是由这一象征义引申而来的。除此之外，还有上文提到的由"红"表示"成功、顺利"引申而来的，表示"羡慕、嫉妒"时常用的词"红眼"。这些常用的文化义义项在对外汉语学习词典中都应该考虑收录，一方面能让使用者对颜色词的含义有一个完整的认识；另一方面还能加深其对中国文化的了解。

3. 颜色词用例原则——丰富多样，尽量体现词的用法

汉语中的颜色词不仅文化内涵丰富，语法功能也较为复杂。词典的释义只能体现其语义内涵，不能揭示在不同语言环境下的各种语法功能，这时就需要通过丰富的释例，尽可能地体现出颜色词的不同用

---

① 叶军:《谈色彩词词典的收词和释义》,《辞书研究》, 2003 年第 3 期。

法。以"白"为例,"白"为形容词词性时,可以作定语修饰主语,也可以作宾语,如"白纸""墙很白"等,"白"还可以是动词词性,如"白了他一眼","白"还可以形成的字短语"白的",如"这件毛衣是白的",以及表示"徒然"的副词"白白"等。这些用法对于外国学习者来说很容易混淆,作为帮助外国人学习汉语的辞书,应该尽可能进行展现。且颜色词的用法通过释义很难体现出来,因此应该在例证上尽量丰富,体现颜色词的不同语法功能。

三、对《学汉语词典》颜色词释义的优化

一方面基于《现汉》和《学汉语词典》对颜色词的释义情况,以及上文对对外汉语学习词典释义原则的探讨,另一方面参考"同场同模式"①理论,也就是同类型词义发展具有同一模式,汉语中颜色词的发展就是如此,都是从具体的事物中抽象出色彩的概念,并且逐渐可以代指一些有色彩的事物,更重要的是大多数都演变出了意识评价的义位,如"红"表"喜庆"、"黄"表"尊贵"等。正是由于现代汉语颜色词处于同一义场,因此我们尝试基于《学汉语词典》,对其中颜色词的释义进行优化,具体如下:

（一）义项的划分和排列

由于颜色词尤其是基本颜色词的文化义丰富,如果不列文化义义项的话会显得颜色词的释义过于片面,但如果列文化义义项,划分义项和排列义项就是一个需要思考的问题。

参照前文所论述的基本颜色词的语义内涵,可以看出颜色词的语义内涵是围绕基本的颜色意义引申拓展的,并形成了不同的语义链。因此,对于文化义义项较多的颜色词,可以先划分出不同的义群,先列出核心语义项,再列出子义项。以"红"为例,其中常用的文化

---

① 张志毅、张庆云:《词汇语义学》(第三版),北京:商务印书馆,2012年,第271页。

义义项有"吉祥、喜庆""奖励、馈赠""顺利、得势""羡慕、嫉妒""革命",可以把"吉祥、喜庆""顺利、得势""革命"视为核心义项,"奖励、馈赠"是"吉祥、喜庆"的子义项,"羡慕、嫉妒"是"顺利、得势"的子义项。这样划分义项,能让词典使用者清楚地看到语义之间的引申关系,也能对该语义内涵有进一步的理解。

在义项的排列上,应当把颜色词表颜色意义的基本义排列在最前面,后面关于颜色词的文化义,可以按照使用频率排列。以"黄"为例,排在最前面的是"像丝瓜花或黄金的颜色",紧跟其后的应该是在现代汉语中使用最多的"指内容色情的",接着是作动词用表示"事情失败或计划落空",最后是在古代常用而在现代不那么常用的"象征尊贵"。

（二）基本义的释义

对于颜色词基本义的释义,《学汉语词典》处理得比较恰当,大多数都采用了固定的释义模式。如属于辨色词的基本颜色词基本都是"像……的颜色"的释义模式,"表色语素＋色"结构的指色词基本都是"……颜色"的释义模式,对于其他指色词和描色词的释义由于数量不多,释义模式也不固定。在本章第一节中我们已经提到了应该丰富指色词和描色词的数量,因此对这些词应该有一个较为固定的释义模式。且除了释义模式以外,还要考虑释义内容的清楚、具体。故拟优化对外汉语学习词典基本义的释义模式如下。

1. 辨色词

辨色词以基本颜色词为主,主要沿用《学汉语词典》"像＋对比的实物＋的颜色"的释义模式,除此以外,优化了《学汉语词典》中"黄""绿"的释义,对"黄"的释义增加了"丝瓜花"这一实物,使色彩信息更完整具体;对"绿"的释义,将"像春天和夏天的"改为"像春夏时",精简了语言表述,同时增加"由黄色和蓝色合成的颜色",使语义更为清楚。另外还建议增加表色的插图,辅助文字释义。

具体释义如下：

【红】像鲜血那样的颜色

【黄】像丝瓜花或金子那样的颜色

【绿】像春夏时树叶或草的颜色；由黄色和蓝色合成的颜色

【蓝】像晴天时天空的颜色

【紫】由红色和蓝色合成的颜色

【黑】像煤那样的颜色（和"白"相对）

【白】像雪那样的颜色（和"黑"相对）

【灰】像木块、纸等烧成的灰那样的黑和白之间的颜色

【褐】（素）褐色

2. 指色词

首先，对于"表色语素＋色"结构的指色词，主要也沿用《学汉语词典》"基本颜色词＋颜色"的释义模式，因此改动不大，只是将《学汉语词典》"红色"的释义中"常用来象征革命"删去。在后面单独列为文化义义项。具体如下：

【红色】红颜色

【黄色】黄颜色

【绿色】绿颜色

【蓝色】蓝颜色

【紫色】紫颜色

【黑色】黑颜色（和"白色"相对）

【白色】白颜色（和"黑色"相对）

【灰色】灰颜色

【褐色】像生栗子皮那样的颜色

其次，对于"表物语素＋色""表物语素＋表色语素"以及"表色语素＋表色语素"结构的颜色词，分为三种情况：一是通过与某实物或某种状态相比来反映颜色的指色词，主要采用"像＋对比的实物／状态＋的颜色"的释义模式；二是通过与基本颜色词相比来反映颜色的指色词，主要采用"浓度深浅／亮度强弱＋基本颜色词＋色'"的释义模式；三是除了和某实物相比，还要和其他色调相比来反映颜色的指色词，主要采用"（像＋对比的实物）＋基本颜色词＋而／带＋其他色调＋的颜色"。部分举例如下：

【橙色】像橙子那样的颜色；由红色和黄色合成的颜色

【蔚蓝】像天晴时天空的颜色

【咖啡色】像咖啡的颜色

【翠绿】像翡翠那样的青绿色

【乌黑】深黑色

【棕色】深褐色

【米色】像大米那样白而稍微带点儿黄的颜色

【金黄】像金子那样黄而微红的颜色

【藏青】蓝中略带黑的颜色

3. 描色词

描色词根据语义信息也分为两类，一类是只含有色彩信息的描色词，这类描色词主要采用"（形容）（适用对象）＋性状描写"的释义模式；另一类是不仅含有色彩信息，还含有非色彩信息的，主要采用"（形容）（适用对象）＋色彩信息＋而＋性状描写"的释义模式。部分举例如下：

【金灿灿】金光闪闪

【红通通】形容很红

【漆黑】❶形容非常黑

【绿油油】形容浓绿而有光泽

【红扑扑】形容脸色红而富有生气

【白嫩】白而娇嫩

（三）文化义的释义

对于颜色词的文化义义项，可以分为两类，一类是义项本身是文化象征义的，这类义项的释义模式为"象征／指＋语义内涵（＋的）"；另一类是义项含有文化象征义，这类义项根据不同的词性采用不同的释义模式。除了考虑释义模式，还应考虑到文化义义项的使用频率，以及释义语言的通俗易懂。我们总结了颜色词中常用的文化义义项，补充优化文化义释义见下表。

表6.27　颜色词中常用文化义义项补充

颜色词	词典释义
红	（2）象征吉祥、喜庆 ❶奖励、馈赠 （3）象征顺利、成功 ❶羡慕、嫉妒 （4）象征革命
黄	（2）内容色情的 （3）事情失败或计划落空 （4）象征尊贵
黑	（2）不公开的；非法的 （3）坏；狠毒 （4）象征反动、落后

颜色词	词典释义
白	（2）光亮；明亮 　❶ 清楚；明白 （3）空白 　❶ 没有效果的 　❷ 没有报偿的 （4）象征凶丧 （5）象征反动
灰	（2）灰心
金	（2）象征尊贵
红色	（2）象征革命（与"白色"相对）
黄色	（2）指内容色情的
绿色	（2）指符合环保要求的
黑色	（2）指不公开的；非法的
白色	（2）象征反动（与"红色"相对）
灰色	（2）消极的；低落的／（3）不明朗的

需要加以说明的有以下几个词：

一是"绿"。"绿"在现代汉语中的文化内涵"自然、环保"一般在"绿色"一词中体现。而其他语义内涵使用频率不高，如对于外国学生来说不太了解的"绿帽子"象征"厌恶、讽刺"的文化内涵，可以单独收录这个词进行释义。故"绿"的文化象征义不单独列为义项。

二是"蓝""蓝色"和"紫""紫色"。"蓝"和"紫"虽然是基本颜色词，但是在现代汉语中语义内涵并不丰富，故也不单独列文化义义项，在有特定文化义的词中解释即可。

三是"褐"和"褐色"。"褐"作为准基本颜色词，一般不会单独使用，其表示"卑贱"的文化象征义在现代也基本不用了，故不列文化义义项。

　　总的来说，《学汉语词典》在释义的语言上要比《现汉》更为通俗易懂，例证也更为丰富，对于汉语学习者来说更易于理解和掌握。就颜色词的处理来说，尽管存在一定的缺陷，但《学汉语词典》对所收录的颜色词的处理基本上也是恰当的。主要存在以下几个方面的问题：一是颜色词的收录不够完整丰富，对于一些常用的指色词和描色词没有进行收录；二是对于作为文化词汇的颜色词，其中文化义义项收录得较少，大部分都是只收录了颜色词表示色彩的基本义；三是对于不能单独使用的有文化内涵的颜色词，因将其视为语素，没有进行例证。

　　作为对外汉语学习词典的颜色词处理，应该遵循以下原则，首先在收词上应考虑使用者的学习水平和实际需要，兼顾颜色词的系统性。其次在释义上，一是语言要尽量平白通俗，浅显易懂；二是基本义释义应尽量具体准确；三是要重视文化义义项。最后在用例上，考虑到颜色词复杂的语法功能，例证应当丰富多样，尽量体现词的用法。

图表目录

表 2.1　词性统计表··18

表 2.2　语体风格统计表··19

表 2.3　褒贬陪义倾向统计表··20

表 2.4　褒贬义程度层级表··20

表 2.5　《现汉》褒贬陪义标注情况统计表···43

表 2.6　《学习词典》褒贬陪义标注情况统计表·································44

表 2.7　《学汉语词典》褒贬陪义标注情况统计表····························45

表 2.8　《学习词典》与《现汉》标注差异表····································45

表 2.9　《学汉语词典》与《现汉》褒贬陪义标注差异表·················49

表 2.10　《现汉》与《学汉语词典》释义对比表·······························49

表 2.11　《学习词典》与《现汉》褒贬陪义词释义方式差异表·········57

表 2.12　《学汉语词典》与《现汉》褒贬陪义词释义方式差异表······58

表 2.13　《学习词典》与《现汉》释义内容差异表···························65

表 2.14　各词典褒贬陪义词配例数量统计表····································80

表 3.1　《现汉》第 6 版释义提示词体系总表··································89

表 3.2　《现汉》第 6 版释义提示词整体修订情况统计表················90

表 3.3　《现汉》第 6 版"比喻"类释义提示词修订情况统计表······92

表 3.4　《现汉》第 6 版"形容"类释义提示词修订情况统计表···114

表 3.5　《现汉》第 6 版"……然"类形容词释义情况统计表······120

表 3.6　《现汉》第 6 版"指"类释义提示词修订情况统计表·······121

表 3.7　《现汉》第 6 版"称"类释义提示词修订情况统计表·······142

表 3.8 《现汉》第 6 版"表示"类释义提示词修订情况统计表················157

表 4.1 《现汉》第 7 版百科动物名词部分特殊类义征················169

表 4.2 鸟类动物次要类义征选取情况汇总················174

表 4.3 《现汉》第 7 版和试用本中鸟类义场"（是）猛禽"相关释义
出具情况对比················177

表 4.4 《现汉》第 7 版和《新华词典》第 4 版共收蛇类释义中相关
照应情况对比················180

表 4.5 《现汉》第 7 版和试用本中"蛙"义场主要类义征出具情况对比181

表 4.6 《现汉》系列版本中"鼬""貂"释义中照应情况对比················181

表 4.7 《现汉》第 7 版和试用本中"熊"类义场释义主要类义征
出具情况对比················182

表 4.8 《现汉》第 7 版中"牛"释义的主要类义征和参见系统的
照应关系················183

表 4.9 《现汉》第 7 版中"羊"释义的主要类义征和参见系统的
照应关系················183

表 4.10 《现汉》第 7 版和试用本出具次要类义征"候鸟"的释义汇总··185

表 4.11 两类"二分"思路的对比情况················188

表 4.12 冯海霞（2018）"类义征"和"个性义征"对比情况················189

表 4.13 "原生动物"义场个性义征计量情况················196

表 4.14 "海绵动物"义场个性义征计量情况················197

表 4.15 "腔肠动物"义场个性义征计量情况················198

表 4.16 "扁形动物"义场个性义征计量情况················199

表 4.17 "线形动物"义场个性义征计量情况················199

表 4.18 "环节动物"义场个性义征计量情况················200

表 4.19 "软体动物"义场个性义征计量情况················201

表 4.20 "节肢动物"义场个性义征计量情况················204

表 4.21 第 7 版中"单肢动物"义场个性义征特殊表述情况················205

表 4.22 "棘皮动物"义场个性义征计量情况················208

表 4.23 "鱼类"义场个性义征计量情况···209

表 4.24 "两栖动物"义场个性义征计量情况····································210

表 4.25 "爬行动物"义场个性义征计量情况····································212

表 4.26 "鸟类"义场个性义征计量情况···214

表 4.27 "鹳形目"义场的三组子义场的"身体""生活处所""食物"
出具情况···215

表 4.28 "哺乳动物"义场个性义征计量情况····································217

表 4.29 "原索动物"义场个性义征计量情况····································218

表 4.30 "古代灭绝动物"义场个性义征计量情况··························218

表 4.31 部分语文辞书中"狮子""吼声"相关释义的出具情况······221

表 4.32 《现汉》第 7 版和试用本中"硬骨鱼"义场身体（整体外形）
出具情况···222

表 4.33 部分语文辞书中"鳏""鲋"义位释义中"侧扁"类释义内容
出具情况···223

表 4.34 《现汉》第 7 版和试用本"原生动物"义场相关照应关系对比··224

表 4.35 《现汉》系列版本中"羚牛"又名理据出具情况·················227

表 4.36 第 7 版中百科动物名词释义主要类义征层级结构的层级数汇总228

表 4.37 第 7 版中百科动物名词释义的各义场释义模式··················230

表 5.1 语料库中词频的统计··247

表 5.2 两部词典义项数量差异···256

表 5.3 《现汉》释义使用的上位词统计表···260

表 6.1 颜色词定义合集··272

表 6.2 颜色词分类合集··274

表 6.3 "红"文化内涵表··280

表 6.4 "黄"文化内涵表··283

表 6.5 "绿"文化内涵表··285

表 6.6 "蓝"文化内涵表··287

表 6.7 "紫"文化内涵表··289

表 6.8 "黑"文化内涵表···290

表 6.9 "白"文化内涵表···294

表 6.10 "灰"文化内涵表··296

表 6.11 "褐"文化内涵表··297

表 6.12 《现汉》辨色词释义情况表···································301

表 6.13 《现汉》指色词释义情况表 1·······························302

表 6.14 《现汉》指色词释义情况表 2·······························302

表 6.15 《现汉》描色词释义情况表···································303

表 6.16 基本颜色词释义情况表 1··304

表 6.17 基本颜色词释义情况表 2··306

表 6.18 其他结构颜色词释义情况表···································306

表 6.19 《现汉》颜色词用例统计表···································307

表 6.20 《学汉语词典》辨色词释义情况表·······················310

表 6.21 《学汉语词典》指色词释义情况表 1·····················311

表 6.22 《学汉语词典》指色词释义情况表 2·····················312

表 6.23 《学汉语词典》描色词释义情况表·······················312

表 6.24 《学汉语词典》颜色词非基本义释义情况表···········313

表 6.25 《学汉语词典》颜色词用例情况表·······················314

表 6.26 《现汉》《学汉语词典》共有颜色词统计表···········315

表 6.27 颜色词中常用文化义义项补充·······························338

图 2.1 《现汉》中词目"克服"释义与配例之间的关系·············84

图 2.2 《学习词典》中词目"克服"释义与配例之间的关系·········85

图 2.3 《学汉语词典》中词目"克服"释义与配例之间的关系·······85

图 4.1 《理论词典学》(2015)中的相关分析示例·····················188

图 6.1 现代汉语颜色词分类图示···278

图 6.2 "红"的词义派生关系图··280

图 6.3 "黄"的词义派生关系图··283

图 6.4 "绿"的词义派生关系图··285

图 6.5 "蓝"的词义派生关系图·····················287

图 6.6 "紫"的词义派生关系图·····················288

图 6.7 "黑"的词义派生关系图·····················290

图 6.8 "白"的词义派生关系图·····················294

图 6.9 "灰"的词义派生关系图·····················296

图 6.10 "褐"的词义派生关系图····················296

主要参考文献

辞书类

程立、程建华:《英汉文化比较辞典》,长沙:湖南教育出版社,2000年。

《尔雅》,北京:中华书局,2016年。

符淮青、张万起:《现代汉语学习词典》,北京:商务印书馆,2010年。

郭大方:《现代汉语动词分类词典》,长春:吉林教育出版社,1994年。

李行健:《现代汉语规范词典》(第3版),北京:外语教学与研究出版社,2019年。

刘川平:《学汉语用例词典》,北京:北京语言大学出版社,2005年。

鲁健骥、吕文华:《商务馆学汉语词典》,北京:商务印书馆,2007年。

罗竹风:《汉语大词典》(1—12卷),上海:汉语大词典出版社,1986—1993年。

吕淑湘:《现代汉语八百词》,北京:商务印书馆,1980年。

梅膺祚:《字汇》,上海:上海辞书出版社,1991年。

商务印书馆辞书研究中心:《新华词典》(第4版),北京:商务印书馆,2013年。

邵敬敏主编:《汉语水平考试词典》,上海:华东师范大学出版社,2000年。

苏新春:《现代汉语分类词典》,北京:商务印书馆,2013年。

孙全洲:《现代汉语学习词典》,上海:上海外语出版社,1995年。

台湾教育部国语推行委员会编录:《重编国语辞典修订本》,2007年网络版。

王德春:《汉语国俗词典》,南京:河海大学出版社,2017年。

夏征农、陈至立主编:《辞海》(缩印本),上海:上海辞书出版社,2010年。

徐玉敏:《当代汉语学习词典》(初级本),北京:北京语言大学出版社,2005年。

许慎:《说文解字》,北京:中华书局,1963年。

张玉书、陈廷敬等:《康熙字典》,北京:中华书局,1958年。

张志毅:《当代汉语学习词典》,北京:商务印书馆,2020年。

中国大辞典编纂处:《国语辞典》,上海:商务印书馆,1947年。

中国社会科学院语言研究所:《新华字典》(第12版),北京:商务印书馆,2020年。

中国社会科学院语言研究所词典编辑室:《现代汉语词典》(试用本、第5、6、7版),北京:商务印书馆,1965年、2005年、2012年、2016年。

著作类

Leech, G. N. Semantics [M]. London: Penguin Books, 1983.

Lyons, J. Introduction to Theoretical Linguistics [M]. Cambridge: Cambridge University Press, 1977.

Palmer, F. R. Semantics [M]. Cambridge: Cambridge University Press, 1981.

Sapir, E. Selected Writings in Language, Culture and Personality [M]. Stanford: Stanford University Press, 1949.

Ullmann, S. Semantics: An Introduction to the Science of Meaning [M]. Oxford: Blackwell, 1962.

〔捷〕拉迪斯拉夫·兹古斯塔主编,林书武等译:《词典学概论》,北京:商务印书馆,1983年。

〔美〕罗曼·雅柯布森原著,钱军译注:《雅柯布森文集》,北京:商务印书馆,2012年。

〔美〕Sidney I. Landau著,章宜华、夏立新译:《词典编纂的艺术与技巧》(第二版),北京:商务印书馆,2005年。

〔新西兰〕凯特·科恩(Kate Kearns)著,陈丽萍译:《语义学》(第二版),成都:四川大学出版社,2015年。

〔英〕D. A. Cruse:《词汇语义学》,世界图书出版公司、剑桥大学出版社,2009年。

安华林:《现代汉语释义基元词研究》,北京:中国社会科学出版社,2005年。

曹炜:《现代汉语词汇研究》,北京:北京大学出版社,2004年。

常敬宇:《汉语词汇文化》,北京:北京大学出版社,2009年。

陈炳迢:《辞书编纂学概论》,上海:复旦大学出版社,1991年。

陈原:《辞书和信息》,上海:上海辞书出版社,1985年。

冯海霞:《语文词典语义类别释义的多维研究》,北京:中国社会科学出版社,

2018 年。

符淮青:《现代汉语词汇》,北京:北京大学出版社,1985 年。

符淮青:《词典学词汇学语义学文集》,北京:商务印书馆,2004 年。

符淮青:《词义的分析和描写》,北京:外语教学与研究出版社,2006 年。

葛本仪:《汉语词汇研究》,北京:外语教学与研究出版社,2006 年。

郭良夫:《词汇与词典》,北京:商务印书馆,1999 年。

韩敬体:《〈现代汉语词典〉编纂学术论文集》,北京:商务印书馆,2004 年。

何九盈:《中国现代语言学史》,广州:广东教育出版社,2005 年。

胡明扬等:《词典学概论》,北京:中国人民大学出版社,1982 年。

黄建华:《词典论》,上海:上海辞书出版社,2001 年。

黄建华、陈楚祥:《双语词典学导论》(修订本),北京:商务印书馆,2001 年。

黄红娟:《汉语词汇负面义研究》,北京:社会科学文献出版社,2014 年。

贾彦德:《汉语语义学》,北京:北京大学出版社,1999 年。

李葆嘉:《现代汉语析义元语言研究》,北京:世界图书出版社,2013 年。

李尔钢:《现代词典学导论》,上海:汉语大词典出版社,2002 年。

李尔钢:《词义与词典释义》,上海:上海辞书出版社,2009 年。

李红印:《现代汉语颜色词语义分析》,北京:商务印书馆,2007 年。

李开:《现代词典学教程》,南京:南京大学出版社,1990 年。

李行健:《词汇研究与辞书编纂》,北京:外语教学与研究出版社,2013 年。

李运富:《汉字汉语论稿》,北京:北京学苑出版社,2008 年。

刘庆隆:《辞书编纂工艺导论》,武汉:崇文书局,2008 年。

刘中富:《对比描写与统计分析——〈现代汉语词典〉专题研究》,济南:山东人民出版社,2006 年。

罗常培、胡双宝:《语言与文化》,北京:北京大学出版社,2009 年。

吕叔湘:《语文杂记》,北京:生活·读书·新知三联书店,2008 年。

宋文辉:《汉语辞书元语言研究》,上海:上海辞书出版社,2011 年。

苏宝荣:《词义研究与辞书释义》,北京:商务印书馆,2000 年。

苏宝荣:《词汇学与辞书学研究》,北京:商务印书馆,2008 年。

苏新春:《汉语词汇计量研究》,厦门:厦门大学出版社,2002 年。

苏新春:《汉语释义元语言研究》,上海:上海教育出版社,2005 年。

苏新春:《汉语词义学》,北京:外语教学与研究出版社,2008年。

孙良明:《词义和释义》,武汉:湖北教育出版社,1985年。

王艾录:《汉语相似造词语义类释》,山西:山西教育出版社,1999年。

王艾录:《现代汉语词名探源词典》,山西:山西人民出版社,2000年。

王艾录、司富珍:《语言理据研究》,北京:中国社会科学出版社,2002年。

王东海、王丽英:《汉语辞书理论史热点研究》,北京:商务印书馆,2013年。

王东海:《二十世纪以来汉语辞书论著指要》,北京:商务印书馆,2019年。

王力:《汉语词汇史》,山东:山东教育出版社,1990年。

王宁:《训诂学原理》,北京:中国国际广播出版社,1996年。

王宁:《汉字构形学导论》,北京:商务印书馆,2018年。

王寅:《认知语言学》,上海:上海外国语出版社,2007年。

徐烈炯:《语义学》,北京:语文出版社,1995年。

徐庆凯:《专科词典论》,上海:上海辞书出版社,2011年。

叶军:《现代汉语色彩词研究》,呼和浩特:内蒙古人民出版社,2001年。

吴福祥:《语法化与语义图》,上海:学林出版社,2017年。

伍谦光:《语义学导论》,长沙:湖南教育出版社,1988年。

杨金华:《语文词典比较研究初探》,上海:上海外语教育出版社,2012年。

杨树达:《高等国文法》,上海:上海古籍出版社,2013年。

雍和明等:《中国辞典史论》,北京:中华书局,2006年。

于屏方:《动作义位释义的框架模式研究》,北京:中国社会科学出版社,2007年。

于屏方、杜家利:《汉英学习词典对比研究》,北京:社会科学出版社,2010年。

于屏方:《外向型学习词典研究》,北京:商务印书馆,2016年。

俞樾等:《古书疑义举例五种》,北京:中华书局,1956年。

詹人凤:《现代汉语语义学》,北京:商务印书馆,1997年。

赵金铭、李晓琪:《对外汉语文化教学研究》,北京:商务印书馆,2006年。

张家骅、彭玉海、孙淑芳、李红儒:《俄罗斯当代语义学》,北京:商务印书馆,
2005年。

张金竹:《现代汉语反义复合词式的语义和认知研究》,北京:世界图书出版公司,
2015年。

张志毅、张庆云:《词和词典》,北京:中国广播电视出版社,1994年。

张志毅、张庆云:《词汇语义学》(第三版),北京:商务印书馆,2012年。

张志毅、张庆云:《理论词典学》,北京:商务印书馆,2015年。

张诒三:《词语搭配变化研究》,济南:齐鲁书社,2005年。

章宜华:《语义学与词典释义》,上海:上海辞书出版社,2002年。

章宜华、雍和明:《当代词典学》,北京:商务印书馆,2007年。

章宜华:《基于用户认知视角的对外汉语词典释义研究》,北京:商务印书馆,
　　2011年。

郑曼娟:《现代汉语习语性贬抑义构式研究》,北京:中国社会科学出版社,
　　2015年。

中国社会科学院语言研究所词典编辑室:《〈现代汉语词典〉五十年》,北京:商务
　　印书馆,2005年。

周大璞:《训诂学初稿》,武汉:武汉大学出版社,2002年。

周荐:《词汇学词典学研究》,北京:商务印书馆,2004年。

周荐、杨世铁:《汉语词汇研究百年史》,北京:外语教学与研究出版社,2006年。

朱翠萍:《现代汉语状态形容词语义研究》,北京:光明日报出版社,2011年。

朱志平:《汉语双音复合词属性研究》,北京:北京大学出版社,2005年。

期刊论文类

安华林、曲维光:《〈现代汉语词典〉释义性词语的统计与分级》,《语言文字应
　　用》,2004年第2期。

安华林:《质的标准和量的依据——谈语文词典的收词问题》,《辞书研究》,2008
　　年第6期。

安华林:《〈现代汉语词典〉第6版对第5版释文的修订》,《辞书研究》,2014年
　　第6期。

蔡永强:《外向型汉语学习词典的释义用词》,《辞书研究》,2018年第4期。

晁继周:《继承提高创新——谈第5版〈现代汉语词典〉》,《辞书研究》,2006年
　　第1期。

程荣:《汉语学习词典编纂特点的探讨》,《辞书研究》,2001第2期。

陈楚祥:《词典评价标准十题》,《辞书研究》,1994年第1期。

陈抗:《评〈现代汉语词典〉对异体字的处理》,《中国语文》,1994年第4期。

陈原:《辞书与语言规范化问题》,《辞书研究》,1999 年第 2 期。

杜翔:《〈现代汉语词典〉第 7 版的时代性——以时政类条目为例》,《中国语文》,
　　2016 年第 5 期。

杜翔:《新中国汉语规范化与〈现代汉语词典〉》,《辞书研究》,2020 年第 6 期。

杜翔:《时代性、准确性、系统性——论第 5 版〈现代汉语词典〉释义的修订》,
　　《辞书研究》,2006 年第 1 期。

董琨:《黎锦熙先生的辞书学理论与实践》,《辞书研究》,2011 年第 3 期。

冯海霞、卢东民:《语文词典中动物词条系统释义的考察及释义模式的优化》,《辞
　　书研究》,2011 年第 6 期。

冯海霞、张志毅:《〈现代汉语词典〉释义体系的创建与完善——读〈现代汉语词
　　典〉第 5 版》,《中国语文》,2006 年第 5 期。

符淮青:《词的释义方式》,《辞书研究》,1980 年第 2 期。

符淮青:《义项的性质与分合》,《辞书研究》,1981 年第 3 期。

符淮青:《词典释义的比较》,《辞书研究》,1990 年第 1 期。

符淮青:《词义单位的划分和义项》,《辞书研究》,1995 年第 1 期。

付娜:《外向型汉语学习词典配例中搭配信息的呈现原则及实现条件》,《辞书研
　　究》,2010 年第 5 期。

高慧宜:《一部易查易懂的对外汉语学习词典——〈商务馆学汉语词典〉评论》,
　　《辞书研究》,2009 年第 6 期。

郭佳兴、袁世旭:《论褒贬义词和褒贬陪义词》,《河北师范大学学报》,2019 年第
　　3 期。

郭佳兴、袁世旭:《Connotation 汉译术语刍议》,《中国科技语》,2019 年第 6 期。

郭佳兴、袁世旭:《褒贬陪义的语义层级性研究》,《渤海大学学报》,2019 年第
　　6 期。

郭佳兴:《现代汉语中褒贬陪义的存在形态和标记研究》,《中国语言文学研究》
　　(秋之卷),2019 年。

郭佳兴、郑振峰:《面向二语教学的汉语辞书陪义标注研究》,《辞书研究》,2020
　　年第 2 期。

郭良夫:《词项层次与义项层次》,《辞书研究》,1988 年第 5 期。

郭良夫:《词典学和词典编纂》,《语文建设》,1988 年第 5 期。

郭雪敏:《〈现代汉语词典〉第 6 版释义提示词修订的类型及特点》,《绥化学院院报》,2015 年第 6 期。

韩陈其:《词的借代义》,《徐州师范学院学报》,1981 年第 2 期。

韩陈其:《论比喻义和借代义的释义》,《语言文字应用》,2004 年第 3 期。

韩敬体:《论〈现代汉语词典〉释义的一般原则》,《辞书研究》,1993 年第 5 期。

韩敬体:《〈现代汉语词典〉修订概况》,《语言文字应用》,1997 年第 1 期。

金沛沛:《对外汉语学习词典研究 30 年》,《云南师范大学学报》,2015 年第 3 期。

鲁健骥、吕文华:《编写对外汉语单语学习词典的尝试与思考》,《世界汉语教学》,2006 年第 1 期。

江蓝生:《〈现代汉语词典〉与吕叔湘先生的辞书学思想》,《辞书研究》,2004 年第 6 期。

江蓝生:《〈现代汉语词典〉第 6 版概述》,《辞书研究》,2013 年第 2 期。

江蓝生:《语文辞书释义提示词的使用》,《中国语文》,2021 年第 4 期。

姜自霞:《〈现代汉语词典〉(第 5 版)单音语素释语打头字"指"的使用》,《辞书研究》,2009 年第 1 期。

李尔钢:《建立高质量的释义元语言》,《辞书研究》,2007 年第 1 期。

李尔钢:《形容词释义论》,《辞书研究》,2010 年第 4 期。

李海霞:《汉语辞书释义的发展》,《辞书研究》,2014 年第 5 期。

李红印:《对外汉语学习词典对语素、词的结合能力的说明》,《辞书研究》,1999 年第 5 期。

李红印:《颜色词的收词、释义和词性标注》,《语言文字应用》,2003 年第 2 期。

李红印:《汉语色彩范畴的表达方式》,《语言教学与研究》,2004 年第 6 期。

李红印:《构词与造句:汉语学习词典编纂的两个重心》,《语言文字应用》,2008 年第 2 期。

李宇明、庞洋:《关于辞书现代化的思考》,《语文研究》,2006 年第 3 期。

李智、李丽云:《试论专科名词在语文词典中的释义》,《辞书研究》,2010 年第 4 期。

李智初:《现代语文辞书释语的同场同模式原则》,《辞书研究》,2007 年第 3 期。

李智初:《对外汉语学习型词典释义的优化》,《辞书研究》,2012 年第 6 期。

李志江:《论〈现代汉语词典〉的百科条目》,《辞书研究》,1993 年第 5 期。

李志江、曹兰萍:《〈现汉〉科技条目的修订》,《辞书研究》,1997年第1期。

李志江:《第5版〈现代汉语词典〉科技条目的修订》,《辞书研究》,2006年第1期。

李仕春:《基于日常生活经验的语文辞书释义研究》,《鲁东大学学报》,2021年第5期。

兰宾汉:《词义派生与释义》,《辞书研究》,2003年第4期。

刘川平:《对外汉语学习词典用例的一般原则》,《辞书研究》,2006年第4期。

刘兰民:《〈现代汉语词典〉第6版释义提示词"泛指"使用情况考察》,《辞书研究》,2015年第6期。

刘庆隆:《语文词典的条目安排》,《辞书研究》,1983年第4期。

刘叔新:《词语的意义和释义》,《辞书研究》,1980年第4期。

刘叔新:《释义中的区别性特点问题》,《语言文字应用》,1994年第1期。

刘叶秋:《略谈汉语辞书的演进》,《辞书研究》,1985年第3期。

卢建:《试谈〈现代汉语词典〉修订本对比喻义的处理》,《首都师范大学学报》,1998年第2期。

沈小仙:《内向型汉语学习词典之楷模——简评〈现代汉语学习词典〉》,《辞书研究》,2013年第2期。

苏宝荣:《专科辞典的语言释义和概念释义》,《辞书研究》,1991年第4期。

苏宝荣:《辞书释义与词义研究》,《辞书研究》,1998年第2期。

苏宝荣、武建宇:《词的义系、义点、义位与语文词典的义项》,《辞书研究》,1999年第1期。

苏宝荣:《汉语语素组合关系与辞书释义》,《辞书研究》,1999年第4期。

苏宝荣:《词汇学研究对语文辞书编纂的两大贡献》,《辞书研究》,2010年第1期。

苏宝荣:《以理论研究引领〈现代汉语词典〉修订在规范化上取得新突破》,《辞书研究》,2013年第2期。

苏培成:《规范型辞书与规范标准》,《中国语文》,2000年第3期。

苏新春、赵翠阳:《比喻义的训释与比喻义的形成——〈现代汉语词典〉比喻义计量研究之一》,《杭州师范学院学报》,2001年第5期。

苏新春:《〈现代汉语词典〉对异形词的整理及对当前词汇规范的启示》,《语言文字应用》,2001年第3期。

苏新春:《元语言研究的三种理解及释义型元语言研究述评》,《江西师范大学学报》,2003 年第 6 期。

苏新春:《汉语释义元语言的功能特征与风格特征》,《辞书研究》,2004 年第 5 期。

苏新春:《汉语释义元语言的结构、词义、数量特征》,《辞书研究》,2005 年第 3 期。

苏新春:《〈现代汉语词典〉第五版的改进及对进一步完善的期盼——兼谈"现汉学"的建立》,《深圳大学学报》(人文社会科学版),2007 年第 5 期。

孙德宣:《论释义的科学性》,《辞书研究》,1981 年第 3 期。

孙全洲:《〈现代汉语学习词典〉编纂中的探索》,《辞书研究》,1986 年第 3 期。

谭景春:《词的意义、结构的意义与词典释义》,《中国语文》,2000 年第 1 期。

谭景春:《关于由名词转变成的形容词的释义问题》,《辞书研究》,2001 年第 1 期。

谭景春:《谈谈词典释义的三条基本原则——以〈现代汉语词典〉第 6 版释义修订为例》,《辞书研究》,2015 年第 2 期。

谭学纯、肖莉:《比喻义释义模式及其认知理据——兼谈词义教学和词典编纂中的比喻义处理》,《语言教学与研究》,2008 年第 1 期。

万艺玲:《三部词书的动词释义粗析》,《语言教学与研究》,1998 年第 1 期。

万艺玲:《汉语切割类动词词化模式分析》,《语文研究》,2018 年第 1 期。

汪耀楠:《词典释义的两个层次》,《辞书研究》,1991 年第 1 期。

王楠:《用语不同,作用有别——谈〈现代汉语词典〉释义中的"也作""也叫""也说"》,《语文研究》,2004 年第 1 期。

王东海、王丽英:《开放式辞书编纂与共享模式初探》,《语言文字应用》,2008 年第 4 期。

王东海、张晖、张志毅:《辞书强国梦正圆——谈新辞书规划的推进措施》,《中国编辑》,2014 年第 5 期。

王力:《字典问题杂谈》,《辞书研究》,1983 年第 2 期。

王立军:《谈词义在汉字构形中的转化方式》,《语文研究》,2012 年第 2 期。

王宁:《辞书与辞书学散论》,《辞书研究》,1992 年第 4 期。

王宁:《单语词典释义的性质与训诂释义方式的继承》,《中国语文》,2002 年第 4 期。

王宁:《论辞书的原创性及其认定原则——兼论〈现代汉语词典〉》,《辞书研究》,

2008 年第 1 期。

翁晓玲:《汉语学习词典元语言的修辞准则——兼论〈商务馆学汉语词典〉的释义
元语言问题》,《当代修辞学》,2014 年第 5 期。

吴为章:《近十年现代汉语动词研究特点概述》,《汉语学习》,1994 年第 2 期。

徐昳:《"词的比喻义"缘何受青睐》,《辞书研究》,1998 年第 4 期。

徐昳:《"词的比喻义"辨正——兼与〈新华字典〉修订者商榷》,《辞书研究》,
2003 年第 1 期。

徐志刚:《形容词释义中的"比喻"》,《辞书研究》,2006 年第 6 期。

苟经纬、袁世旭:《基于系统性的〈现代汉语词典〉动物词条释义修订研究》,《辞
书研究》,2021 年第 6 期。

解海江、张志毅:《谈〈现汉〉对义位褒贬陪义的标注》,《辞书研究》,2003 年第
6 期。

解海江:《汉语基本颜色词比较研究》,《鲁东大学学报》,2008 年第 1 期。

解海江:《汉语基本颜色词普方古比较研究》,《语言研究》,2008 年第 3 期。

杨金华:《突出"对外"特性的释义和用法说明——析〈商务馆学汉语词典〉的释
词》,《辞书研究》,2009 年第 6 期。

姚小平:《基本颜色调理论述评——兼论汉语基本颜色词的演变史》,《外语教学与
研究》,1988 年第 1 期。

叶军:《谈色彩词词典的收词和释义》,《辞书研究》,2003 年第 3 期。

应雨田:《比喻义及其释义》,《辞书研究》,1992 年第 4 期。

于屏方:《动词义位中内化的概念角色在词典释义中的体现》,《辞书研究》,2005
年第 3 期。

于屏方、杜家利:《汉英动物义位陪义的对比研究》,《语文学刊》(外文版),2006
年第 2 期。

于屏方、杜家利:《汉英动物义位组合关系的对比研究》,《语文学刊》(外文版),
2006 年第 12 期。

于屏方、杜家利:《近三十年来国外词典对比研究的现状与特点——以〈国际词典
学〉为例》,《辞书研究》,2016 年第 1 期。

于石:《关于释义中置前的提示词》,《辞书研究》,1996 年第 2 期。

尉晋焕、安华林:《外向型汉语学习词典编纂与研究综述》,《广东海洋大学学报》,

2014 年第 5 期。

袁世旭、张志毅:《新词语的义域变化》,《辞书研究》,2011 年第 5 期。

袁世旭、张志毅:《义位组合的体点规则研究》,《汉语学习》,2014 年第 3 期。

袁世旭、郑振峰:《汉语义位组合和中学语文教学》,《河北师范大学学报》,2017 年第 3 期。

袁世旭、郑振峰:《义位组合的逆化研究》,《词汇学理论与应用》(九),北京:商务印书馆,2018 年。

袁世旭、郑振峰、苏宝荣:《汉语辞书理论史研究展望》,《古汉语研究》,2021 年第 3 期。

袁世旭、许蒙蒙、郑振峰:《〈现代汉语词典〉释义提示词研究》,《语文研究》,2021 年第 4 期。

张博:《〈现代汉语词典〉第 6 版释义修订的类型及特征》,《辞书研究》,2013 年第 2 期。

张履祥:《试论语文词典中的比喻义》,《辞书研究》,1982 年第 3 期。

张培成:《关于汉语比喻词的几个问题》,《汉语学习》,2000 年第 4 期。

张清常:《汉语的颜色词(大纲)》,《语言教学与研究》,1991 年第 3 期。

张志毅:《〈现代汉语词典〉释义的语文性》,《辞书研究》,1981 年第 3 期。

张志毅、张庆云:《〈现代汉语词典〉的性质及缺欠》,《鲁东大学学报》,1984 年第 1 期。

张志毅:《理念演绎辞书》,《辞书研究》,2007 年第 5 期。

章宜华:《学习词典释义结构与释义方法初探——英、法、汉语学习词典的对比研究》,《上海外国语大学学报》,1999 年第 3 期。

章宜华:《多义性形成的认知机制与词典义项的处理——兼谈多义词的语义理据及词典义项的解读》,《广东外贸大学学报》,2005 年第 3 期。

章宜华:《对外汉语词典多维释义的概念结构探讨——对外汉语词典与〈现代汉语词典〉的对比研究》,《学术研究》,2008 年第 5 期。

章宜华:《内向型普通词典与外向型学习词典的对比研究》,《广东外语外贸大学学报》,2010 年第 4 期。

章宜华:《汉语学习词典与普通汉语词典的对比研究》,《学术研究》,2010 年第 9 期。

章宜华:《对外汉语学习词典释义问题探讨——国内外二语学习词典的对比研究》,

《世界汉语教学》，2011 年第 1 期。

赵新、刘若云：《关于外向型汉语词典释义问题的思考》，《语言教学与研究》，2009 年第 1 期。

郑定欧：《对外汉语学习词典学刍议》，《世界汉语教学》，2004 年第 4 期。

郑述谱：《类义体系比较》，《辞书研究》，1992 年第 3 期。

郑振峰、袁世旭：《义位组合的对立异化研究》，《语文研究》，2015 年第 4 期。

周洪波：《修辞现象词汇化——新词语产生的重要途径》，《语言文字应用》，1994 年第 1 期。

周荐：《比喻词语和词语的比喻义》，《语言教学与研究》，1993 年第 4 期。

周上之：《对外汉语的词典与词法》，《汉语学习》，2005 年第 6 期。

周小兵：《对外汉语学习词典的编写》，《辞书研究》，1997 年第 1 期。

周钟灵：《略论〈现代汉语词典〉的释义》，《辞书研究》，1980 年第 1 期。

朱斌：《〈现代汉语词典〉的"特指"释义法》，《辞书研究》，2011 年第 4 期。

邹连：《现代汉语词汇褒贬陪义的构成及古今比较》，《中国科教创新导刊》，2013 年第 10 期。

附录 《现汉》第7版和试用本
类义征选取情况对比表

	词目	第7版 类义征	第7版 层级	试用本类义征	试用本 层级
0	原生动物	最原始最简单的动物		最原始最简单的动物	
		（大都是）单细胞动物		（大都是）单细胞动物	
1	草履虫	原生动物	2	原生动物	2
2	滴虫	原生动物	2	原生动物	2
-1	利什曼原虫	无词条		原生动物	2
-2	夜光虫	无词条		原生动物	2
-3	鞭毛虫	无词条		（有一根或几根鞭毛做运动器官的）原生生物	2
-4	纤毛虫	无词条		原生动物（的一纲）	2
-5	放射虫	无词条		原生动物	2
-6	疟原虫	无词条		单细胞动物	（2）无单细胞动物
-7	眼虫	无词条		（生活在静水中的）单细胞生物	2有单细胞生物
-8	变形虫	无词条		单细胞动物	（2）无单细胞动物
-9	有孔虫	无词条		单细胞动物	（2）无单细胞动物

续表

	词目	第 7 版类义征	第 7 版层级	试用本类义征	试用本层级

注：第 7 版和试用本都未将"单细胞动物"和"多细胞动物"出条，但这些名词不同于"低等多细胞动物"的临时结构，是动物学术语，如《动物学》（2014）："原生动物……身体由单个细胞构成，故又称单细胞动物。"因此，为方便操作，在计量时将其归入特殊的 2 层结构。

	词目	第 7 版类义征	第 7 版层级	试用本类义征	试用本层级
0	海绵动物	无词条		无词条	
1	海绵	（低等）多细胞动物	（2）无多细胞动物	（低等）多细胞动物	（2）无多细胞动物
0	腔肠动物	无脊椎动物（的一门）		无脊椎动物（的一门）	
1	珊瑚虫	腔肠动物	3	腔肠动物	3
2	水螅	腔肠动物	3	腔肠动物	3
3	水母	腔肠动物	3	腔肠动物	3
4	海蜇	腔肠动物	3	腔肠动物	3
-1	海月水母	无词条		腔肠动物	3
-2	海葵	无词条		腔肠动物	3
-3	海鳃	无词条		腔肠动物	3
0	扁形动物	无脊椎动物（的一门）		无脊椎动物（的一门）	
1	绦虫	扁形动物	3	扁形动物	3
2	血吸虫	寄生虫	2	寄生虫	2
-1	涡虫	无词条		扁形动物	3
-2	麦片虫	无词条		寄生虫	2
-3	肺吸虫	无词条		寄生虫	2
-4	肝吸虫	无词条		寄生虫	2
-1	囊虫	无词条		绦虫的幼虫	

续表

	词目	第7版类义征	第7版层级	试用本类义征	试用本层级
注：1. 第7版和试用本对"寄生虫"的类义征是"动物"，因此选用寄生虫作为底层词条类义征的层级是2层。下表"类人猿"等同理。2."幼虫""成虫""若虫""幼体"类源于人们对动物的形态认知，并非动物学分类阶元，尤其在幼体和成体之间有变态关系的昆虫类、爬行动物类词条中，使用较为活跃，如对于蚕蛾而言，为人熟知的是其幼虫蚕的形态，因而"蚕蛾"的类义征选取为"蚕的成虫"，与之对应的则是"蛆"的类义征为"苍蝇的幼虫"。而在很多昆虫类词条中，采用了"成虫"+"幼虫"依次描写的模式，可见，辞书中同一种动物的幼虫和成虫描写方式受语言系统、选词立目和义项分合的影响，而所指称动物在分类学上多属同一物种。因此，本章将"幼虫"类视为一种特殊类义征，于表格中列出，但不构建层级系统。"蝎""蝌蚪""水蚤""毛虫"等因为指称的是多物种的幼体形态，暂不予列出。						
0	线形动物	无脊椎动物的一门	2	无脊椎动物的一门	2
1	蛔虫	寄生虫	2	寄生虫	2
2	钩虫	寄生虫	2	寄生虫	2
3	蛲虫	寄生虫	2	寄生虫	2
-1	小麦线虫	无词条		圆形动物	3
-2	旋毛虫	无词条		圆形动物	3
注：试用本【线形动物】："无脊椎动物的一门……也叫圆形动物。"					
0	环节动物	动物的一门		动物的一门	
1	蚯蚓	环节动物	2	环节动物	2
		（对农业有益）		（是农业的）益虫	
/2	蛭	环节动物（的一大类）	2	［＝水蛭］	
2	水蛭	环节动物	2	环节动物［蛭］	2
-1	星虫	无词条		环节动物	2
注：试用本中词条"蛭"的指称对象等同于第7版中的"水蛭"。"［ ］"表示词条变动的相关信息。					
0	软体动物	无脊椎动物（的一门）		无脊椎动物（的一门）	

	词目	第 7 版类义征	第 7 版层级	试用本类义征	试用本层级
0.1	头足类	软体动物（的一类）	3	无词条	
1	枪乌贼	软体动物	3	软体动物［柔鱼］	3
2	乌贼	软体动物	3	软体动物	3
3	章鱼	软体动物	3	软体动物	3
4	鹦鹉螺	软体动物	3	软体动物	3

注：只见于试用本的"枪乌贼"和只见于第 7 版的"柔鱼"指称物相同。

	词目	第 7 版类义征	第 7 版层级	试用本类义征	试用本层级
0.21	双壳类	软体动物（的一类）	3	无词条	
0.22	瓣鳃类	无词条	3	软体动物（的一类）	3
1	蚌	软体动物	3	软体动物	3
2	蚶子	软体动物	3	软体动物	3
3	鲍	软体动物	3	软体动物［鲍鱼］	3
4	扇贝	软体动物	3	软体动物	3
5	江珧	软体动物	3	软体动物	3
6	贻贝	软体动物	3	软体动物	3
7	牡蛎	软体动物	3	软体动物	3
8	蛏子	软体动物	3	软体动物	3
9	文蛤	软体动物	3	软体动物	3
10	蛤蜊	软体动物	3	软体动物	3
11	砗磲	软体动物	3	软体动物	3
12	蚬	软体动物	3	软体动物	3
0.3	腹足类	软体动物（的一类）	3	软体动物（的一类）	3
1	螺	软体动物		软体动物	
2	田螺	软体动物	3	软体动物	3
3	钉螺	螺（的一种）	4	螺（的一种）	4

续表

	词目	第 7 版类义征	第 7 版层级	试用本类义征	试用本层级
		（是传染血吸虫病的）媒介		（是传染血吸虫病的）媒介	
4	法螺	软体动物	3	软体动物（的一属）	3
5	蜗牛	软体动物	3	软体动物	3
6	蛞蝓	软体动物	3	软体动物	3
-1	天狗螺	无词条		软体动物	3
-2	扁卷螺	无词条		腹足类（的一科）	4
-3	钟螺	无词条		螺（的一种）	4
0	节肢动物	无脊椎动物中最大的一类		无脊椎动物的一门	
0.1	螯肢动物	无脊椎动物的一门	2	无词条	
1	鲎	节肢动物	3	节肢动物	3
2	蜘蛛	节肢动物		节肢动物	
3	蟏蛸	蜘蛛（的一种）	4	蜘蛛（的一种）	4
4	蝎子	节肢动物	3	节肢动物	3
5	蜱	节肢动物	3	节肢动物	3
6	螨	节肢动物	3	节肢动物	3
7	鲎	节肢动物	3	节肢动物（的一属）	3
8	疥螨	寄生虫	2	寄生虫［疥虫］	2
/1	蟪蟥	（一种生活在地下洞穴中的）蜘蛛	4	无词条	
-1	麦蜘蛛	无词条		节肢动物	3
-2	棉红蜘蛛	无词条		节肢动物	3
-3	蝇虎	无词条		蜘蛛的一种	4
-4	恙虫	无词条		节肢动物	3

续表

	词目	第7版类义征	第7版层级	试用本类义征	试用本层级
-5	壁钱	无词条		蜘蛛的一种	4

注：第7版中，"蟑螂"虽然类义征的表述位置有别于一般百科动物名词释义，但本书依据《中国大百科全书》第三版的"蟑螂科"词条，仍将其算为百科动物名词。

	词目	第7版类义征	第7版层级	试用本类义征	试用本层级
0	单肢动物	无脊椎动物的一门	2	无词条	2
0.1	直翅目	无词条		昆虫（的一目）	4
0.2	鳞翅目	无词条		昆虫（的一目）	4
0.3	膜翅目	无词条		昆虫（的一目）	4
0.4	鞘翅目	无词条		昆虫（的一目）	4
0.5	多足类	无词条		节肢动物（的一纲）	3
1	蚰蜒	节肢动物	3	节肢动物	3
2	马陆	节肢动物	3	节肢动物	3
3	蜈蚣	节肢动物	3	节肢动物	3
0.6	昆虫	节肢动物（的一纲）		节肢动物（的一纲）	
1	衣鱼	昆虫	4	昆虫	4
2	蜉蝣	昆虫	4	昆虫	4
3	蜻蜓	昆虫	4	昆虫	4
		是益虫		（是）益虫	
4	螽斯	昆虫	4	昆虫	4
		（有的也吃植物，是）农林害虫		（有的种类也吃植物，是）害虫	
5	蝈蝈儿	昆虫	4	昆虫	4
6	蟋蟀	昆虫	4	昆虫	4
7	油葫芦	昆虫	4	昆虫	4
8	蝼蛄	昆虫	4	昆虫	4

续表

	词目	第7版类义征	第7版层级	试用本类义征	试用本层级
9	蝗虫	昆虫		昆虫	
		（是）农业害虫		（是农业上主要的）害虫	
10	飞蝗	（能远距离飞行的）蝗虫	5	蝗虫（的一种）	5
11	蚱蜢	昆虫	4	昆虫	4
				（吃稻叶等，是）害虫	
12	竹节虫	昆虫	4	昆虫	4
13	蟑螂	昆虫	4	昆虫	4
		是害虫		（是）一种害虫	
14	地鳖	昆虫	4	昆虫	4
15	螳螂	昆虫	4	昆虫	4
16	白蚁	昆虫	4	昆虫	4
17	蝼蛄	昆虫	5	昆虫	4
18	虱子	昆虫	4	昆虫	
19	椿象	昆虫	4	昆虫（一科）	4
		（多数是）害虫		（是禾本科植物和十字花科植物的主要）害虫	
20	蚜虫	昆虫	4	昆虫	
		（是）农业害虫		（是）农业害虫	
21	蝉	昆虫		昆虫	
22	寒蝉	❷蝉（的一种）	5	蝉（的一种）	5
23	蟪蛄	蝉（的一种）	5	蝉（的一种）	5
24	臭虫	昆虫	4	昆虫	4
25	白蜡虫	昆虫	4	昆虫	4
26	天牛	昆虫	4	昆虫	4
27	瓢虫	昆虫	4	昆虫	4

续表

	词目	第 7 版类义征	第 7 版层级	试用本类义征	试用本层级
		（多数吃蚜虫、介壳虫等害虫，对农业、林业有益）		（除少数是害虫外，多数种类吃蚜虫，是）农业的益虫	
28	斑蝥	昆虫	4	昆虫	4
29	金龟子	昆虫	4	昆虫	4
		（是）农业害虫		（是）农业害虫	
30	蜣螂	昆虫	4	昆虫	4
31	萤	昆虫	4	昆虫	4
32	米象	昆虫	4	昆虫	4
		（成虫和幼虫吃稻、麦等粮食，是仓库中的）害虫		（成虫和幼虫吃稻、麦等粮食，是仓库中的）害虫	
33	蛾子	昆虫	4	昆虫	
		（其中很多种是）农业害虫		（其中很多种是）农业害虫	
34	螟虫	昆虫	4	昆虫	
				（是我国南方的主要）害虫（之一）	
35	黏虫	昆虫	4	昆虫	4
		（是稻、麦、高粱、玉米等的主要）害虫		（是稻、麦、高粱、玉米等的主要）害虫	
36	桑蚕	昆虫	4	昆虫［家蚕］	4
37	柞蚕	昆虫	4	昆虫	4
38	蝴蝶	昆虫	4	昆虫	

	词目	第7版类义征	第7版层级	试用本类义征	试用本层级
		（有的幼虫吃农作物，是）害虫，（有的幼虫吃蚜虫，是）益虫		（有的幼虫吃农作物，对人类有害，有的幼虫吃蚜虫，对人类有益）	
39	粉蝶	蝴蝶（的一种）	5	蝴蝶（的一种）	5
		（幼虫吃白菜、油菜、萝卜等蔬菜的叶，）是农业害虫		（白色粉蝶的幼虫吃白菜、油菜、萝卜等十字花科蔬菜的叶，）是农业害虫	
40	蛱蝶	蝴蝶（的一类）	5	蝴蝶（的一类）	5
41	跳蚤	昆虫	4	昆虫	4
		（是传播鼠疫、斑疹伤寒的）媒介		（是传播鼠疫、斑疹伤寒的）媒介	
42	蚊子	昆虫	4	昆虫	
43	蚋	昆虫	4	昆虫	4
		（吸食人畜的血液）		（吸食人畜的血液）	
44	蠓	昆虫	4	昆虫（的一科）	4
45	虻	昆虫		昆虫（的一科）	
46	牛虻	虻（的一种）	5	虻（的一种）	5
47	白蛉	昆虫	4	昆虫	4
48	苍蝇	昆虫	4	昆虫	
49	蜂	昆虫	4	昆虫	4
50	胡蜂	昆虫	4	昆虫	4
51	蜜蜂	昆虫	4	昆虫	4
52	蚁	昆虫	4	昆虫（的一科）	4
53	蚂蚁	昆虫	4	昆虫	4

续表

	词目	第 7 版类义征	第 7 版层级	试用本类义征	试用本层级
/1	石蛦	昆虫	4	无词条	
/2	蝙	昆虫	4	无词条	
/3	蚱蝉	（身体最大的一种）蝉	5	无词条	
-1	土蝗	无词条		蝗虫（的一种）	5
-2	尖头蝗	无词条		蝗虫（的一类）	5
-3	土蝗	无词条		蝗虫（的一种）	5
-4	尖头蝗	无词条		蝗虫（的一类）	5
-5	头虱	无词条		虱子（的一种）	5
-6	体虱	无词条		虱子（的一种）	5
-7	阴虱	无词条		虱子（的一种）	5
-8	鸡虱	无词条		昆虫	4
-9	龙虱	无词条		昆虫	4
-10	盲蝽象	无词条		昆虫	4
-11	高粱蚜	无词条		（幼虫……是）农业害虫	
				蚜虫（的一种）	5
				（是高粱的主要）害虫（之一）	
-12	麦蚜	无词条		昆虫	4
				（是麦类作物的）害虫	
-13	棉蚜	无词条		昆虫	4
-14	烟蚜	无词条		蚜虫（的一种）	5
-15	菜蚜	无词条		蚜虫（的一类）	5
-16	大螟	无词条		螟虫（的一种）	5
				（是一种）害虫	

续表

	词目	第 7 版类义征	第 7 版层级	试用本类义征	试用本层级
-17	狗豆子	无词条		（寄生在狗身上的一种）壁虱	5
-18	玉米螟	无词条		螟虫（的一种）	5
				（是）农业害虫	
-19	二化螟	无词条		螟虫（的一种）	5
				（是水稻的主要）害虫（之一）	
-20	三化螟	无词条		螟虫（的一种）	5
				（是一种）害虫	
-21	狗蚤	无词条		（寄生在狗身上的）跳蚤	5
				（有的是传播流行性乙型脑炎的）媒介	
-22	伊蚊	无词条		蚊子（的一种）	5
-23	库蚊	无词条		蚊子（的一类）	5
				（是传播血丝虫病和流行性乙型脑炎的）媒介	
-24	按蚊	无词条		蚊子（的一属）	5
				（有些种类是传播疟疾的）媒介	
-25	家蝇	无词条		苍蝇（的一种）	5
-26	绿豆蝇	无词条		苍蝇（的一种）	5
-27	红头蝇	无词条		苍蝇（的一种）	5
-28	麻蝇	无词条		苍蝇（的一种）	5
-29	马蝇	无词条		昆虫	4
-30	狗蝇	无词条		昆虫	4

续表

	词目	第 7 版类义征	第 7 版层级	试用本类义征	试用本层级
-31	舌蝇	无词条		昆虫	4
-32	蛀蛀蝇	无词条		昆虫	4
-33	牛蝇	无词条		昆虫	4
-34	卷叶蛾	无词条		昆虫	4
-35	枯叶蛾	无词条		蛾子（的一种）	5
-36	麦蛾	无词条		昆虫	4
-37	烟夜蛾	无词条		昆虫	4
-38	夜蛾	无词条		昆虫（的一科）	4
-39	毒蛾	无词条		昆虫（的一科）	4
-40	衣蛾	无词条		昆虫	4
-41	尺蠖蛾	无词条		昆虫（的一科）（是果树和森林的主要）害虫（之一）	4
-42	野蚕	无义项		❷昆虫	4
-43	蓖麻蚕	无词条		昆虫	4
-44	樟蚕	无词条		昆虫	4
-45	天蚕蛾	无词条		昆虫	4
-46	天蛾	无词条		昆虫	4
-47	木叶蝶	无词条		蛱蝶（的一种）	6
-48	凤蝶	无词条		蝴蝶（的一种）	5
-49	紫胶虫	无词条		昆虫	4
-50	寄生蜂	无词条		昆虫	4
-51	土蜂	无词条		蜂（的一类）	5
-52	树蜂	无词条		昆虫	4
-53	细腰蜂	无词条		（是松树的）害虫昆虫	5

	词目	第7版类义征	第7版层级	试用本类义征	试用本层级
-54	叶蜂	无词条		昆虫（的一科）	5
-55	熊蜂	无词条		昆虫（的一科）	5
				（是）益虫	
-55	象鼻虫	无词条		昆虫	4
				（幼虫……是）农业害虫	
-56	地老虎	无词条		昆虫	4
-57	蓟马	无词条		昆虫	4
-58	纺织娘	无词条		昆虫	4
-59	红铃虫	无词条		昆虫	4
				（是棉花的主要）害虫（之一）	
-60	棉铃虫	无词条		昆虫	4
-61	金刚钻	无词条		昆虫	4
				（幼虫……是）农业害虫	
-62	金铃子	无词条		昆虫	4
-63	金钟儿	无词条		昆虫	4
-64	磕头虫	无词条		昆虫	4
				（幼虫黄褐色，叫金针虫，生活在土壤里，吃作物的根茎，是）农业害虫	
-65	灶马	无词条		昆虫	4
-66	田鳖	无词条		昆虫	4
-67	松毛虫	无词条		昆虫	4
-68	桑象虫	无词条		昆虫	4
				（幼虫黄白色，头淡褐色，是桑树上的）害虫	

续表

	词目	第7版类义征	第7版层级	试用本类义征	试用本层级
-69	食心虫	无词条		昆虫	4
				（幼虫钻入果实或豆荚内吃果实多豆粒，是果树或豆类作物的）害虫	
-70	田鳖	无词条		昆虫	4
-71	跳虫	无词条		昆虫	4
-72	豆象	无词条		昆虫	
-73	豌豆象	无词条		昆虫	4
				（是豌豆的）害虫	
-74	蚕豆象	无词条		豆象（的一种）	5
				（是蚕豆的）害虫	
-75	吸浆虫	无词条		昆虫	4
				（幼虫扁卵形，颜色和成虫相同，吸麦粒中的汁，麦收前即钻入土中。是）农业害虫	
-76	星毛虫	无词条		昆虫	4
-77	标本虫	无词条		昆虫	4
-78	步行虫	无词条		昆虫	4
				（有些种类的幼虫吃禾本科植物的根，是）害虫，（有些种类吃黏虫、蝗虫等，是）益虫	
-79	草蜻蛉	无词条		昆虫·	4
-80	茶毛虫	无词条		昆虫	4
				（幼虫褐色，身上有白毛，吃茶树的叶子，是茶树的主要）害虫	
-81	稻苞虫	无词条		昆虫	4

	词目	第7版类义征	第7版层级	试用本类义征	试用本层级
				（幼虫全身绿色，形状有点像纺锤，茧白色。是水稻的）害虫	
-82	恙虫	无词条		节肢动物	3
-83	猿叶虫	无词条		昆虫	4
				（成虫和幼虫都吃蔬菜，是）农业害虫	
1	孑孓	蚊子的幼虫		蚊子的幼虫	
2	蛆	苍蝇的幼虫		苍蝇的幼虫	
3	蚕蛾	蚕的成虫		蚕的成虫	
4	蝗蝻	蝗虫的若虫		蝗虫的若虫	
5	尺蠖	一种昆虫（尺蠖蛾）的幼虫		尺蠖蛾的幼虫	
6	蛴螬	金龟子的幼虫		金龟子的幼虫	
		是害虫		是害虫	
-1	螟蛾	无词条		螟虫的成虫	
-2	金针虫	无词条		叩头虫的幼虫	
0	甲壳动物	无脊椎动物的一门		节肢动物的一类	
1	虾	节肢动物		节肢动物	
2	对虾	节肢动物	3	节肢动物	3
		（是我国的）特产（之一）		（是我国的）特产（之一）	
3	龙虾	节肢动物	3	节肢动物	3
4	毛虾	虾（的一类）	4	虾（的一类）	4
5	蝲蛄	甲壳动物	4	甲壳（类）动物（的一属）	4
6	蟛蜞	螃蟹（的一种）	4	螃蟹（的一种）	4

续表

	词目	第 7 版类义征	第 7 版层级	试用本类义征	试用本层级
7	螃蟹	节肢动物		节肢动物	
8	梭子蟹	海蟹（的一类）	5	海蟹（的一类）	5
9	鲎虫	节肢动物	3	节肢动物	3
10	水蚤	节肢动物	3	节肢动物	3
		（是金鱼等的）饲料或食饵		（是金鱼的好）饲料	
11	龟足	甲壳（类）动物	4	甲壳（类）动物	4
12	蛴	节肢动物	3	节肢动物	3
-1	青虾	无词条		虾（的一种）	4
-2	寄居蟹	无词条		节肢动物	3
-3	河蟹	无词条		螃蟹（的一种）	
-4	（海蟹）	无词条		螃蟹（的一类）	4
-5	水虱	无词条		节肢动物	3

注：依据释义，试用本中"河蟹"似乎指"中华绒螯蟹"，而"海蟹"则指生活在海中的"螃蟹"，前者是种属成员，后者则是类似于"非脊椎动物"的一般术语词，因而表中对海蟹标注括号以示区别。此外，【海蟹】条在修订过程中被删除，为便于操作，此处参考试用本中"海蟹"的类义征"螃蟹的一类"来构建相关层级系统，如【梭子蟹】类义征层级系统是 5 层结构："海蟹的一种""螃蟹的一类""节肢动物""无脊椎动物""动物"。

0	棘皮动物	无脊椎动物的一门		无脊椎动物的一门	
1	海星	棘皮动物		棘皮动物	3
2	海参	棘皮动物	3	棘皮动物	3
		（有的是珍贵的）食品		（是珍贵的）食品	
3	海燕②	海星（中的一小类）	4	棘皮动物	3
-1	刺参	无词条		海参的一种	4

续表

	词目	第 7 版类义征	第 7 版层级	试用本类义征	试用本层级
				是珍贵的食品	
-2	海胆	无词条		棘皮动物	3
-3	海百合	无词条		棘皮动物	3
0	脊索动物	动物（的一个门）		动物（的一个门）	
0	原索动物	脊索动物（的一个类群）	2	脊索动物（的一个亚门）	
1	文昌鱼	脊索动物	2	脊索动物	2
-1	海鞘	无词条		原索动物	2
无脊椎动物其他类					
1	蚴	无脊椎动物（的一大类）	2	无脊椎动物（的一属）	2
2	蠕形动物	（旧指）无脊椎动物（的一大类）	2	（指）无脊椎动物（的一大类）	2
0	脊椎动物	（有脊椎骨的）动物		（有脊椎骨的）动物	
		（是）脊索动物（的一个亚门）		（属于）脊索动物（的一个亚门）	
0	鱼	脊椎动物（的一大类）		（生活在水中的）脊椎动物	
0.1	软骨鱼	鱼（的一大类）	3	鱼（的一类）	3
1	鲨鱼	鱼	3	鱼	3
2	鳐	鱼	3	鱼（类的一科）	3
3	鳍	鱼	3	鱼（类的一科）	3
4	蝠鲼	鱼	3	鱼（类的一属）	3

续表

	词目	第7版类义征	第7版层级	试用本类义征	试用本层级
5	魟	鱼	3	鱼（类的一属）	3
/1	鲸鲨	鱼	3	无词条	
0.2	硬骨鱼	鱼（的一大类）		鱼（的一类）	
1	鲟	鲟鱼	3	鲟鱼	3
2	鳇	鱼	3	鱼（类的一属）	3
3	鳗鲡	鱼	3	鱼	3
4	鲱	鱼	3	鱼	3
		（是重要的）经济鱼类		（是重要的）经济鱼类	
5	沙丁鱼	鱼	3	鱼	3
		（是重要的）经济鱼类（之一）			
6	鲥	鲥鱼	3	鲥鱼	3
		是名贵的食用鱼		是名贵的食用鱼	
7	鳓	鱼	3	鱼	3
8	鲚	鱼	3	鲚鱼	3
		（是重要的）食用鱼类		（是一种重要的）食用鱼类	
9	鳀	鱼	3	鱼	3
10	凤鲚	鲚的一种	4	鱼［鲚］	3
11	鳢	鱼	3	鱼	3
12	青鱼	鱼	3	无类义征	
		（是我国重要的）淡水鱼		（生活在淡水中，是我国重要的）食用鱼类（之一）	
13	草鱼	鱼	3	无类义征	

	词目	第7版类义征	第7版层级	试用本类义征	试用本层级
		（是我国重要的）养殖鱼（之一）		（是我国重要的）养殖鱼（之一）	
14	鱤	鱼	3	鱼	3
15	鳝	鱼	3	鱼	3
16	鲌	鱼	3	鱼（类的一属）	3
17	鳘	鱼	3	鱼（类的一属）〔鲦〕	3
18	鳊	鳊鱼	3	鳊鱼	3
19	鲂	鱼	3	鱼	3
20	鲷	鱼	3	鱼	3
21	鲢	鲢鱼	3	鲢鱼	
		（是我国重要的）淡水鱼		（生活在淡水中）	
22	鳙	鳙鱼	3	鳙鱼	3
		（生活在淡水中，是重要的）食用鱼		（生活在淡水中，是重要的）食用鱼（之一）	
23	鲄	鱼	3	鱼（类的一属）	3
24	鲦	鱼	3	鱼（类的一属）	3
25	鲤	鲤鱼	3	鲤鱼	3
		（是我国重要的）淡水鱼		（生活在淡水中）	
26	鲫	鲫鱼		鲫鱼	
		（是我国重要的）淡水鱼		（生活在淡水中，是我国重要的）食用鱼	
27	泥鳅	鱼	3	鱼	3
28	鲇（鲶）	鲇鱼	3	鲇鱼	3
29	鮠	鱼	3	鱼（类的一属）	3

续表

	词目	第7版类义征	第7版层级	试用本类义征	试用本层级
30	鳠	鱼	3	鱼	3
31	鮴	鱼	3	鱼（类的一科）	3
32	鲑	鱼	3	鱼（的一科）	3
		（是重要的）食用鱼类		（是重要的）食用鱼类	
33	大麻哈鱼	鱼	3	鱼	3
34	虹鳟	鱼	3	鳟鱼［鳟］	3
35	鳕	鳕鱼	3	鳕鱼	3
36	鮟鱇	鱼	3	鱼	3
37	鲻	鱼	3	鲻鱼	3
		是（常见的食用鱼）		是（常见的食用鱼）	
38	鲅	鱼	3	鱼	3
39	飞鱼	鱼	3	鱼	3
40	鳓	鱼	3	鱼（类的一科）	3
41	鳁	鱼	3	鱼（类的一属）	3
42	鲉	鱼	3	鱼	3
43	平鲉	鱼	3	鱼（类的一属）［鲪］	
44	鲂鮄	鱼	3	鱼（类的一科）	3
45	鲦	鱼	3	鱼	3
46	鲬	鱼	3	鱼	3
47	黄鳝	鱼	3	鱼	3
48	海马	鱼	3	鱼	3
49	鲈	鲈鱼	3	鲈鱼	3
				（是一种）食用鱼	
50	鲋	鱼	3	鱼（类的一属）	3
51	鳜	鳜鱼	3	鳜鱼	3

	词目	第7版类义征	第7版层级	试用本类义征	试用本层级
		（是我国的）特产		（是我国的）特产	
52	鳝	鱼	3	鱼	3
53	鱛鳅	鱼	3	鱼	3
54	鲹	鱼	3	鱼（类的一属）	3
55	鲕	鱼	3	鱼	3
56	鲾	鱼	3	鱼	3
57	黄鱼	鱼		鱼类（的一属）	
58	大黄鱼	黄鱼（的一种）	4	黄鱼（的一种）	4
		（是我国重要）海产鱼类（之一）		（是我国重要）海产鱼类（之一）	
59	小黄鱼	黄鱼（的一种）	4	黄鱼（的一种）	4
		（是我国重要）海产鱼类（之一）		（是我国主要的）海产鱼类（之一）	
60	鲷	鱼	3	鱼（类的一属）	3
61	鳒	鱼	3	鱼（类的一属）	3
62	鲫	鱼	3	鱼	3
63	鰧	鱼	3	鱼	3
64	鰤	鱼	3	鱼	3
65	带鱼	鱼	3	无类义征	
		（是我国重要）海产鱼类（之一）		（是黄海和东海）出产的（主要）鱼类（之一）	
66	鲭	鱼	3	鱼（类的一科）	3
67	鲐	鲐鱼	3	鲐鱼	3
				（是）回游性鱼类	
68	马鲛	鱼	3	鲅鱼［鲅］	3

续表

	词目	第 7 版类义征	第 7 版层级	试用本类义征	试用本层级
69	鲣	鱼	3	鱼	3
70	鲳	鲳鱼	3	鲳鱼	3
71	鳢	鱼	3	鱼（类的一科）	3
72	乌鳢	鱼	3	鱼	3
73	魮	鱼	3	鱼（类的一属）	3
74	鲉	鱼	3	鱼（类的一属）	3
75	鲽	鱼	3	鱼（类的一科）	3
76	鳎	鱼	3	鱼（类的一科）	3
77	鳒	鱼	3	鱼	3
78	鲆	鱼	3	鱼（类的一科）	3
79	河豚	鱼	3	鱼	3
80	鲵	鱼	3	鱼	3
81	鲹	鱼	3	鱼	3
82	鲭	鱼	3	鱼（类的一属）	3
83	鳊鲅	鱼	3	鱼	3
84	鲄	鱼	3	鱼	3
85	鰔	鱼	3	鱼（类的一属）	3
86	鲭	鱼	3	鳍鱼	3
87	鲎	鱼	3	鱼（类的一属）	3
/1	中华鲟	鱼（是我国特有的）珍稀动物	3	无词条	
/2	团头鲂	鱼	3	无词条	
/3	金枪鱼	鱼	3	无词条	
/4	胭脂鱼				
/5	鲮	鱼	3	无义项	

	词目	第 7 版类义征	第 7 版层级	试用本类义征	试用本层级
		（是珠江流域等地区的重要）经济鱼类			
/6	毛鲿鱼	鱼	3	无词条	
/7	鲔	❶ 鱼	3	无义项	
/8	鲃	鱼	3	无词条	
/9	赤眼鳟	鱼	3	无词条	
/10	非洲鲫鱼	鱼	3	无词条	
/11	刀鱼	❶ 刀鲚，鱼	3	无词条	
/12	总鳍鱼	鱼（的一类）	3	无词条	
		（是陆生脊椎动物的）祖先			
		（为鱼类进化成两栖类的）过渡类型			
/13	鲚	鱼		无词条	
-1	高眼鲽	无词条		鱼	3
-2	舌鳎	无词条		鱼	3
				（是重要的）食用鱼	
-3	条鳎	无词条		鱼	3
-4	牙鲆	无词条		鱼	3
-5	翻车鱼	无词条		无类义征	
-6	肺鱼	无词条		无类义征	
-7	海鳗	无词条		鱼	3
-8	电鳗	无词条		鱼	3
-9	真鲷	无词条		鱼	3
				（是黄海、渤海的重要）海产鱼（之一）	

	词目	第 7 版类义征	第 7 版层级	试用本类义征	试用本层级
-10	梅童鱼	无词条		无类义征	
-11	明太鱼	无词条		无类义征	
-12	旗鱼	无词条		鱼	3
-13	梭鱼	无词条		无类义征	
-14	弹涂鱼	无词条		无类义征	
-15	银鱼	无词条		无类义征	
-16	海龙	无词条		❷ 鱼	3
-17	红鱼	无词条		鱼	3
				（是我国南海重要的）海产鱼	
-18	龙睛鱼	无词条		金鱼（的一个品种）	3

注：1."鲤"条中选取的"鲤鱼"，从性质上看不属于类义征，因为类义征表类属概念，而"鲤鱼"是同层级的语词，不能直接提供语义类别。但本书认为"某鱼"类现象，是《现汉》选词立目系统和释义系统协调后的结果，即对于鱼纲动物相关的、不能独立成词的，且"某鱼"和"某"意义基本相同的"某"类语素出具"某鱼"，不仅可以减少辞书词条出条量，还可以一定程度上提供类别信息。由此，本书将"某鱼"归入辞书技巧性操作，而在选取层上等同于"鱼"类类义征展开处理。2."鲨鱼"其实不能算是严格意义上的分类名称，只能算作某一类鱼类的统称或通称，不过依据《现汉》类义征出具情况，暂将其列入，下文"骡子"等例同。

0	两栖动物	脊椎动物的一纲		脊椎动物的一纲	
1	蝾螈	两栖动物	3	两栖动物	3
2	大鲵	两栖动物	3	两栖动物	3
		（是现存最大的）两栖动物		（是珍贵）食品	
3	小鲵	两栖动物	3	两栖动物	3
4	蟾蜍	两栖动物	3	两栖动物	3
5	蛙	两栖动物		两栖动物（的一科）	

续表

	词目	第 7 版类义征	第 7 版层级	试用本类义征	试用本层级
6	青蛙	蛙（的一种）	4	两栖动物	3
7	牛蛙	蛙（的一种）	4	蛙（的一种）	4
8	哈士蟆	蛙（的一种）	4	蛙（类的一种）［哈士蚂］	4
		（是我国）特产的动物		（是我国）特产（之一）	
/1	雨蛙	蛙（的一类）	4	无词条	
-1	树蛙	无词条		两栖动物	3
0	爬行动物	脊椎动物（的一纲）		脊椎动物（的一纲）	
1	龟	爬行动物		爬行动物（的一科）	
2	乌龟	爬行动物	3	爬行动物	3
3	玳瑁	爬行动物	3	爬行动物	3
4	海龟	爬行动物	3	爬行动物	3
5	蠵龟	海龟（的一种）	4	（海产的一种大）龟	4
6	鳖	爬行动物	3	爬行动物	3
7	壁虎	爬行动物	3	爬行动物	3
8	蜥蜴	爬行动物	3	爬行动物	3
9	蛤蚧	爬行动物	3	爬行动物	3
10	蛇	爬行动物		爬行动物	
	（毒蛇）	有毒的蛇		有毒的蛇	
11	蝮蛇	毒蛇的一种	5	毒蛇的一种	5
12	蝰蛇	毒蛇的一种	5	毒蛇的一种	5
13	蟒蛇	无毒蛇的一类	5	（无毒的大）蛇	5
		（是我国）蛇类（中最大的）		（是我国）蛇类（中最大的）	
14	眼镜蛇	毒蛇的一种	5	毒蛇的一种	5

续表

	词目	第 7 版类义征	第 7 版层级	试用本类义征	试用本层级
15	响尾蛇	毒蛇的一种	5	毒蛇的一种	5
16	竹叶青	毒蛇的一种	5	毒蛇的一种	5
17	鳄	爬行动物	3	爬行动物（一属）	3
18	扬子鳄	爬行动物 （是我国特产的）动物	3	爬行动物〔鼍〕	3
/1	鼍鱼	爬行动物	3	〔＝鳖〕	
/2	变色龙	爬行动物	3	无词条	
/3	鳄蜥	爬行动物 （是我国特产的）珍贵动物	3	无词条	
/4	巨蜥	爬行动物	3	无词条	
/5	盲蛇	无毒蛇的一类 （是我国）蛇类（中最小的）	5	无词条	
-1	五步蛇	无词条		毒蛇的一种	5
-2	赤练蛇	无词条		毒蛇的一种	5
-3	石龙子	无词条		爬行动物	3
注：1. "（是我国）蛇类（中最大的）"从释义表述来看，只有"蛇类"是类义征，而"是我国""最大的"则蕴含了"特有动物"和"最大／最小动物"两个类义征概念，前者在选取层上与"（是我国特产的）动物"一样，都是"特有动物"类类义征，不同在于具体的表述形式。2.《现汉》系列收"毒蛇"，但未收与之相对的"无毒蛇"，为方便操作，此处参考"毒蛇"的类义征"蛇"来构建"无毒蛇"的相关层级。					
0	鸟	脊椎动物（的一大类）		脊椎动物（的一纲）	
1	鸵鸟	鸟	3	（是现代鸟类中体形最大的）鸟	3

续表

	词目	第7版类义征	第7版层级	试用本类义征	试用本层级
		（是现代）鸟类（中体形最大的）			
2	鸸鹋	鸟	3	鸟	3
3	无翼鸟	鸟	3	无类义征	3
		（是世界上稀有的）鸟类		（世界上稀有的）鸟类	
5	鸱	鸟	3	鸟	3
6	企鹅	水鸟	4	水鸟	4
/1	美洲鸵	鸟	3	无词条	
1	鹲鸥	鸟	3	水鸟	4
2	鹱	鸟	3	鸟（类的一科）	3
3	信天翁	鸟	3	鸟	3
4	鹣	鸟	3	鸟（类的一属）	3
5	鹈鹕	鸟	3	水鸟	4
6	鸬鹚	水鸟	4	水鸟	4
7	鹳	鸟	3	鸟	3
8	白鹳	鹳（的一种）	4	鸟	3
9	鹭	鸟	3	鸟（类的一科）	3
10	白鹭	鹭（的一种）	4	鹭的一种	4
11	鹮	鸟	3	鸟（类的一科）	3
12	火烈鸟	鸟	3	（一种）鸟	3
13	雁	鸟	3	鸟（类的一属）	3
14	鸿雁	鸟	3	鸟	3
		（是一种）冬候鸟		（是一种）冬候鸟	
15	鹅	家禽	5	家禽	5
16	天鹅	鸟	3	鸟	3

续表

	词目	第 7 版类义征	第 7 版层级	试用本类义征	试用本层级
17	鸭	家禽	5	鸟（类的一科）	3
18	绿头鸭	野鸭（的一种）	6	鸟［野鸭］	3
19	鸳鸯	鸟	3	鸟	3
20	隼	鸟	3	鸟	3
		（是）猛禽			
21	鹰	鸟	3	鸟（类的一科）	3
		（是）猛禽		（性凶猛）	
22	老鹰	鸟	3	鸟	3
		（是）猛禽		猛禽（类）	
23	雀鹰	鸟	3	猛禽（的一种）（雀鹰）	5
		（是）猛禽			
24	苍鹰	鸟	3	鸟	
		（性凶猛）		（属）猛禽（类）	5
25	鸶	鸟	3	鸟	3
		是益鸟		（对人类有益）	
26	雕	鸟	3	鸟（类的一属）	3
		（是）猛禽		猛禽	
27	秃鹫	鸟	3	鸟	3
		（是）猛禽			
28	兀鹫	鸟	3	鸟	3
		（是）猛禽			
29	鹗	鸟	3	鸟	
		（性凶猛）		（性凶猛）	
30	鹤	鸟	3	鸟（类的一属）	3
31	丹顶鹤	鹤的一种	4	鸟［白鹤］	3
32	灰鹤	鹤的一种	4	鸟	3

	词目	第7版类义征	第7版层级	试用本类义征	试用本层级
33	鸰	鸟	3	鸟（类的一属）	3
34	大鸨	鸟	3	鸟	3
35	鸻	鸟	3	鸟（类的一属）	3
36	燕鸻	鸟	3	鸟	3
37	鹬	鸟	3	鸟	3
		是候鸟		（夏季在北方繁殖，冬天飞往南方）	3
38	鸥	鸟	3	鸟（类的一科）	3
39	海鸥	鸟	3	鸟	3
40	鸽子	鸟		（常见的一种）鸟	
41	家鸽	鸽子（的一种）	4	鸽子（的一种）［鹁鸽］	4
42	原鸽	鸽子（的一种）	4	鸽子（的一种）［野鸽］	4
43	鹁鸪	鸟	3	鸟	3
44	斑鸠	鸟	3	鸟	3
45	鹦鹉	鸟	3	鸟	3
46	杜鹃	鸟	3	鸟	3
		是益鸟		是益鸟	
47	鸱鸮	鸟	3	鸟类的一科	3
48	猫头鹰	鸟	3	鸟	3
49	鸺鹠	鸟	3	鸟	3
50	夜鹰	鸟	3	鸟	3
		是益鸟			
51	金丝燕	鸟	3	鸟	3
52	蜂鸟	鸟	3	（最小的）鸟	3
53	翠鸟	鸟	3	无类义征	0
54	戴胜	鸟	3	鸟	3

续表

	词目	第 7 版类义征	第 7 版层级	试用本类义征	试用本层级
55	啄木鸟	鸟	3	鸟	3
		是益鸟		是益鸟	
56	雀	鸟	3	鸟（类的一科）	3
57	麻雀	鸟	3	鸟	3
58	燕雀	鸟	3	鸟	3
59	朱雀	鸟	3	鸟	3
60	金丝雀	鸟	3	鸟	3
61	百灵	鸟	3	鸟	3
62	云雀	鸟	3	鸟	3
63	燕	鸟		鸟（类的一科）	
		是候鸟		是候鸟	
64	家燕	燕的一种	4	燕的一种	4
65	鹡鸰	鸟	3	鸟（类的一属）	3
				是保护鸟	
66	鹦	鸟	3	鸟（类的一属）	3
67	鹎	鸟	3	鸟（类的一属）	3
68	白头鹎	鸟	3	鸟［白头翁］	3
69	伯劳	鸟	3	鸟	3
70	黄鹂	鸟	3	鸟	3
71	欧椋鸟	鸟	3	无类义征	0
72	八哥	鸟	3	鸟	3
73	极乐鸟	鸟	3	无类义征	0
74	鸦	鸟	3	鸟（类的一属）	3
75	乌鸦	鸟	3	鸟	3
76	喜鹊	鸟	3	鸟	3
77	鹪鹩	鸟	3	鸟	3

	词目	第 7 版类义征	第 7 版层级	试用本类义征	试用本层级
78	鸫	鸟	3	鸟（类的一科）	3
79	歌鸲	鸟	3	鸟（类的一属）	3
80	蓝点颏	鸟	3	鸟	3
81	红点颏	鸟	3	鸟	3
82	鸲	鸟	3	鸟（类的一属）	3
		是益鸟		是益鸟	
83	画眉	鸟	3	鸟	3
83	鹛	鸟	3	鸟（类的一属）	3
84	莺	鸟	3	鸟（类的一属）	3
85	鹟	鸟	3	鸟	3
86	鸫	鸟	3	鸟	3
87	雉	鸟	3	鸟	3
88	鹌鹑	鸟	3	鸟	3
89	火鸡	鸟	3	鸟［吐绶鸡］	3
90	鹧鸪	鸟	3	鸟	3
91	孔雀	鸟	3	鸟	3
92	白鹇	鸟	3	鸟	3
93	田鸡	鸟	3	鸟	
94	锦鸡	鸟	3	鸟	3
95	鸡	家禽		家禽	
96	鸨	鸟	3	鸟（类的一属）	3
/1	海燕❶	鸟	3	无义项	
/2	黑颈鹤	鹤（的一种）	4	无词条	
/3	白鹤	鹤（的一种）	4	［＝丹顶鹤］	
/4	黑鹳	鹳（的一种）	4	无词条	
/5	朱鹮	鸟	3	无词条	

	词目	第7版类义征	第7版层级	试用本类义征	试用本层级
		（是）珍贵鸟类			
/6	彩鹬	鸟	3	无词条	
/7	鹞	鸟	3	［＝雀鹰2］	
		是猛禽			
/8	鲣鸟	鸟	3	无词条	
/9	椋鸟	鸟	3	无词条	
/10	褐马鸡	鸟	3	无词条	
		（是我国特有的）珍禽			
/11	骨顶鸡	鸟	3	无词条	
/12	原鸡	鸟	3	无词条	
		（是家鸡的）远祖			
-1	锡嘴	无词条		鸟	3
-2	寒鸦	无词条		鸟	3
				（对农业有益）	
-3	柳莺	无词条		鸟	3
				（是）益鸟	
-4	雷鸟	无词条		鸟	3
-5	练鹊	无词条		鸟	3
				（是）益鸟	
-6	田鹨	无词条		鸟	3
				（是）益鸟	
-7	琴鸟	无词条		鸟	3
-8	太阳鸟	无词条		鸟	3
-9	犀鸟	无词条		无类义征	0
-10	相思鸟	无词条		无类义征	0

	词目	第 7 版类义征	第 7 版层级	试用本类义征	试用本层级
				（供玩赏）	
-11	鱼狗	无词条		鸟（类的一属）	0
-12	朱顶	无词条		鸟	
-13	文鸟	无词条		无类义征	
-14	松鸡	无词条		鸟	3
-15	竹鸡	无词条		鸟	3
-16	秧鸡	无词条		鸟	3
-17	珍珠鸡	无词条		鸟	3
-18	九斤黄鸡	无词条		鸡（的一个品种）	6
-19				（是有名的）肉用鸡	
-20	狼山鸡	无词条		鸡（的一个品种）	6
-21				（是著名的卵肉两用的）鸡种	
-22	油鸡	无词条		鸡（的一个品种）	6
-23	家鸭	无词条		鸭（的一种）	4
-24	北京鸭	无词条		（著名的优良家）鸭（品种）	4
-25	狮头鹅	无词条		鹅（的一个品种）	6
-26	来亨鸡	无词条		（著名）卵用鸡（的一个品种）	7
-27	寿光鸡	无词条		（著名的卵肉两用的）鸡（品种）	6
-28	食火鸡	无词条		鸟	3
-29	沙鸡	无词条		鸟	3
-30	雉鸠	无词条		鸟	3
0	哺乳动物	最高等的脊椎动物		最高等的脊椎动物	

续表

	词目	第 7 版类义征	第 7 版层级	试用本类义征	试用本层级
-0.1	单孔目	无词条		哺乳动物（最低等的一目）	3
-0.2	有蹄类	无词条		哺乳动物（的一类）	3
-0.3	翼手目	无词条		哺乳动物（的一目）	3
-0.4	啮齿动物	无词条		哺乳动物（的一类）	3
1	鸭嘴兽	哺乳动物	3	哺乳动物	3
2	袋鼠	哺乳动物	3	哺乳动物（的一科）	3
3	树鼩	哺乳动物	3	哺乳动物	3
4	鼩鼱	哺乳动物	3	哺乳动物	3
5	鼹	哺乳动物	3	哺乳动物	3
6	刺猬	哺乳动物	3	哺乳动物	3
7	蝙蝠	哺乳动物	3	哺乳动物	3
8	食蚁兽	哺乳动物	3	哺乳动物	3
9	树懒	哺乳动物	3	哺乳动物	3
10	犰狳	哺乳动物	3	哺乳动物	3
11	穿山甲	哺乳动物	3	哺乳动物	3
0	灵长目	哺乳动物（的一目）		哺乳动物（的一目）	
		（是最高等的）哺乳动物		（是最高等的）哺乳动物	
1	猴	哺乳动物	3	哺乳动物	3
2	猕猴	猴（的一种）		猴（的一种）	
3	山魈	猕猴（的一种）	5	猕猴（的一种）	5
4	金丝猴	哺乳动物	3	哺乳动物	3
		（是我国特有的）珍贵动物		（是我国特产的一种）珍贵动物	
5	狒狒	哺乳动物	3	哺乳动物	3

续表

	词目	第7版类义征	第7版层级	试用本类义征	试用本层级
	（类人猿）	（外貌和举动较其他猿类更像人的）猿类		（外貌和举动都像人的）猿类	
6	猿	哺乳动物	3	哺乳动物	3
7	长臂猿	类人猿的一种	5	类人猿的一种	5
8	猩猩	哺乳动物	3	哺乳动物	3
9	黑猩猩	哺乳动物	3	哺乳动物	3
		（是和人类最相似的）高等动物		（是最接近人类的）高等动物	
10	大猩猩	类人猿（中最大的一种）	5	类人猿（中最大的一种）	5
/1	懒猴	猴（的一种）	4	无词条	
/2	台湾猴	猴（的一种）	4	无词条	
/3	叶猴	猴（的一类）	4	无词条	
-1	猢狲	〈方〉猴……		猕猴（的一种）	5
1	狗	哺乳动物		哺乳动物	
		（是人类最早驯化的）家畜		（是一种）家畜	
2	狼	哺乳动物	3	哺乳动物	3
3	狐	哺乳动物		哺乳动物（的一属）	
4	玄狐	狐（的一种）	4	狐（的一种）	4
5	貉	哺乳动物	3	哺乳动物	3
				（是一种重要的）毛皮兽	
6	豺	哺乳动物	3	哺乳动物	3
7	狼狗	狗（的一个品种）	4	狗（的一个品种）	4
8	哈巴狗	（一种体小、毛长、腿短的）狗	4	狗（的一个品种）	4

续表

	词目	第7版类义征	第7版层级	试用本类义征	试用本层级
9	獒	狗（的一种）	4	狗（的一种）	4
10	熊	哺乳动物	3	哺乳动物	3
11	黑熊	哺乳动物	3	哺乳动物［狗熊］	3
12	棕熊	哺乳动物	3	熊的一种［马熊］	4
13	北极熊	哺乳动物	3	哺乳动物	3
14	大熊猫	哺乳动物	3	哺乳动物［猫熊］	3
		（是我国特有的）珍贵动物		（是我国特产的一种珍贵的）动物	
15	小熊猫	哺乳动物	3	哺乳动物［小猫熊］	3
		（是一种）珍稀动物		（是一种珍贵的）动物	
-1	草狐	无词条		狐（的一种）	4
-2	赤狐	无词条		狐（的一种）	4
-3	白狐	无词条		狐（的一种）	4
1	鼬	哺乳动物	3	哺乳动物（的一属）	3
2	黄鼬	哺乳动物	3	哺乳动物［黄鼠狼］	3
3	水貂	哺乳动物	3	哺乳动物	3
4	貂	哺乳动物		哺乳动物（的一属）	
5	紫貂	貂（的一种）	4	貂（的一种）	4
6	貂熊	哺乳动物	3	哺乳动物	3
7	狗獾	哺乳动物	3	哺乳动物［獾］	3
8	猪獾	哺乳动物	3	哺乳动物［沙獾］	3
9	鼬獾	哺乳动物	3	哺乳动物	3
10	水獭	哺乳动物	3	哺乳动物	3
11	海獭	哺乳动物	3	哺乳动物	3
/1	艾鼬	哺乳动物	3	无词条	
/2	青鼬	哺乳动物	3	无词条	

	词目	第 7 版 类义征	第 7 版 层级	试用本类义征	试用本 层级
-1	银鼠	无词条		哺乳动物	3
-2	松貂	无词条		哺乳动物	3
1	海狮	哺乳动物	3	哺乳动物	3
2	海狗	哺乳动物	3	哺乳动物［海熊］	3
3	海象	哺乳动物	3	哺乳动物	3
4	海豹	哺乳动物	3	哺乳动物	3
1	灵猫	哺乳动物	3	哺乳动物	3
/1	花面狸	哺乳动物	3	无词条	
1	獴	哺乳动物	3	哺乳动物（的一属）	3
2	蟹獴	哺乳动物	3	哺乳动物	3
1	鬣狗	哺乳动物	3	哺乳动物	3
1	猫	哺乳动物	3	哺乳动物	3
2	豹	哺乳动物		哺乳动物［金钱豹＋豹］	
3	雪豹	豹（的一种）	4	豹（的一种）	4
4	虎	哺乳动物	3	哺乳动物	3
5	狮子	哺乳动物	3	哺乳动物	3
6	豹猫	哺乳动物	3	哺乳动物［山猫］	3
7	猞猁	哺乳动物	3	哺乳动物	3
/1	金钱豹	豹（的一种）	4	（豹）	
/2	云豹	豹（的一种）	4	无词条	
-1	狸猫	［＝豹猫］		哺乳动物	3
注：依据释义，试用本中"豹"和第 7 版中"金钱豹"的指称相同，如"毛黄褐色或赤褐色"和"也叫金钱豹"，但试用本中有"雪豹"选了"豹（的一种）"作为类义征，所以表中暂按原有词目形式，将试用本中"豹"和第 7 版中"豹"做对等，而将"金钱豹"视作后来修订增补词条。					
0	长鼻目	无词条		哺乳动物（的一目）	3

续表

	词目	第 7 版类义征	第 7 版层级	试用本类义征	试用本层级
				（是陆地上最大的）动物	
1	象	哺乳动物	3	哺乳动物	3
		（是陆地上现存最大的）动物		（是陆地上最大的）动物	
	海牛目	无词条		无词条	
1	儒艮	哺乳动物	3	哺乳动物	3
2	海牛	哺乳动物	3	哺乳动物	3
0	奇蹄目	无词条		哺乳动物（中）	
				有蹄类（的一目）	
1	马	哺乳动物	3	哺乳动物	3
		（是重要的）力畜（之一）		（是重要的）力畜（之一）	
2	斑马	哺乳动物	3	哺乳动物	3
		是珍贵的观赏动物		是一种珍贵的观赏动物	
3	驴	哺乳动物	3	哺乳动物	3
4	貘	哺乳动物	3	哺乳动物	3
5	犀	哺乳动物	3	哺乳动物	3
6	骡子	哺乳动物	3	哺乳动物	3
		驴和马交配所生的杂种		驴和马交配所生的杂种	
-1	野马	哺乳动物	3	无词条	
		（是一种）珍稀动物			
-2	野驴	哺乳动物	3	无词条	
		（是一种）珍稀动物			

续表

	词目	第 7 版类义征	第 7 版层级	试用本类义征	试用本层级
0	偶蹄目	无词条		哺乳动物（中）	3
				有蹄类（的一目）	
1	河马	哺乳动物	3	哺乳动物	3
2	骆驼	哺乳动物	3	哺乳动物	
		反刍类		（能反刍）	
		（是沙漠地区主要的）力畜		（是沙漠地区主要的）力畜	
3	猪	哺乳动物	3	哺乳动物	3
4	野猪	哺乳动物	3	哺乳动物	3
5	单峰驼	无词条		骆驼的一种	4
6	双峰驼	无词条		骆驼的一种	4
-1	巴克夏猪	无词条		猪（的著名品种之一）	4
1	鹿	哺乳动物		哺乳动物	
		反刍类		反刍类（的一科）	
2	长颈鹿	哺乳动物	3	哺乳动物	3
		（是陆地上身体最高的）动物			
3	梅花鹿	鹿（的一种）	4	鹿（的一种）	4
4	马鹿	鹿（的一种）	4	鹿（的一种）	4
5	麋	哺乳动物	3	哺乳动物［四不像］	3
		（是一种）珍稀动物			
6	驼鹿	哺乳动物	3	哺乳动物	3
		最大型的鹿			
7	麂鹿	哺乳动物	3	哺乳动物	3
8	麂	哺乳动物	3	哺乳动物	3
		是小型的鹿			

续表

	词目	第 7 版类义征	第 7 版层级	试用本类义征	试用本层级
9	獐	哺乳动物	3	哺乳动物	3
10	狍	鹿的一种	4	鹿的一种	4
11	麝	哺乳动物	3	哺乳动物	3
/1	白唇鹿	鹿（的一种）（是我国特有的）珍贵动物	4	无词条	
/2	坡鹿	鹿（的一种）	4	无词条	
/3	水鹿	鹿（的一种）	4	无词条	
/4	驯鹿	鹿（的一种）	4	无词条，在例证中出现	
/5	獾㹢狓	哺乳动物	4	无词条	
1	牛	哺乳动物 反刍类		哺乳动物 是反刍类动物	
2	野牛	哺乳动物 是一种珍稀动物	3	哺乳动物 是一种珍奇的动物	3
3	黄牛	牛的一种	4	牛的一种	4
4	水牛	牛的一种（适于水田耕作）	4	牛的一种 是我国南方耕水田的主要力畜	4
5	牦牛	牛的一种 是我国青藏高原地区主要的力畜	4	牛的一种 是我国青藏高原地区主要的力畜	4
6	野牦牛	哺乳动物 是一种珍稀动物	4	无词条	
1	羊	哺乳动物		哺乳动物	

	词目	第7版类义征	第7版层级	试用本类义征	试用本层级
		反刍类		反刍类	
2	羚羊	哺乳动物	3	哺乳动物	3
3	羚牛	哺乳动物	3	哺乳动物	3
4	岩羊	羊的一种	4	介乎山羊和绵羊之间的一种羊	4
5	山羊	羊的一种	4	羊的一种	4
6	黄羊	羊的一种	4	羊的一种	4
7	绵羊	羊的一种	4	羊的一种	4
8	北山羊	哺乳动物	3	哺乳动物	3
9	盘羊	哺乳动物	3		
/1	藏羚	哺乳动物	3	无词条	
/2	藏原羚	哺乳动物	3	无词条	
/3	鹅喉羚	哺乳动物	3	无词条	
/4	麝牛	哺乳动物	3	无词条	
-1	滩羊	无词条		（家养）羊（的一个品种）	4
-2	瘤牛	无词条		牛（的一种）	4
1	鲸	哺乳动物		哺乳动物	
		是现在世界上最大的一类动物		是现在世界上最大的动物	
2	鳁鲸	鲸（的一种）	4	哺乳动物	3
3	江豚	哺乳动物	3	哺乳动物	3
4	海豚	哺乳动物	3	哺乳动物	3
/1	白鱀豚	哺乳动物	3	无词条	
		是我国特有的珍贵动物			
/2	蓝鲸	鲸的一种	4	无词条	

续表

	词目	第 7 版类义征	第 7 版层级	试用本类义征	试用本层级
		是现在上世界最大的动物			
/5	中华白海豚	哺乳动物	3	无词条	
-1	露脊鲸	无词条		鲸（的一种）	4
-2	抹香鲸	无词条		鲸（的一种）	4
-3	长须鲸	无词条		鲸（的一种）	4
1	鼠	哺乳动物	3	哺乳动物	
2	家鼠	哺乳动物		哺乳动物	
3	小家鼠	家鼠（的一种）	5	家鼠（的一种）	5
		（是传播鼠疫的）媒介		（是传播鼠疫的）媒介	
4	鼯鼠	哺乳动物	3	哺乳动物	3
5	田鼠	鼠（的一类）	4	鼠（的一种）	4
6	鼢鼠	哺乳动物	3	哺乳动物	3
7	松鼠	哺乳动物	3	哺乳动物	3
8	豚鼠	哺乳动物	3	哺乳动物	3
9	河狸	哺乳动物	3	哺乳动物	3
10	豪猪	哺乳动物	3	哺乳动物	3
11	兔	哺乳动物		哺乳动物	
12	旱獭	哺乳动物	3	哺乳动物	3
		（是鼠疫、布氏杆菌病的主要）传播者		（旱獭是鼠疫杆菌的主要）传播者	
/1	飞鼠	哺乳动物	3	无词条	
/2	海狸鼠	哺乳动物	3	［＝河狸］	
-1	褐家鼠	无词条		家鼠（的一种）	5
-2	黑家鼠	无词条		家鼠（的一种）	5

续表

	词目	第7版类义征	第7版层级	试用本类义征	试用本层级
-3	姬鼠	无词条		鼠（的一种）	4
-4	巢鼠	无词条		哺乳动物	3
-5	豆鼠	无词条		鼠（的一种）	4
-6	灰鼠	无词条		松鼠（的一种）	4
-7	跳鼠	无词条		哺乳动物	3
-8	针鼹	无词条		哺乳动物	3
-9	大袋鼠	无词条		哺乳动物	3
-10	黄鼠	无词条		哺乳动物	3
-11	海狸	河狸的旧称		哺乳动物	3
-12	寒号虫	无词条		哺乳动物	3
-13	家兔	无词条		兔（的一种）	4
-14	安哥拉兔	无词条		（著名的）家兔（种之一）	5
-15	野鼠	无词条		哺乳动物（的一大类）	3
古代灭绝动物					
1	三叶虫	古节肢动物		古生代的节肢动物	
2	恐龙	古爬行动物		古代爬行动物	
3	始祖鸟	古脊椎动物		古脊椎动物	
		（一般认为它是爬行动物进化到鸟类的）中间类型		（一般认为它是爬行动物进化到鸟类的）中间类型	
		（是）原始鸟类		（是鸟类的）祖先	
4	猛犸	古哺乳动物		古哺乳动物	
				（是第四纪的）动物	

续表

	词目	第 7 版类义征	第 7 版层级	试用本类义征	试用本层级
/1	蝾	古无脊椎动物		无词条	
/2	鱼石螈	古两栖动物		无词条	
		（一般认为它是鱼类进化到两栖动物的）中间类型			
-1	剑齿虎	无词条		古代的哺乳动物	
-2	剑齿象	无词条		古代的哺乳动物	
-3	翼手龙	无词条		古爬行动物	
注：古代已灭绝动物不参与层级系统的构建。					

图书在版编目（CIP）数据

汉语语文辞书释义对比研究 / 袁世旭等著. — 北京：
商务印书馆，2022
ISBN 978-7-100-21070-6

Ⅰ.①汉… Ⅱ.①袁… Ⅲ.①汉语—辞书—研究
Ⅳ.① H16

中国版本图书馆 CIP 数据核字（2022）第 066436 号

汉语语文辞书释义对比研究

袁世旭　郭佳兴　等著

商 务 印 书 馆 出 版
（北京王府井大街 36 号　邮政编码 100710）
商 务 印 书 馆 发 行
北京顶佳世纪印刷有限公司印刷
ISBN 978-7-100-21070-6

2022 年 6 月第 1 版　　　　开本 710×1000　1/16
2022 年 6 月北京第 1 次印刷　　印张 25¾

定价：118.00 元

N